Katja Eckhardt

Die Auseinandersetzung zwischen Marianne

Weber und Georg Simmel über die ‚Frauenfrage'

Katja Eckhardt

DIE AUSEINANDERSETZUNG ZWISCHEN MARIANNE WEBER UND GEORG SIMMEL ÜBER DIE ‚FRAUENFRAGE‘

ibidem-Verlag
Stuttgart

Die Deutsche Bibliothek - CIP-Einheitsaufnahme:

Ein Titeldatensatz für diese Publikation ist bei
Der Deutschen Bibliothek erhältlich

∞

Gedruckt auf alterungsbeständigem, säurefreien Papier
Printed on acid-free paper

ISBN: 3-89821-019-7

© *ibidem*-Verlag
Stuttgart 2000

Printed in Germany

Inhalt

Einleitung

Mit den Namen Marianne Weber und Georg Simmel verbinden sich zwei Personen, die in der Geschichtsschreibung der Soziologie vergleichsweise unberücksichtigt geblieben bzw. vernachlässigt worden sind.

Georg Simmel, geboren 1858, wuchs in Berlin auf und verbrachte in dieser Metropole fast sein gesamtes Leben. Seine Eltern waren zum Christentum konvertierte Juden, eine Tatsache, die durch den herrschenden Antisemitismus von nicht geringer Bedeutung für den Lebensweg Georg Simmels war.[1] So erhielt er erst 1914, vier Jahre vor seinem Tod, einen Ruf an eine deutsche Universität, nämlich nach Straßburg. Zuvor war er als Privatdozent der Friedrich - Wilhelms - Universität (heute Humboldt-Universität) hauptamtlich für Philosophie tätig.

Georg Simmel fand den Weg zur Soziologie über sein Studium der Völkerkunde und der Philosophie, Fächer also, die inhaltlich der Soziologie verwandt sind. Georg Simmel konzipierte die Soziologie als Methode, als neue Art des Blicks auf Gesellschaft, bzw. auf die Formen der Vergesellschaftung. Dabei geraten selbstverständlich Gruppenzugehörigkeiten, Prozesse sozialer Segmentierung, Zuschreibungen aller Art usw. in den Blickpunkt der Aufmerksamkeit. So stellt sich ihm bei all der konstatierten Heterogenität die faustische Frage, *was die Welt im Innersten zusammenhält.*

Georg Simmel hat den Weg eines bürgerlichen Sohnes aus gutem Hause angetreten, indem er studierte, promovierte und sich habilitierte. Aber die vollständige Integration in die universitäre Gesellschaft blieb ihm verwehrt, trotz massiver Protektion seitens Max Webers aus Heidelberg. Er blieb ein Fremder im eigenen Land, zum fruchtbaren Nutzen der Soziologie, als deren Begründer Georg Simmel zu begreifen ist. Begonnen hat Georg Simmel mit der formalen Soziologie, Ausführungen darüber, welche Begriffe und welche sozialen Prozesse mit welcher Methode zu bearbeiten sind. Zu nennen sind dort an erster Stelle die Formen der Vergesellschaftung, die sich in das Spannungsfeld von Individualisierung, sozialer Differenzierung und Vergesellschaftung und deren Bedeutung für die

---

[1] vgl. Mosse, George, L: Das deutsch-jüdische Bildungsbürgertum. In: Koselleck, Reinhard (Hg.): Bildungsbürgertum im 19. Jahrhundert. Teil II: Bildungsgüter und Bildungswissen. Stuttgart, 1990, S. 168-180, S. 169. Mosse weist dort v.a. daraufhin, daß die Motivation vieler Konvertiten in der Hoffnung bestand, mit dem christlichen Glauben das Entree in die bürgerliche, deutsch-christliche Gesellschaft zu erhalten Im Falle Georg Simmels muß konstatiert werden, daß er dieser Deutung nach zwar die Eintrittserlaubnis hatte, diese formale Zugehörigkeit jedoch nicht das mindeste mit der faktischen und realen Zugehörigkeit zu den Kreisen des deutschen Bildungsbürgertums zu tun hatte.

Kultur der Moderne einordnen lassen. Unter diesem Aspekt betrachtet Georg Simmel auch die ‚Frauenfrage'. Welche Prozesse setzten Individualisierung, Differenzierung nun auch von Frauen in Gang und welche Bedeutung hat dies für die moderne Kultur?

An dieser Stelle kreuzen sich die wissenschaftlichen Pfade von Georg Simmel und Marianne Weber.

Marianne Weber wurde 1870 als erstes Kind von Eduard und Anna Schnitger, geb. Weber geboren. Die Mutter starb 1873 bei der Geburt des zweiten Kindes, daraufhin sorgte ihr Vater, der Arzt und Sohn eines Gymnasialdirektors war, dafür, daß Marianne Weber bei der Großmutter und einer Tante väterlicherseits in Lemgo, einer Kleinstadt in Westfalen, aufwuchs. Teilweise verbrachte Marianne Weber die Ferien bei ihrem Vater, der jedoch psychisch instabil war und später zunehmend geistig verfiel. Oder sie besuchte ihre Tante Wina, eine Schwester der Mutter und ihren Großvater Carl David Weber, einen Bruder von Max Weber sen. in Oerlinghausen bei Bielefeld. Dieser Zweig der Weber-Familie hatte es bereits seit mehreren Generationen mit der Produktion von Leinenstoffen zu Reichtum und Ansehen gebracht.[2]

Marianne Weber besuchte im Anschluß an ihre Grundschulzeit die höhere Mädchenschule in Lemgo und späterhin, auf Veranlassung ihres Großvaters, ein Pensionat in Hannover, das sie zu einem »anspruchsvollen Kultur-menschen« werden ließ.[3] Damit war die für ‚höhere Töchter' vorgesehene Schulbildung ausgeschöpft. Jetzt hieß es auf einen geeigneten Bräutigam zu warten. Eine Berufsausbildung kam nicht in Frage, da dies mit den Vorstellungen des großbürgerlichen Großvaters nicht in Einklang zu bringen war. Marianne Weber ist also auf Selbststudien verwiesen, will sie nicht den »schmerzlichen, ungesunden, kleinstädtischen erlebnisarmen Zustand« ihrer Freundinnen teilen, die gleichfalls als Haustöchter ihr Leben im Wartestand auf die Ehe verbringen.

Mit einem Aufenthalt in Berlin bei Helene und Max Weber sen. ändert sich für Marianne Weber, damals noch Schnitger, der Handlungsspielraum. Sie macht dort die Bekanntschaft mit einer ihr nicht vertrauten Bildungssicherheit, kann auf Intervention Helene Webers eine künstlerische Ausbildung beginnen und lernt ihren späteren Ehemann Max Weber kennen. Mit ihm wird sie eine Ehe führen, in der sie ihre eigenen

---

[2] vgl. Weber, Marianne: Lebenserinnerungen. Bremen, 1948, S. 9ff.

[3] ebd., S. 46.

Bedürfnisse verwirklichen kann. Somit wird letztlich die Ehe zu dem Rahmen, in dem sie ihre Autonomie entfalten kann.

Marianne Weber ist als Frau noch viel mehr eine Fremde in der Sphäre der Wissenschaft. Die noch junge institutionalisierte Frauenbewegung beginnt erst ihre Forderungen zu artikulieren. Geprägt von der Deprivations-erfahrung des ‚Frau-Seins‘ in einer Gesellschaft, die auf geschlechtlicher Segregation und der Rechtlosigkeit der Frau aufbaut, engagiert sie sich in der Sektion ‚Frauen-bildung-Frauenstudium‘ des Bundes Deutscher Frauenvereine (BDF), besucht als Gasthörerin Philosophievorlesungen (insbesondere bei Heinrich Rickert) und verfaßt zahlreiche Studien und Aufsätze, die methodisch denen von Kulturwissenschaftlern mit universitären Abschlüssen in nichts nachstehen. Ähnlich wie Georg Simmel ist auch sie eine Fremde im eigenen Land, sowohl im deutschen Universitätssystem als auch im öffentlichen Raum, den sie energisch durch ihr Engagement zu erobern sucht, was durch ihre sozio-logischen Aufsätze und ihr politisches Engagement dokumentiert wird.

Wobbe legt durch den Begriff der Wahlverwandtschaft eine Affinität zwischen der neuen Disziplin Soziologie und den Frauen nahe.[4] Die Frauen bürgerlicher Herkunft sind dabei, sich den tradierten Vorstellungen und den geltenden Rechtsnormen zu widersetzen. Damit etablieren sie neue, selbstbestimmte Formen der Vergesellschaftung und emanzipieren sich von tradierten Rollenzuschreibungen. Dabei wird vor allem die Frage nach der Art und dem Wert geschlechtlicher Differenz ein zentrales Thema der Ausein-andersetzungen.

Marianne Weber und Georg Simmel diskutieren diese entscheidende Frage in ihren Werken unter dem Aspekt kulturellen Nutzens. Die verschiedenen Perspektiven, unter denen sie jeweils die ‚Frauenfrage‘ analysieren, lassen sich durch die Geschlechterdifferenz und den damit verbundenen unterschied-lichen sozialen Ort erklären. Für Georg Simmel wird geschlechtliche Differenzierung im besonderen zur Chiffre für soziale Differenzierung im allgemeinen.[5] Die Frauenbewegung als Verkörperung des sich verändernden Bewußtseins und eines modernen Wertewandels stellt die wichtigen und drängenden Fragen nach Individualisierung, nach Partizipation, nach politischer sozialer und kultureller Gleichberechtigung von Frauen. Damit entwirft sie das Bild einer ‚modernen Frau‘, die am

---

[4] Vgl. Wobbe, Theresa: Wahlverwandtschaften. Die Frauen und die Soziologie auf dem Weg zur Wissenschaft. Frankfurt am Main / New York, 1997.

[5] Meurer, Bärbel: Die Bedeutung der Kategorien Krieg – Nation – Geschlecht in den Theorien von Tönnies, Simmel und Weber. (Manuskript), S. 4.

öffentlichen Leben partizipiert, aber durch ihre Weiblichkeit (im Duktus und vorherrschenden Denken der Epoche als angeborene Charaktereigenschaften verstanden) andere der modernen Kultur förderliche Aspekte einbringt. Somit gilt für die bürgerliche Frauenbewegung, als deren Vertreterin Marianne Weber zu begreifen ist (und dies an exponierter Stelle), das Motto ‚Transformation durch Partizipation'.

Im Folgenden sollen die verschiedenen Ansätze Georg Simmels und Marianne Webers in einer hermeneutischen Verfahrensweise kritisch betrachtet und sie einem detaillierten Vergleich somit zugänglich gemacht werden. Weiterhin sollen Marianne Weber und Georg Simmel, zwei namhafte Persönlichkeiten der Jahrhundertwende (und Marianne Weber noch weit darüber hinaus), die jede auf ihre Art lange im Schatten Max Webers, des ‚Mythos von Heidelberg' standen, aus diesem gelöst werden.

Zunächst wird dazu in aller Kürze die historische Ausgangslage der Epoche skizziert werden (Teil I). Die sozialen Transformationsprozesse des Fin de siècle geben den Hintergrund ab für eine als widersprüchlich und unüber-sichtlich erlebte Epoche.

Die sich daran anschließenden Abschnitte werden sich zunächst mit Georg Simmels formaler Soziologie, seinen Begriffen und dem theoretischen Schwerpunkt beschäftigen (Teil II). Darauf aufbauend werden seine Ausführungen zur Kultur der Moderne und die damit untrennbar verbundenen Vorstellungen zur ‚weiblichen Kultur' dargestellt (Teil III). Es wird zu zeigen sein, daß die Trennung des Werkes von Georg Simmel in verschiedene Abschnitte allenfalls als eine geringfügige Schwerpunktverlagerung zu verstehen ist. Das zentrale Thema bleibt die Frage nach der Ursache, dem Wert und Nutzen sozialer und kultureller Differenzierung, sowohl für die einzelnen Menschen als auch aus gesamtgesellschaftlicher Perspektive.

Auf dieser Basis wird sich der vierte Abschnitt Marianne Webers theoretischem Ansatz widmen und ihre Argumentation der Georg Simmels gegenüberstellen und beide vergleichen (Teil IV). Daß die Unterschiede zwischen dem Ansatz Marianne Webers und Georg Simmels im Detail liegen, wird bereits in der Wortwahl deutlich. *Weibliche Kultur* oder *Die Frau und die objektive Kultur* sind die Pole, zwischen denen sich die unterschiedlichen Argumentationsmuster entfalten.

Der letzte Abschnitt wird die zentralen Unterschiede und Gemeinsamkeiten noch einmal pointiert herausstellen und sie in ihrer Bedeutung sowohl für ihre Entstehungszeit als auch für die Gegenwart diskutieren (Teil IV).

I. Soziologie als Krisenwissenschaft?

1.1. Entwicklungstendenzen

Den historischen Hintergrund der Auseinandersetzung Georg Simmels und Marianne Webers über die ‚Frauenfrage' bildet die bewegte Epoche des Fin de siècle.

Vollständige Ausführungen über die historischen Rahmenbedingungen können hier selbstverständlich nicht gegeben werden. Beabsichtigt ist daher lediglich eine kurze Darstellung der allgemeinen soziokulturellen Entwicklungen, insofern sie zum Verständnis der Entstehung der ‚Frauenfrage' beitragen.

Deutschland, das erst unter der Bedingung eines Krieges zur Einheit der Nation gelangte, brach im Vergleich mit anderen europäischen Nationen spät in die Moderne auf. Ein entscheidender Faktor dieses sozialen Transformationsprozesses wird von Meurer in der vergleichsweise späteren Industrialisierung gesehen. Sie weist darauf hin, daß sich das geeinte Deutschland in der Periode des Kaiserreiches (1871-1918) innerhalb kurzer Zeit von einem noch stark durch Landwirtschaft geprägten Wirtschaftsgebiet zu einem Industriestaat entwickelt.[6]

Das Bürgertum, das bereits im 18. Jahrhundert seinen langsamen Aufstieg zur bestimmenden Schicht begonnen hatte, war zwar wirtschaftlich die entscheidende Größe, aber politischer Einfluß im Sinne einer parlamentarischen Demokratie, wie sie 1848 intendiert war, blieb ihm im wilhelminischen Deutschland verwehrt. Die bürgerliche Identität, die durchaus heterogene bürgerliche Gruppen einte, indem sie sich über Arbeit, Leistung. Persönlichkeit und Bildung definierte, stieß gegenüber einer an Stand und Geburt orientierten herrschenden Schicht notwendig auf Widerstand.[7] Nach dem kläglichen Scheitern der Märzrevolution 1848 und der Einigung Deutschlands zur Nation nach dem deutsch-französischen Krieg 1870/1871 wurde »jeder ernsthafte Versuch einer Rebellion [...] in den Freiraum von Kunst und Bohème verwiesen.«[8]

Die Formen ständischer Vergesellschaftung, die sich, von außen betrachtet, als Prozesse der Über- und Unterordnung darstellen, lassen sich für die Jahrhundertwende beispielhaft demonstrieren am Verhältnis Bürgertum -

---

[6] vgl. Meurer, Bärbel: Gleichheit der Geschlechter oder Männerstaat – Frau und Familie im gesellschaftstheoretischen Denken der Jahrhundertwende. (Manuskript) S. 3.

[7] vgl. Kocka, Jürgen: Obrigkeitsstaat und Bürgerlichkeit. In: Hardtwig, Wolfgang / Brandt, Harm-Hinrich (Hg.): Deutschlands Weg in die Moderne. München, 1993, S. 107-121, S. 109.

[8] Doerry, Martin: Übergangsmenschen. Die Mentalität der Wilhelminer und die Krise des Kaiserreiches. München, 1986, S. 24.

Adel, Bürgertum - Proletariat. Ute Gerhard weist mit aller Deutlichkeit darauf hin, daß sich im Verhältnis Mann - Frau die politischen Machtstrukturen widerspiegeln.[9] Die Tendenzen im wirtschaftlichen (Fortschritt, Kapitalismus), politischen (Einigung zur Nation, Monarchie, Honoratiorenpolitik) und sozialen Sektor (soziale Frage, Fürsorgestreben) prägten nachhaltig eine Mentalität, die selbst ambivalent die gegenläufigen Tendenzen der Epoche widerspiegelte. So ist es durchaus konform mit den Strömungen der Zeit, daß jener vordringlich ökonomisch bedingten Fortschrittsideologie ein Äquivalent in der Forderung der Lebensreformbünde gegenübertrat.[10]

>...dieses Nebeneinander der verschiedensten historischen wie zeitgenössischen Stilrichtungen zahlreicher lebensreformerischer Erneuerungsbewegungen sowie unterschiedlicher Weltanschauungen wurde offensichtlich zu diesem Zeitpunkt als dermaßen bedrohlich empfunden, daß viele Zeitgenossen in diesem kulturellen Zustand nun das eigentliche Signum der Moderne schlechthin sahen.«[11]

Vom Bruch, Graf und Hübinger beschreiben diese Widersprüchlichkeit der Moderne wie folgt:

»Unklar war, ob der unaufhaltsame Demokratisierungsprozeß in monarchisch-konstitutionelle oder parlamentarische Bahnen zu lenken sei. Ebenfalls war unklar, ob die Gesellschaft patriarchalisch-wohlfahrtsstaatlicher Lenkung überantwortet oder der Steuerung des ‚Industrialismus' überlassen bleiben sollte. Und erst recht wurde gestritten, ob kulturelle Staatszielvorgaben entworfen werden sollten oder ob man auf das freie Spiel säkularisierter Denk- und Lebensformen vertrauen sollte. [...] Es war der akute Bedarf des Bürgertums nach ‚kultureller Vergesellschaftung', d.h., nach verbindlichen Deutungsmustern, Werten und Verhaltensregeln, auf die es in Entscheidungssituationen zurückgreifen konnte.«[12]

---

[9] vgl. Gerhard, Ute: Verhältnisse und Verhinderungen. Frankfurt am Main, 1978, S. 82ff.
[10] vgl. Doerry, Martin, a.a.O., S. 21f u. 52.
[11] Lichtblau, Klaus: Kulturkrise und Soziologie um die Jahrhundertwende. Frankfurt am Main, 1996, S. 36.
[12] Bruch, Rüdiger vom / Graf, Friedrich Wilhelm / Hübinger, Gangolf: Kulturbegriff, Kulturkritik und Kulturwissenschaften um 1900. In: dies. (Hg.): Kultur und Kulturwissenschaften um 1900. Wiesbaden, 1989, S. 14.

1.1.1. Sozialer Wandel und das bürgerliche Weiblichkeitsideal

Der rasche Wandel des wirtschaftlichen Sektors veränderte sowohl den öffentlichen als auch den privaten Sektor entscheidend. So wurde z.b. die häusliche Produktion von Kleidung oder anderen Gerätschaften des täglichen Lebens durch eine rentable Industrie für die einzelnen Haushalte ökonomisch uninteressant. Die Verlagerung zeitintensiver Arbeiten außer Haus eröffnete Frauen zwar einerseits neue Freiräume, andererseits stand diesen neuen Freiräumen aber das patriarchalische Gesellschaftsmodell entgegen, das sich sowohl auf geschlechtliche Arbeitsteilung als auch auf die Annahme fundamental verschiedener Geschlechtscharaktere gründete. Dies hatte zur Folge, daß die bürgerliche Frau von den täglichen Verrichtungen eines Haushalts weitgehend freigestellt war und als Betätigungsfeld die emotionale Versorgung der Familie blieb.[13]

Dabei ist der Bedeutungszuwachs, den die Frauen des Bürgertums aus der Zuständigkeit für den emotionalen und reproduktiven Bereich für ihre gesellschaftliche Position ziehen konnten, nicht gering zu schätzen. Dieser Bedeutungszuwachs ergab sich v.a. aus der Möglichkeit der Distinktion gegenüber dem Adel und dem Proletariat. Über diese (vermeintlich) weiblichen Fähigkeiten und Zuständigkeiten konnten bürgerliche Frauen einen eigenen Bereich für sich reklamieren, der dem öffentlichen Bereich des Mannes gegenüberstand und diesen ergänzte.[14] Daneben entwickelte sich eine Form bürgerlicher Geselligkeit (als weitere Aufgabe von Frauen), die ebenso wie der Bereich der Kindererziehung die sozialen, kommunikativen und harmonisierenden Fähigkeiten der Frauenrolle erforderte.[15] Gleichzeitig verfügten diese Frauen über eine verbesserte Bildung. Sie besuchten Pensionate, in denen mit Weiblichkeit konnotierte Kulturtechniken erlernt wurden. Neben Sprachen und Geschichte standen musische Bildung und religiöse Themen auf dem Lehrplan. Problematisch war nur, daß diese verbesserte Bildung sprichwörtlich ins Leere lief. Letztlich war sie vorwiegend dazu da, dem Mann zur Unterhaltung zu dienen und das notwendige private, emotionale Äquivalent zur

---

[13] vgl. Rosenbaum, Heidi: Die Formen der Familie. Frankfurt am Main, 1993, S. 340f. Rosenbaum weist zudem auf die ständische Lebensführung hin, welche der bürgerlichen Hausfrau Dienstboten unterstellte und sie so von den alltäglichen Verrichtungen eins Haushalts weitgehend freistellte.
[14] vgl. Badinter, Elisabeth: Die Mutterliebe. München, 1981, S. 177f.
[15] vgl. Rosenbaum, Heidi, a.a.O., S. 372f. Dazu auch: Frevert, Ute: Mann und Weib und Weib und Mann. Geschlechterdifferenzen in der Moderne. München, 1995, S. 151.

Öffentlichkeit zu bieten.[16] Eine eigenständige Nutzung dieses Potentials war in der Regel nicht vorgesehen.[17]

Die Teilung der Menschheit in zwei Geschlechter mit oppositionellen, genau spezifizierten Wesenszügen stellte, so Meurer, im häuslichen Bereich eine Gegenidylle zur unübersichtlicher werdenden Öffentlichkeit dar.[18] Der Einheitlichkeit des Privatbereichs, in dem selbstverständlich ‚die Frau im Haus' die zentrale Rolle spielt, steht eine differenzierte Öffentlichkeit, als der Bereich des Mannes definiert, antithetisch gegenüber und vice versa. Diese unmittelbare, die Gesellschaft fundamental trennende Differenzierung entlang der Kategorie Geschlecht wird bei Georg Simmel zum Prototyp gesellschaftlicher Differenzierung, an der er die Wechselwirkungen zwischen Individualisierung und Vergesellschaftung und die Bedeutung sozialer Differenzierung für die Einheit des Individuums deutlich machen kann (ausführlich dazu in Teil II und III). Die Frage nach der Ordnungsfunktion geschlechtlicher Differenz im besonderen und sozialer Differenzierung im allgemeinen wird v.a. aufgrund einer stärker werdenden Frauenbewegung virulent, welche diese erste Form sozialer Differenzierung in einigen wesentlichen Punkten öffentlich in Frage stellt.

---

[16] vgl. Nave-Herz, Rosemarie: Frauen zwischen Tradition und Moderne. Bielefeld, 1992, S. 132.
[17] Dies steht im Gegensatz zu der älteren Salonkultur, in der Frauen schon früh ein eigenständiges geistiges Leben etablierten. Z.B. Les Précieuses in Frankreich, in denen Frauen als Zentren geistiger Geselligkeit in ihren Salons gewissermaßen den Grundstein legten für den Bedeutungsaufstieg dieser Form der Geselligkeit zu einer eigenständigen Salonkultur. Vgl.: Latour, Anny: Kulturgeschichte der Dame. Hamburg, 1963, S. 60ff.
[18] vgl. Meurer, Bärbel: Geschlecht als soziologische Kategorie. (Manuskript), S. 4.

1.2. Die bürgerliche Frauenbewegung

Die Konstituierung der bürgerlichen Frauenbewegungen läßt sich in mehrere Abschnitte unterteilen. Als grobe Orientierung können die folgenden Eckdaten gelten:

Begonnen werden muß mit Luise Otto, die 1849 die erste deutsche Frauenzeitung gründete. Sie stand unter dem Motto: ,Dem Reich der Freiheit werb ich Bürgerinnen'.[19] Der Ruf nach Gleichberechtigung, sinnfällig durch das Motto der Zeitschrift ausgedrückt, war deutlich vernehmbar. Er wurde zwar durch das Verbot der Zeitschrift im folgenden Jahr unterdrückt, letztlich jedoch nicht zum Schweigen gebracht. 1865 gründete wiederum Luise Otto, diesmal zusammen mit Auguste Schmitt, und Henriette Goldschmidt den ,Allgemeinen Deutschen Frauenverein'. Cordes charakterisiert prägnant den Grundgedanken dieses Vereins, der als die erste Institution der bürgerlichen Frauenbewegungen[20] bezeichnet werden kann.

»Die frühe Frauenbewegung forderte staatsbürgerliche Mündigkeit für Frauen, das Selbstbestimmungsrecht für verheiratete Frauen und insgesamt die Reform des patriarchalen Eherechts. Dabei dachten die meisten aktiven Frauen keineswegs daran, sich von ihren ,weiblichen Bestimmungen', ihrer Familienaufgabe zu lösen.[...] In dieser Epoche bestand ein Grundkonsens darüber, daß die ,Andersartigkeit' der Frau naturgegeben sei, daß es als Ziel nur um Gleichwertigkeit, nicht aber um Gleichartigkeit von Männern und Frauen gehen könne.«[21]

Daneben gründete sich im gleichen Jahr der Lette-Verein in Berlin, dessen Vorsitzender Adolph Lette die »Förderung der weiblichen Erwerbsfähigkeit«, aber keinesfalls die »politische Emanzipation und Gleichberechtigung der Frau« anstrebte.[22]

---

[19] vgl. Cordes, Mechthild: Die ungelöste Frauenfrage. Frankfurt am Main, 1995, S. 78.
[20] An dieser Stelle sei darauf hingewiesen, daß die Vereine unterschiedlichster Provenienz, die sich unter dem Dach des Bundes Deutscher Frauenvereine zusammengeschlossen hatten, eine hohe Heterogenität des Bundes bedingten, die weitaus größer war als z.B. die der proletarischen Frauenbewegung. So ist es zwar grundsätzlich nicht falsch und in der Regel auch üblich, von einer konservativen bürgerlichen Frauenbewegung zu sprechen, allerdings muß zumindest erwähnt werden, daß sich das konservative Element auf bestimmte, dem ,Bund' angeschlossene Vereine beschränkte und v.a. Gertrud Bäumer an exponierter Stelle dem ,Bund' ihr konservatives, nationalistisches Weltbild oktroyierte. Daneben waren jedoch zahlreiche andere Vereine dem ,Bund' angeschlossen, deren Engagement z.B. für die ersatzlose Streichung des § 218, für die Integration der deutschen Frauenbewegung in den International Council of Women oder auch den Zusammenschluß der bürgerlichen Frauenbewegung mit der Proletarischen Frauenbewegung nicht als konservativ und nationalistisch bezeichnet werden kann und darf. Vgl. dazu: Gerhard, Ute: Unerhört. Die Geschichte der deutschen Frauenbewegung. Hamburg, 1992, passim.
[21] Cordes, Mechthild, a.a.O., S. 81.
[22] vgl. Hervé, Florence: Geschichte der deutschen Frauenbewegung. 5., vollständig überarbeitete Auflage, Köln, 1995, S. 17.

1.2.1. Der Bund deutscher Frauenvereine - BDF

1894 wurde, nachdem sich in zahlreichen Städten, Kreisen und Regionen die unterschiedlichsten Frauenvereine gegründet hatten, der ,Bund Deutscher Frauenvereine' (BDF) als Dachorganisation gegründet. Den ersten Vorsitz hatte Auguste Schmitt bis 1899 inne.[23]

>>Es wurde die Herstellung eines inneren Zusammenhanges zwischen allen Frauenvereinen, welche ihre Arbeit in den Dienst des Familien- und Volkswohles stellen, auch von den ersten Gründerinnen des Bundes und von denjenigen deutschen Frauen, die sich mit ihnen zu diesem Zwecke vereinigten, als gemeinsames Ziel ins Auge gefaßt und als das grundlegende Prinzip in den Statuten festgelegt.<<[24]

Durch die wachsende Beteiligung (immerhin zählte der BDF 1895 bereits 65 angeschlossene Vereine, 1901 bereits 137)[25] wurde der ,Bund' um die Jahrhundertwende zu einem >>...beachteten und beachtenswerten Faktor im politischen und kulturellen Leben.<<[26] Wie die Programmatik des Bundes zeigt, war mit der Forderung weiblicher Emanzipation auch gleichzeitig der ,Dienst am Volkswohl' intendiert, also eine die kulturelle Entwicklung der Gesellschaft als Ganzes betrachtende positive Trendwende. Dies verweist nachdrücklich auf das Bedürfnis der Epoche nach gesellschaftlicher und kultureller Veränderung. Die Argumentationsbasis der bürgerlichen Frauenbewegung bewegte sich entlang der bekannten Geschlechterdifferenz:

>>Die Frauenbewegung will der Frau freie Entfaltung all ihrer Kräfte und volle Beteiligung am Kulturleben sichern. Aus der Tatsache, daß die *Geschlechter ihrem Wesen und ihren Aufgaben nach verschieden sind*, ergibt sich, daß die Kultur sich um so reicher, wertvoller und lebendiger gestalten wird, je mehr Mann und Frau gemeinsam an der Lösung aller sozialen Aufgaben wirken. Durch die Einschränkung ihrer Rechte und Pflichten in der heutigen Gesellschaftsordnung ist die Frau von der Mitarbeit an großen bedeutsamen Lebensgebieten ausgeschlossen. Der Frauenbewegung erwächst daher eine zwiefache Arbeit: die Erziehung der Frauen zur Ausübung ihrer Rechte und der mit ihnen verbundenen Pflichten; der Kampf um neue persönliche und bürgerliche Rechte für die Frauen.<<[27]

Gerade der bürgerlichen Frauenbewegung ist oft der Vorwurf gemacht worden, daß ihr beharrlicher Verweis auf geschlechtliche Differenz ein Indikator ihres spezifisch bürgerlichen Konservatismus gewesen sei. Gerhard formuliert dazu, daß diese Ausrichtung der Versuch war,

---

[23] vgl. Gerhard, Ute: Unerhört, a.a.O., S. 174.
[24] Stritt, Marie / Freudenberg, Ika: Der Bund deutscher Frauenvereine. Frankenberg (Sachsen), 1900. In: Beckmann, Emma / Stoß, Irma: Quellenhefte zum Frauenleben in der Geschichte. Heft 19b: Die organisierte Frauenbewegung. Berlin, 1927, S. 5-9, S.5.
[25] vgl. Gerhard, Ute: Unerhört, a.a.O., S. 170.
[26] ebd., S. 17.
[27] Stritt, Marie/Freudenberg, Ika, a.a.O., S. 7, Hervorhebung: d. Verf.

»...gerade die Beschränkungen traditioneller Weiblichkeit zu überwinden und – so das Programm – den besonderen Kultureinfluß der Frau zur vollen inneren Entfaltung zu bringen.«[28]

Dieses Konzept, welches auf der ,geschlechtlichen Besonderheit' der Frau und ihrer Befähigung zur Mutterschaft gründete, wertete die Aufgaben der ,Gattin, Hausfrau und Mutter' von emotionaler Liebestätigkeit zu ,weiblichem Arbeitsvermögen' um.

»Dieser Perspektivenwechsel basierte u.a. auf einer Theoretisierung von Frauenarbeit, die sich nicht nur prioritär auf weibliche Erwerbsarbeit bezieht. Vielmehr wird die nichtbezahlte Mütter- und Hausarbeit von Frauen ebenso wie die bezahlte weibliche Erwerbsarbeit im Kontext des ,weiblichen Lebenszusammenhanges' situiert.«[29]

Diese als ,organisierte Mütterlichkeit' bezeichnete theoretische Basis findet ihre prominentesten Vertreterinnen in Helene Lange, Getrud Bäumer und Marianne Weber.[30] Marianne Weber, die den Vorsitz des BDF von 1919 bis 1921 innehatte[31], engagierte sich seit 1897 für die Frauenbewegung (namentlich in Rechts- und Bildungsfragen) und war seit 1901 Mitglied im engeren Vorstand des Bundes.[32] Dieses auch von ihr vertretene und in besonderer Weise pointiert ausgeführte Konzept, welches sich gleich dem Konzept Georg Simmels auf eine Differenz der Geschlechter gründet, stellt jedoch gerade nicht das ,weibliche Wesen' antithetisch dem ,männlichen Wesen' gegenüber, sondern – um in der Metapher zu verweilen – gewissermaßen zur Seite. Marianne Webers Hauptaspekt liegt dabei auf geschlechtlichen Differenzen, aber besonders auch auf ,allgemein-menschlichen' Gemeinsamkeiten (ausführlich in Kap. IV).[33] So führt sie aus:

»Mann und Weib gehören beide zum Geschlecht der Menschen, das sich durch Übereinstimmung typischer geistiger und körperlicher Beschaffenheiten von allen anderen Gattungen unterscheidet. Die Natur hat jedem außer einer gleichartigen Ausstattung von Anlagen und Fähigkeiten auch noch ein Sondergut zuerteilt, das beide zur Ergänzung aufeinander weist.«[34]

---

[28] vgl. Gerhard, Ute: Gleichheit ohne Angleichung. Frauen im Recht. München, 1990, S. 93.

[29] Wobbe, Theresa: Gleichheit und Differenz. Frankfurt am Main / New York, 1989, S. 13.

[30] vgl. Greven-Aschoff, Barbara: Die bürgerliche Frauenbewegung in Deutschland. Göttingen, 1981, S. 41f.

[31] vgl. Gerhard, Ute: Unerhört. a.a.O., S. 348. Marianne Weber berichtet in ihre Autobiographie, daß sie sich 1920 nach dem Tod ihres Mannes Max Weber aus der Öffentlichkeit zurückzog. So ist es auch nicht weiter überraschend, daß sie als erste Vorsitzende des BDF nicht auffiel. Gertrud Bäumer (deren Nachfolge Marianne Weber 1919 eigentlich antreten sollte) blieb auf diese Weise als ,grande Dame' im Hintergrund und blieb so der Nachwelt als die eigentliche Protagonistin der bürgerlichen Frauenbewegung im Gedächtnis.

[32] vgl. Wobbe, Theresa: Marianne Weber. Ein anderes Labor der Moderne. In: Honegger, Claudia / Wobbe, Theresa (Hg.): Frauen in der Soziologie. München, 1998. S. 153-177, S. 160f.

[33] vgl. Vucht Tjissen, Lieteke van: Women and objective Culture. Georg Simmel and Marianne Weber. In: Theory, Culture and Society. Vol. 8, London, 1991, S. 203-218, S. 210.

[34] Weber, Marianne: Die Frau und die objektive Kultur. In Frauenfragen und Frauengedanken. Tübingen, 1919, S. 95-133, S. 95.

1.2.2. Die Bestimmung geschlechtlicher Differenz

Die ‚Frauenfrage' zentriert sich für Marianne Weber, wie für viele Zeitgenossen und -genossinnen um die Bestimmung des Wertes geschlechtlicher Differenz, sowie die Frage, wie hoch sein Einfluß zu veranschlagen ist und ob durch diese Verschiedenheit bestimmte ‚Sonderaufgaben' vom jeweiligen Geschlecht zu bewältigen sind. Diese Frage steht im Zentrum der Auseinandersetzung um den Sinn und Nutzen geschlechtlicher Differenz für die Entwicklung der Kultur. Entgegen der üblichen Auffassung der Epoche, Mann und Frau seien derart verschiedene Wesen, daß damit eine Arbeitsteilung begründet wird, die sich in unterschiedlichen sozialen Orten widerspiegelt, benutzt die bürgerliche Frauenbewegung die Zuschreibungen an das weibliche Geschlecht, um gerade damit eine Aufhebung der starren Segregationslinien zu begründen.

Ausgehend von der Annahme, daß die Gesellschaft des Fin de siècle sich in einer Situation befinde, in der Egoismus, Bürokratisierung und Entwürdigung des Menschen zur Sache hoch oben auf der Werteskala rangieren[35], konnte - strategisch geschickt - die ‚besondere Art des Weiblichen' zur Rettung aufge-rufen werden. An dieser Stelle werden die Verbindungen zwischen Georg Simmel und der bürgerlichen Frauenbewegung deutlich. Sowohl Georg Simmel als auch Helene Lange, Getrud Bäumer und Marianne Weber waren von der Überzeugung getragen, daß die Strömungen ihrer Gegenwart dringend einer Korrektur bedürften. Einer Korrektur dahingehend, daß die Werte und Bedürfnisse der Persönlichkeit wieder in ihr Recht gegenüber dem Diktat der ‚Sachzwänge' eingesetzt werden. So formuliert Helene Lange:

> »Die Kulturinhalte, die Erkenntnisse der Wissenschaft, die Leistungen der Technik, die Schöpfungen der Kunst müssen der Entwicklung der Individuen dienstbar gemacht werden, denn ihr Wert beruht schließlich in nichts anderem als in dem persönlichen Leben, das sie schaffen und mitteilen.«[36]

Der entscheidende Unterschied zwischen den Argumentationen liegt in den Schlußfolgerungen. Georg Simmel präferiert, wie noch genauer zu zeigen sein wird, eine *weibliche Kultur*, die in einem relativ abgeschlossenen sozialen Raum ihre ergänzende Funktion ausüben soll. So wird *weibliche Kultur* zu einem Korrektiv, das sich am Rande bereithält. Demgegenüber vertritt Marianne Weber einen völlig anderen Lösungsvorschlag: Statt erst

---

[35] vgl. Greven-Aschoff, Barbara, a.a.O., S. 41f.
[36] Lange, Helene: Die Frauenbewegung in ihren modernen Problemen. Berlin, 1907, nachgedruckt nach der 2. Aufl. 1914, Münster, 1980, S. 48. Nach: Brick, Barbara: Die Mütter der Nation. Zu Helene Langes Begründung einer ‚weiblichen Kultur'. In: Brehmer, Ilse u.a. (Hg.): Wissen heißt Leben. Frauen in der Geschichte Bd. 4. Düsseldorf, 1983, S. 99-132, S. 127.

am ‚Ende' zu intervenieren und die Schäden zu begrenzen, sollten Frauen von ‚Anbeginn' partizipieren und dafür sorgen, daß die kulturelle Entwicklung einen anderen Weg nimmt. Wie noch detailliert gezeigt wird, geht es Marianne Weber also nicht um eine ‚weibliche Kultur', sondern vielmehr um den ‚weiblichen Beitrag' zu einer ‚allgemein-menschlichen Kultur'.

1.3. Entwicklung der Soziologie

Wie bereits in aller Kürze gezeigt, ist die Epoche des Fin de siècle eine Zeit des schnellen sozialen Wandels. In der Wahrnehmung der damaligen Zeitgenossen wird sie damit zu einer Übergangszeit. Die alte Ordnung und mit ihr die alten, Sicherheit vermittelnden Werte sind noch nicht ganz vergangen, das Neue, Moderne entwickelt sich in rasendem Tempo. Dazwischen stehen die Sehnsüchte der Menschen nach Verbindlichkeit und Sicherheit, gleich-zeitig aber auch nach wirtschaftlichem Fortschritt und sozialer und politischer Erneuerung. Die sich im Zuge der Industrialisierung herauskristallisierende ‚soziale Frage' (Verelendung der Arbeiter, soziale Ungleichheit in exorbitantem Ausmaß) und die parallel dazu auftauchende ‚Frauenfrage' markieren im Bewußtsein der Menschen noch deutlicher die Brüchigkeit der sozialen Ordnung. Der rapide Wandel läßt die alten Begründungsmuster für gesellschaftliche Differenzierung fragwürdig werden. Die von Georg Simmel pointiert ausformulierte These, daß soziale Faktoren, nämlich die miteinander handelnden Individuen, die somit auch zu allererst eine Gesellschaft bilden, soziale Differenzierung bewirken, stößt zunächst auf Ablehnung. Bedeutet diese neue Sichtweise doch eine Bedrohung der alten Ordnung, in der Staat und Kirche als absolute Mächte die bestimmenden Faktoren für das Zusammenleben der Menschen, also für ihr ‚Gesellschaft-Sein' gesehen wurden.[37]

Und so muß eine Wissenschaft, die sich mit der Erklärung sozialer Differenzierung beschäftigt und ihren Fokus auf die Interdependenz von Vergesellschaftung und Individualisierung setzt, wie Wobbe in Anlehnung an Lepenies ausführt, politisch verdächtig erscheinen.[38] Beinhaltete sie doch entgegen der statischen, gottgefügten Ordnung eine Möglichkeit gesellschaftlicher Veränderung. Dieser Ansatz, der einen ‚neuen Blick' auf Gesellschaft und Individuum formuliert, betont entgegen der geisteswissenschaftlichen Tradition, die das Individuelle, Besondere hervorhebt, das Allgemeine, durch Vergesellschaftung vermittelte.[39] Weder die göttliche Ordnung noch die staatliche Ordnung als ihr getreues Abbild sind die Faktoren, welche das Individuum kraft seiner Persönlichkeit auf eine bestimmte soziale Position stellen, sondern, so Georg Simmel, die unzähligen Wechselwirkungen der Individuen untereinander bestimmen die Formen der Vergesellschaftung, also die sozialen Strukturen, innerhalb

---

[37] vgl. Gassen, Kurt / Landmann, Michael: Buch des Dankes an Georg Simmel. Berlin, 1958, S. 27 und Wobbe, Theresa: Wahlverwandtschaften, a.a.O., S. 12f.
[38] vgl. Wobbe, Theresa: Wahlverwandtschaften, a.a.O., S. 16.
[39] vgl. ebd.

22

derer Individuen ihre Plätze und Funktionen suchen, ausfüllen, verändern (ausführlicher in Teil II).

Die Soziologie als wissenschaftliches Fach, das erst noch seine Grenzen suchte und sich nicht wie üblich über einen neuen Gegenstand definierte, mußte unter den o.g. Bedingungen als mehrfacher Bruch mit der Tradition empfunden werden, wie die Entwicklungen der Moderne gleichfalls als Bruch empfunden wurden.[40] Ein weiterer Aspekt kommt durch die Partizipation von Frauen hinzu. Daß gerade Frauen als gesellschaftlich benachteiligte Gruppe sich dieses Faches besonders annahmen, bedeutete letztlich nichts anderes, als daß sie sich selbst in eine Position setzten, von der aus der grundlegende Pfeiler sozialer Ordnung, die Aufteilung in männliche und weibliche Sphären, fragwürdig wurde. So schlug der Soziologie als neuer wissenschaftlicher Disziplin, die den Bruch mit der Tradition (scheinbar) forcierte und somit als Krisenphänomen ersten Ranges gedeutet wurde, ebenso Ablehnung entgegen wie der Frauenbewegung. Beide, so resümiert Wobbe, waren »...kulturell und kognitiv Fremde.«[41]

---

[40] vgl. ebd., S. 12.
[41] ebd., S. 16.

II. Georg Simmel: Soziale und kulturelle Differenzierung

2.1. Biographische Details: Zur Verbindung von Werk und Person

Georg Simmel kommt 1858 als jüngstes Kind von Edward Simmel und Flora Simmel, geb. Bodenstein, zur Welt. Als Georg Simmels Vater 1874 stirbt, hinterläßt er der Familie ein ,ansehnliches Vermögen'[42], welches u.a. aus der zeitweiligen Teilhaberschaft an der Firma ,Felix und Sarotti' stammt, die er mitbegründet hatte.[43] Der noch minderjährige Georg Simmel bekommt den Musikverleger Julius Friedländer zum Vormund.

Georg Simmels Schriften erleben seit einigen Jahren eine Renaissance. Sein Werk findet unter den unterschiedlichsten Bezeichnungen seinen Platz in der Reihe der Klassiker und wird oft in die Abschnitte ,formale Soziologie', ,Kulturphilosophie' und ,Lebensphilosophie' unterteilt. Dabei ist es problematisch, Georg Simmels Werk in Abschnitte zu unterteilen und ihnen scheinbar unzusammenhängende Etiketten anzuheften.

Es ist zwar auf den ersten Blick eine Schwerpunktverlagerung innerhalb des Werkes auszumachen, doch die Teile des Werkes stehen in enger Verbindung miteinander. 1890 verkündet Georg Simmel mit dem Erscheinen des Werkes *Über soziale Differenzierung* seinen Anspruch, sich künftig mit ,sociologischen und psychologischen Untersuchungen' beschäftigen zu wollen. Dies ist das erste größere Werk, das nach der Dissertation über Kant veröffentlicht wird[44]. Es markiert sowohl den Beginn soziologischer Arbeit Georg Simmels als auch den Beginn explizit soziologischer Theoriebildung in Deutschland. Dem folgt 1892 *Das Problem der Soziologie*, 1900 die *Philosophie des Geldes*, 1908 die ,große' *Soziologie*.[45] In der Zwischenzeit veröffentlicht Georg Simmel zahlreiche Essays und hält Vorlesungen als Privatdozent an der Friedrich-Wilhelms-Universität. Eine Professur wird ihm erst 1914, vier Jahre vor seinem Tode in Straßburg ermöglicht. Es ist naheliegend anzunehmen, daß diese Verweigerungshaltung des deutschen Ordinariensystems gegenüber seiner Person wie auch seinen Lehren sowohl dem spezifisch deutschen Antisemitismus als auch der Furcht vor einem unabhängigen Geist geschuldet war, als der

---

[42] vgl. Helle, Horst-Jürgen: Soziologie und Erkenntnistheorie bei Georg Simmel. Darmstadt, 1988, S. 6
[43] vgl. Schnabel, Peter Ernst: Georg Simmel. In: Käsler, Dirk (Hg.): Klassiker des soziologischen Denkens. München, 1976, S.271.
[44] vgl. Helle, Horst-Jürgen: Soziologie..., a.a.O., S. 11.
[45] vgl. ebd., S. 188.

Georg Simmel zeit seiner Lehrtätigkeit in Berlin galt.[46] So führt Paul Honigsheim in seiner Erinnerung an Georg Simmel aus:

>>Denn unter seinen Hörern war alles vertreten, auch ,Russen, Polen und Juden'. Und da insbesondere die ersten vielfach Revolutionäre waren, so war es in der Tat billig, zuerst zu flüstern und dann laut zu sagen: ,Simmel ist ein Mittelpunkt revolutionärer und antideutscher Bestrebungen'.<<[47]

In dieses starre Freund-Feind-Denken des wilhelminischen Deutschland paßte nahezu wie gerufen die Tatsache, daß Georg Simmels Eltern vom jüdischen zum christlichen Glauben konvertiert waren. Ein biographisches Detail, das im Grunde überflüssig sein sollte, aber dazu führte, daß der einzige Sohn von Gertrud Kinel und Georg Simmel in der Zeit des deutschen Nationalsozialismus in ein Konzentrationslager verschleppt wurde und an den Folgen der Haft kurze Zeit danach im Exil starb.[48] Gertrud Kinel, die seit 1890 mit Georg Simmel verheiratet war und mit zu den ersten Frauen gehörte, die die Universität besuchten[49], wird von Marianne Weber als eine ,hohe Frau voller Anmut und Würde' beschrieben, als eine Philosophin und Denkerin, die hohe ethische Ansprüche stellte.[50] Bekannt wurde sie (unter dem Pseudonym Marie Luise Enkendorf) v.a. mit der Monographie *Realität und Gesetzlichkeit im Geschlechtsleben* (1910). Weiterhin hatte Georg Simmel lange Jahre eine Beziehung zu seiner Studentin Gertrud Kantorowicz, mit der er auch eine Tochter hatte.[51]

Georg Simmel studierte von 1876 bis 1880 Geschichte, Völkerpsychologie und Philosophie, daneben auch Kunstgeschichte.[52] 1880 meldet er sich zur Promotion an, die wie noch so manche andere Station seines Lebensweges nicht ohne Schwierigkeiten verlief. Ihm wurde vorgeworfen, er habe seine eigentlich geplante Dissertation methodisch ungenau konzipiert und formal ungenügend abgegeben. Man schlug vor, eine andere, zuvor bereits preisgekrönte Schrift als Dissertation anzunehmen – und so promovierte Georg Simmel mit einer Schrift über Kant.[53] Das Studium der Völkerpsychologie, der Geschichte und der Philosophie hat ihm – neben den sozialen und kulturellen Veränderungsprozessen der Epoche - mit hoher Wahrscheinlichkeit den Weg zur Soziologie als neuer, erst noch zu begründender Wissenschaft bereitet. So verweist Dahme auf die

---

[46] vgl. Ulmi, Marianne: Frauenfragen und Männergedanken. Zürich, 1989, S. 86.
[47] Gassen, Kurt/Landmann, Michael, a.a.O., S. 266 (Erinnerungen von Paul Honigsheim).
[48] vgl. Weber, Marianne: Lebenserinnerungen, a.a.O., S. 409.
[49] vgl. Landmann, Michael / Gassen, Kurt, a.a.O., S. 12.
[50] Weber, Marianne: Lebenserinnerungen, a.a.O., S. 375 und 377.
[51] vgl. Gassen, Kurt / Landmann, Michael, a.a.O., 1958, S. 282.
[52] vgl. ebd., S. 15.
[53] vgl. ebd., S. 15f.

zahlreichen Überschneidungen zwischen der deutschen Völkerkunde und der zunächst von Georg Simmel vertretenen evolutionstheoretischen Ausrichtung der Soziologie, die sich deutlich an Herbert Spencers theoretische Ausführungen anlehnte.[54]

Herbert Spencer, »...als einer der wichtigsten Vertreter einer Soziologie der Frauen«[55], stand demnach wahrscheinlich auch Pate für die vielseitige Beschäftigung Georg Simmels mit der ‚Frauenfrage'. Es ist zwar einerseits überraschend, daß dieses große Thema Georg Simmels in den verschiedensten Interpretationen seiner Soziologie so wenig Beachtung findet.[56] Andererseits verdeutlicht es aber auch die Schwierigkeit manches ‚soziologischen Denkers', sich auf die ‚Frauenfrage' einzulassen und damit anzuerkennen, daß die damit verbundenen Fragestellungen nicht ausschließlich ein Steckenpferd feministischer Wissenschaftlerinnen sind, sondern weitaus tiefere, die Gesellschaft als Ganzes betreffende Implikationen beinhalten.

Es liegt nahe, die Beschäftigung Georg Simmels mit dem Verhältnis der Geschlechter unter dem Aspekt seiner Studien zur sozialen Differenzierung zu betrachten. Am unterschiedlichen Verhältnis, das die Geschlechter zu sozialer Differenzierung haben, kann er die Bedeutung sozialer Prozesse für das individuelle Sein thematisieren. Individualisierung, soziale Differenzierung und deren ‚Begleiterscheinungen' bilden den thematischen Bezugsrahmen für seine Ausführungen zur ‚Frauenfrage'. Dabei ist für Georg Simmel die Frage leitend, welche Bedeutung diese Prozesse der Moderne und das unterschiedliche Verhältnis der Geschlechter zu diesen Prozessen für die weitere Kulturentwicklung haben können.

Es ist wiederholt darauf hingewiesen worden, daß der Blickwinkel, den Georg Simmel mit der Soziologie anvisiert, seiner spezifischen Erfahrung des ‚Fremdseins' in der Gesellschaft geschuldet ist.[57] Georg Simmel war aufgrund seiner dem jüdischen Bekenntnis angehörenden Vorfahren vielfältigen Anfeindungen ausgesetzt. So zitieren Gassen und Landmann einen Brief Dietrich Schäfers, in dem es um die Berufung Georg Simmels als Professor für Soziologie nach Heidelberg geht. Schäfer offenbart sich darin als ein glühender Antisemit, was jedoch seiner Position nicht im geringsten hinderlich war. Eine der deutsch-christlich-klassischen Weltanschauung

---

[54] vgl. Dahme, Heinz-Jürgen: Frauen- und Geschlechterfrage bei Herbert Spencer und Georg Simmel. In: KZfSS, Jg. 1986, S. 490-509, S. 492f.
[55] vgl. ebd., S. 493.
[56] vgl. z.B. Schnabel, Peter-Ernst, a.a.O., in: Käsler, Dirk, a.a.O. In diesem Aufsatz, ebenso wie in dem zwei Jahre zuvor von dem selben Autor erschienenen Werk, wird kein Wort über die lange Beschäftigung Georg Simmels mit der ‚Frauenfrage' verloren.
[57] vgl. Ulmi, Marianne, a.a.O., S. 88.

entgegengesetzte Lehre vertrete der ganz-, halb- oder philosemitische Georg Simmel. Frauen, die orientalische Welt, die östliche Welt höre ihn gerne, er entspräche eben ihrem Wesen usw.[58] Diese ablehnende Haltung, sowohl dem Menschen Georg Simmel als auch der neuen Wissenschaft Soziologie gegenüber, führte zwangsläufig zu einer relativen Fremdheit im wissen-schaftlichen System und bedingte u.U. eine neue Art der Perspektive auf soziale Prozesse.[59] Diese biographische Hürde, die Erfahrung, auf die eine oder andere Weise immer fremd zu sein, verbindet ihn – neben seinen Studien zur ‚Frauenfrage'[60] – mit Marianne Weber.

---

[58] vgl. Gassen, Kurt / Landmann, Michael, a.a.O., S. 26f.
[59] vgl. Ulmi, Marianne, a.a.O., S. 86.
[60] Die Aufsätze, in denen sich Georg Simmel explizit mit der ‚Frauenfrage' auseinandersetzt sind gesammelt in: Georg Simmel: Schriften zur Philosophie und Soziologie der Geschlechter. Hg. von Heinz-Jürgen Dahme und Christian Köhnke. Frankfurt a. M., 1985. Allein in diesem ‚Sammelband' sind die Aufsätze über den Zeitraum von mehr als zwei Jahrzehnten erschienen. Hinzukommen die zahlreichen Verweise auf geschlecht-liche Differenzierung in *Über sociale Differenzierung; Philosophie des Geldes; Soziologie; Einleitung in die Moral-wissenschaft* und die in der Gesamtausgabe in zwei Aufsatzbänden gesammelten Essays.

2.2. Was ist Soziologie?

»Gesellschaft im weitesten Sinne ist offenbar da vorhanden, wo mehrere Individuen in Wechselwirkung treten. [...] Die besonderen Ursachen und Zwecke, ohne die natürlich nie eine Vergesellschaftung erfolgt, bilden gewissermaßen den Körper, das Material des sozialen Prozesses; daß der Erfolg dieser Ursachen, die Förderung dieser Zwecke gerade eine Wechselwirkung, eine Vergesellschaftung unter ihren Trägern hervorruft, daß ist die Form, in die jene Inhalte sich kleiden und auf deren Abtrennung von den letzteren vermöge wissenschaftlicher Abstraktion die ganze Existenz einer speciellen Gesellschaftswissenschaft besteht.«[61]

Die Soziologie beansprucht demnach keinen speziellen Bereich und kein spezielles Gebiet aus der Summe der Kulturwissenschaften, denn:

»Ein besonderes Moment kommt noch für die Soziologie hinzu. Sie ist eine eklektische Wissenschaft, insofern die Produkte anderer Wissenschaften ihr Material bilden. Sie verfährt mit den Ergebnissen der Geschichtsforschung, der Anthropologie, der Statistik, der Psychologie wie mit Halbprodukten; sie wendet sich nicht unmittelbar an das primitive Material, das andere Wissenschaften bearbeiten, sondern, als Wissenschaft sozusagen zweiter Potenz, schafft sie neue Synthesen aus dem, was für jene schon Synthese ist.«[62]

Soziologie ist nach Georg Simmel vielmehr eine neue Methode der Kultur-wissenschaften, die sich die Erkenntnisse anderer Kulturwissenschaften zu eigen macht und den Bereich des ‚Sozialen' durch weitergehende Abstraktion zu isolieren trachtet. Die zugrundeliegende Frage ergibt sich unter Einbezug des historischen Hintergrundes. Wie oben bereits in aller Kürze beschrieben, stellt sich - ausgelöst durch rapiden sozialen Wandel - die Frage nach der Bedeutung von Gesellschaft für den individuellen Menschen. Welche individuellen Verhaltensweisen sind wahrlich individuell und welche sind sozial determiniert? In welchem Verhältnis steht das Individuum zur Gesellschaft? Sind die Grundwerte in der Tat ‚nur' ein Produkt sozialer Übereinkunft und damit keine Resultate göttlichen - und darum notwendig ‚guten' - Ratschlusses?

Georg Simmel schließt sich mit der Begründung der Soziologie der Auffassung an, daß die soziale Ordnung durch menschliches Handeln bestimmt ist. Jedoch bedingt die Komplexität dieses menschlichen Handelns die Einsicht, daß mittels einer Wissenschaft, die den Bereich des Sozialen zu bestimmen sucht, keine Kausalgesetze aufgestellt werden können. Soziologische Erkenntnis beschränkt sich auf Regelmäßigkeiten, auf wahrscheinliche Ursache-und-Wirkungs-Ketten.[63] Hier deutet sich

---

[61] Simmel, Georg: Das Problem der Soziologie. Georg Simmel Gesamtausgabe (nachfolgend mit GSGA abgekürzt) Bd. 5. S.52-61, S. 54.
[62] Simmel, Georg: Über sociale Differenzierung. GSGA Bd. 2,. S.109-295, S. 116.
[63] vgl. ebd., S. 122.

bereits eine entscheidende Konsequenz der Konzeption von Soziologie als Methode an. Dieser neue Ansatz relativiert die Begriffe von Wahrheit und Wirklichkeit. Im Gegensatz zu den Naturwissenschaften, deren Ergebnisse den Anspruch von Kausalgesetzen erheben, beanspruchen die Erkenntnisse der Soziologie keine ultimative, allumfassende Gültigkeit, sondern sie rekonstruieren Ausschnitte der sozialen Wirklichkeit unter bestimmten Blickwinkeln. Dabei kommt der Perspektive des Betrachtenden eine wichtige Rolle zu. Jede Aussage über Wechselwirkungen und Vergesellschaftung geht notwendig zurück auf die individuelle Ebene der Betrachtung. Damit wird jede Aussage über soziale Formen letztlich zur ‚relativen' Wahrheit, zu einer Art der Abstraktion, die niemals losgelöst von den spezifischen Inhalten dessen, was ‚Wirklichkeit' sein soll, gesehen werden kann.

Dieser Relationismus[64], innerhalb dessen weder eine genaue Bestimmung der Individualität, noch des sozialen Einflusses exakt möglich scheint, verweist auf das grundlegende Dilemma der Moderne. Die sozialen Entwicklungen der Moderne setzt Georg Simmel in Bezug zu den individuellen Entwicklungen der einzelnen Menschen, was als das zentrale Thema seiner Arbeiten bezeichnet werden kann.[65] Dies wird in folgender Passage deutlich:

> »Ich glaube, daß diese heimliche Unruhe, dies rastlose Drängen unter der Schwelle des Bewußtseins, das den jetzigen Menschen vom Sozialismus zu Nietzsche [...] und wieder zurückjagt – nicht nur der äußeren Hast und Aufgeregtheit des modernen Lebens entstammt, sondern daß umgekehrt diese vielfach der Ausdruck, die Erscheinung, die Entladung jenes innersten Zustandes ist. Der Mangel an Definitivem im Zentrum der Seele treibt dazu, in immer neuen Anregungen, Sensationen, äußeren Aktivitäten eine momentane Befriedigung zu suchen; so verstrickt uns dieser erst seinerseits in die wirre Halt- und Ratlosigkeit, die sich bald als wilde Jagd der Konkurrenz, bald als spezifisch moderne Treulosigkeit auf den Gebieten des Geschmacks, der Stile, der Gesinnungen, der Beziehungen offenbart.«[66]

Dieser ‚Mangel an Definitivem im Zentrum der Seele', das ‚Lebensgefühl der Moderne'[67], wird in der reichhaltigen Literatur zur Jahrhundertwende (im übrigen auch in der schöngeistigen Sparte) mit den Chiffren Unsicherheit, mangelnde Verbindlichkeit, Uneinheitlichkeit usw. beschrieben. Diese ins Negative übersteigerten Konsequenzen von

---

[64] vgl. Bevers, Antonius M.: Die Dynamik der Formen bei Georg Simmel. Berlin, 1988, S. 62.
[65] vgl. Lichtblau, Klaus: Georg Simmel. Frankfurt a. M. / New York, 1997, S. 17.
[66] Simmel, Georg: Philosophie des Geldes. 7. Auflage, 1977, S. 551. Nach: Metzmacher, Ulrich: Das Geschlechterverhältnis in der Kultur des Bürgertums der Jahrhundertwende. Berlin, 1990, S.40.
[67] vgl. Frisby, David P.: Georg Simmels Theorie der Moderne. In: Rammstedt, Otthein / Dahme, Heinz-Jürgen (Hg.): Georg Simmel und die Moderne. Frankfurt a. M., 1984, S. 9-79, S. 16. David Frisby bezeichnet Georg Simmel dort u.a. als den ersten Soziologen der Moderne.

Pluralisierung und Indivi-dualisierung bedürfen einer Erklärung. Die notwendige Transparenz bezüglich der sozialen Zusammenhänge kann die Soziologie - so der Anspruch Georg Simmels - herstellen, wenn sie den Grad des sozialen Einflusses auf das Individuum bestimmen kann.

»Und so darf man auch für die Erkenntnis nicht etwa mit dem Gesellschaftsbegriff beginnen, aus dessen Bestimmtheit sich nun die Beziehungen und gegenseitigen Wirkungen der Bestandteile ergäben, sondern diese müssen festgestellt werden, und Gesellschaft ist nur der Name für die Summe dieser Wechselwirkungen, der nur in dem Maße der Festgestelltheit dieser anwendbar ist«[68]

2.2.1. Wechselwirkung und die Formen der Vergesellschaftung

Doch wie gelangt die Soziologie zu Aussagen über das eigentlich Soziale, über denjenigen Teil der Menschen, der durch das Soziale geformt und vom Sozialen determiniert ist? Dies geschieht zunächst mittels einer analytischen Trennung von Form und Inhalt, die im Kern den ersten Schritt der besonderen wissenschaftlichen Abstraktion darstellt.

»Was nun die Gesellschaft, in jedem bisher gültigen Sinne des Wortes, eben zur Gesellschaft macht, das sind ersichtlich die so angedeuteten Arten der Wechselwirkung. Irgendeine Anzahl von Menschen wird nicht dadurch zur Gesellschaft, daß in jedem für sich irgendein sachlich bestimmter oder ihn individuell bewegender Lebensinhalt besteht: sondern erst, wenn die Lebendigkeit dieser Inhalte die Form der gegenseitigen Beeinflussung gewinnt, wenn eine Wirkung von einem auf das andere [...] stattfindet, ist aus dem bloß räumlichen Nebeneinander oder auch zeitlichen Nebeneinander der Menschen eine Gesellschaft geworden.«[69]

Die individuellen Inhalte (d.h. die individuellen Zwecke und Motivationen, die zu Interaktionen führen) sind also für die Soziologie keine primäre Größe. Erst wenn sich im Lauf von Interaktionen diese individuellen Inhalte zu allgemeineren Inhalten verdichten, also gegenseitige Beeinflussung stattfindet, dann werden auch diese Inhalte zu sozialen Formen und für die Soziologie wiederum interessant. Diese Formen bilden die äußere Hülle des Lebens, sie ‚umspielen' das weite Feld der Motivationen und der individuellen Orientierungen indem sie die individuellen Antriebe transformieren und so zu sozial vermittelten handlungsleitenden Normen werden.

---

[68] Simmel, Georg: Über sociale Differenzierung. a.a.O., S. 131.
[69] Simmel, Georg: Soziologie. Untersuchungen über die Formen der Vergesellschaftung. GSGA Bd. 11, S. 19.

»Der Reichtum der Form ist, daß sie eine Unendlichkeit von Inhalten aufnehmen kann; der Reichtum des Inhalts, daß er in eine Unendlichkeit von Formen eingehen kann. Wo beide Unendlichkeiten sich treffen, entsteht das endliche Gebilde – und darum umschweben sie jedes Sein, das als geformter Inhalt betrachtet wird...«[70]

Zum Begriff und zur Bedeutung des Inhalts führt Georg Simmel aus:

> »Ich bezeichne nun alles das, was in den Individuen, den unmittelbar konkreten Orten aller historischen Wirklichkeit als Trieb, Interesse, Zweck, Neigung, psychische Zuständlichkeit und Bewegung derart vorhanden ist, daß daraus oder daran die Wirkung auf andre entsteht - dieses bezeichne ich als den Inhalt, gleichsam die Materie der Vergesellschaftung.«[71]

Die Wirkung individueller Antriebe auf andere, die durch Interaktion gegenseitiger Beeinflussung ausgesetzt sind, und die sich dadurch entwickelnden sozialen Strukturen - als Formen der Vergesellschaftung bezeichnet - stellen den besonderen Aspekt der Soziologie Georg Simmels dar. So schreibt er in *Das Problem der Soziologie*:

> »Wenn, wie ich glaube, die Untersuchung der Kräfte, Formen und Entwicklungen der Vergesellschaftung, des Mit-, Für- und Nebeneinander der Individuen, das einzige Objekt einer Sociologie als besonderer Wissenschaft sein kann, so gehören in sie selbstverständlich auch die Bestimmungen hinein, welche die Vergesellschaftungs-form durch den besonderen Inhalt erhält.«[72]

Es stellt sich jedoch zu Recht die Frage, welche Formen der Vergesellschaftung allgemein genug sind, um das verbindende Element von Individuen zu einer Gesellschaft idealtypisch darstellen zu können. Georg Simmel gibt dafür einige Beispiele, an denen der Grad der Abstraktion bereits ersichtlich wird:

> »An gesellschaftlichen Gruppen, welche ihre Zwecken und ihrer ganzen Bedeutung nach die denkbar verschiedensten sind, finden wir dennoch die gleichen formalen Verhaltensweisen der Individuen zu einander. Über- und Unterordnung, Konkurrenz, Nachahmung, Arbeitsteilung, Parteibildung, Vertretung, Gleichzeitigkeit des Zusammenschlusses nach innen und des Abschlusses nach außen und unzähliges Ähnliches...«[73]

Wie bereits angeführt, operiert Soziologie als eklektische Wissenschaft notwendig im Spannungsfeld der verschiedenen Kulturwissenschaften. Als Methode, welche die Formen der Vergesellschaftung analysiert, die sich auf der Basis von Wechselwirkungen zwischen den Individuen ergeben, greift sie notwendig auf die Erkenntnisse anderer Kulturwissenschaften zurück.

---

[70] Simmel, Georg: Fragmente und Aufsätze aus dem Nachlaß. Hg. und mit einem Vorwort von Dr. Gertrud Kantorowicz, München, 1923, S. 3f.
[71] Simmel, Georg: Soziologie... (GSGA Bd. 11), a.a.O., S. 18.
[72] Simmel, Georg: Das Problem der Soziologie, a.a.O., S. 57.
[73] Simmel, Georg: Soziologie... (GSGA Bd. 11), a.a.O., S. 21.

Psychologie, Geschichte, Philosophie Statistik sind einige Bereiche, die Georg Simmel anführt.

Nachdem er so die neue Wissenschaft angeregt und ihr entsprechende Grundlagen mitgegeben hat, stellt sich jedoch die Frage, wie es überhaupt zu dieser Form gegenseitiger Beeinflussung kommt. Welches sind die grundlegenden Dispositionen, die im Individuum vorhanden sein müssen, damit Interaktionen und soziale Strukturen überhaupt möglich werden? (Diese Fragestellung verweist sowohl auf die Interdependenz individueller und kollektiver Verhaltensweisen, als auch auf die Nähe zur interaktionistischen Theoriebildung in den USA.)

Kommunikationsfähigkeit, die Bereitschaft und Fähigkeit, sich auf bestimmte Situationen einzustellen, das Wissen über die Erwartungen anderer an das Ich und nicht zuletzt das Bewußtsein über das eigene Ich sind Voraussetzungen, die Georg Simmel als individuelle und gleichzeitig allgemeinverbindliche Bedingungen für die Existenz von Gesellschaft, sozialen Gruppen und sozialen Strukturen annimmt. Er formuliert dies in drei ‚Apriori' aus, die bei Ebers unter den Begriffen ‚Rollen- Individualitätsund Strukturapriori' beschrieben werden.[74] So führt Georg Simmel aus:

> »Die Gesetze, nach denen diese Verbindungen gestiftet werden, sind, wie Kant sich ausdrückt, a priori, d.h. sie entstehen nicht aus der Erfahrung, sondern sie bringen diese zu Stande.«[75]

Verstehende Soziologie

Georg Simmel geht somit vom Individuum aus, genauer von den psychischen Prozessen, welche sozialen Strukturen zugrunde liegen, aber vice versa auch wiederum von ihnen beeinflußt werden. Diese so entstehende ‚Einheit der Gesellschaft' entwickelt sich aus der Fähigkeit zur Interaktion. Die entscheidende Voraussetzung für Interaktion ist ein soziales Wissen, welches die Motivationen der Interaktionspartner für den jeweils anderen verstehbar macht. Welcher Art muß nun dieses grundlegende soziale Wissen sein? Welcher Art sind die unmittelbaren Verständniskategorien alltäglicher sozialer Praxis?

Um eine individuelle Motivation für spezielle Handlungen verstehen zu können, wird eine Einheit des anderen konstruiert, die sich auf das bezieht,

---

[74] vgl. Ebers, Nicola: ‚Individualisierung'. Georg Simmel, Norbert Elias, Ulrich Beck. Würzburg, 1995. S. 66ff.
[75] Simmel, Georg: Was ist uns Kant? GSGA, Bd. 5, S. 145-177, S. 149.

was allgemein-menschlich ist[76]. Schnabel führt dazu aus, daß sich nach Georg Simmel

> »...die Einheit der Gesellschaft durch die bewußtseinstragenden Elemente selber vollzieht. Diese Elemente sind interagierende Individuen, die mittels seelischer Energien untereinander verbunden werden: durch das Bewußtsein des ‚seienden Ich' und das Gefühl, mit dem anderen eine Einheit – Georg Simmel nennt sie die ‚Tatsache des Du' – zu bilden.«[77]

Diese Annahme verweist auf die Fähigkeit, sich in die ‚Seele anderer Personen versetzen zu können'.[78] George Herbert Mead und die durch Herbert Blumer so genannte Richtung des Symbolischen Interaktionismus drückten es anders aus (auf die Ähnlichkeit der theoretischen Konzepte ist bereits oben hingewiesen worden): Intersubjektivität ist eine Grundvoraussetzung sozialen Handelns.[79] Georg Simmel unterscheidet im folgenden zwischen drei Arten des Verstehens.

Die erste Variante des Verstehens abstrahiert auf geringem Niveau von der Gesamtpersönlichkeit des Interaktionspartners. Aus dem offensichtlich wahr-nehmbaren Verhalten wird dabei auf eine zugrundeliegende Motivation geschlossen, die der jeweils andere Interaktionspartner vor dem Hintergrund der eigenen Erfahrung annimmt.[80] Somit ist vollständiges Verständnis für die Motivationen anderer ausgeschlossen und es wird deutlich, daß dadurch wechselseitige Beeinflussung stattfinden muß.

Die zweite Variante des Verstehens kann auch als ‚sachliches Verstehen' bezeichnet werden. Es wird dabei von der Person als dem eigentlich handelnden Subjekt auf deutlich höherem Niveau abstrahiert. Allein die Inhalte des Gesprochenen oder Geschriebenen sind von Bedeutung.[81]

Die dritte Variante des Verstehens in und von Interaktionen sucht nach Zusammenhängen übergeordneter Art. Wie sind die Handlungs- und Verhaltensweisen des anderen einzuordnen, könnte die Ausgangsfrage dafür lauten. Bevers führt aus, daß Georg Simmel dazu auf ‚methodische Subjekte'[82] verweist. Diese methodischen Subjekte können auf dem Wissen über allgemeine historische Konstellationen und Fakten, individuellen bio-graphischen oder psychologischen Details fußen. Sie sind aber bereits

---

[76] Simmel, Georg: Die Probleme der Geschichtsphilosophie. München / Leipzig, 1923 (1. Fassung 1892), S. 18 Nach: Bevers, Antonius M, a.a.O., S. 54.
[77] Schnabel, Peter-Ernst: Die soziologische Gesamtkonzeption Georg Simmels. Stuttgart, 1974, S. 173.
[78] Simmel, Georg Probleme der Geschichtsphilosophie. 2. überarbeitete Fassung von 1905. München und Leipzig, 1923, S. 35f. Nach: Helle, Horst-Jürgen: Soziologie..., a.a.O., S.79.
[79] vgl. Wenzel, Harald: George Herbert Mead zur Einführung. Hamburg, 1990, S. 79f.
[80] vgl. Bevers, Antonius M., a.a.O., S. 55f.
[81] vgl. Helle, Horst-Jürgen: Soziologie..., a.a.O., S. 80f.
[82] vgl. Bevers, Antonius M., a.a.O., S. 57.

verallgemeinertes und auch interpretiertes Wissen. So führt Bevers in Anlehnung an Georg Simmel aus:

»Wenn wir über die Entwicklung ‚der Kunst', ‚des Rechts' und ‚der Wissenschaft' sprechen, dann sind dies methodische Subjekte, denn tatsächlich gibt es lediglich besondere Kunstwerke, rechtliche Regeln und wissenschaftliche Theorien, welche als Objekte keinen Keim einer Entwicklung in sich tragen; der Zusammenhang kommt von einem erkennenden Subjekt her, das historische Fakten miteinander verbindet, indem es ein fiktives Subjekt konstruiert.«[83]

Diese ‚fiktive Subjekt', das sowohl in individuellen Interaktionen zum Verständnis des anderen konstruiert wird, dient letztlich der Soziologie als Grundlage. Sie abstrahiert von den Ergebnissen anderer Wissenschaften so weit, bis sie ‚methodische Subjekte' konstruieren kann. Sie verweist auf *die* psychischen Strukturen *des* Menschen, auf *die* Geschichte, auf *die* Wirtschaft usw. Verstehende Soziologie bedient sich methodisch bewußt somit der gleichen Mechanismen wie der individuelle Mensch dies unbewußt tut. Auf welchen allgemeinsten Annahmen bauen sich nun diese Verstehenskategorien auf?

Drei grundlegende Annahmen

»Wir sehen den Anderen in irgend einem Maße verallgemeinert. Vielleicht, weil es uns nicht gegeben ist, eine von der unseren abweichende Individualität völlig in uns zu repräsentieren.«[84]

Man nimmt somit in Interaktion mit anderen die jeweiligen Rollen wahr, in denen andere dem Ich gegenübertreten. Oder anders ausgedrückt: Man nimmt die Funktion wahr, die man im jeweiligen Bedeutungszusammenhang als die primäre identifiziert, und überträgt diese Wahrnehmung des einzelnen Ausschnitts der Individualität des anderen auf seine Gesamtheit. Damit wird notwendig eine Spannung im Individuum erzeugt, welches sich als Einheit begreift. Aber in Interaktionen mit anderen kann diese Einheit nicht in allen ihren Facetten wahrgenommen werden, sondern wird nur von einem bestimmten Punkt der Erscheinung aus als Einheit konstruiert.

Das verweist den Menschen auf Distinktion und somit auf soziale Differenzierung.[85] Soziale Differenzierung wird somit von Georg Simmel als eine Grundbedingung menschlicher Existenz verstanden. Daraus ergibt

---

[83] ebd., S. 57.
[84] vgl. Simmel, Georg: Soziologie... (GSGA, Bd. 11), a.a.O., S. 47.
[85] vgl. Simmel, Georg: Die beiden Formen des Individualismus. GSGA Bd. 7, S. 49-56, S. 53.

sich folgerichtig: »Jedes Element einer Gruppe ist nicht nur Gesellschaftsteil, sondern außerdem noch etwas.«[86] Diese außerhalb von Gesellschaft existierende Individualität, die für andere jeweils nicht oder nur mittelbar wahrnehmbar ist, beeinflußt die jeweilige Auseinandersetzung mit der dinglichen und sozialen Umwelt. Sie bedingt letztlich die individuelle Resonanz, die der Austausch mit anderen im Bewußtsein hinterläßt. Auch hier wird die Verbindung zwischen Verstehender Soziologie nach Georg Simmel und der Theorie des Symbolischen Interaktionismus nach Mead und Blumer deutlich.

Aus der so beschrieben Individualität ergibt sich somit einerseits die Tatsache, daß Gesellschaft ein Gebilde ungleicher Elemente, also Individuen ist, daß aber andererseits diese Individualität maßgeblich von sozialen Interaktionen beeinflußt ist. Für den individuellen Menschen ergibt sich die Möglichkeit der Synthese von Individualität und Rolle durch die Annahme,

> »Daß jedes Individuum durch seine Qualität von sich aus auf eine bestimmte Stelle innerhalb seines sozialen Milieus hingewiesen ist: daß diese ihm ideell zugehörige Stelle auch wirklich im sozialen Ganzen vorhanden ist – das ist die Voraussetzung, von der aus der Einzelne sein gesellschaftliches Leben lebt und die man als den Allgemeinheitswert der Individualität bezeichnen kann.«[87]

Diese Verflochtenheit von individueller und sozialer Ebene stellt, wie Helle ausführt, weniger »eine Transzendentalphilosophie der Gesellschaft«, sondern eher eine »sozialpsychologische Handlungstheorie« dar.[88] Das große komplexe Gebilde ‚Gesellschaft‘ wird von Georg Simmel auf seine Ausgangs-basis zurückgeführt, nämlich auf die Individuen, die in tagtäglicher Auseinandersetzung mit ihrer dinglichen und sozialen Umwelt Verbindungen entwickeln und sich durch wechselseitige Beeinflussung in ihren Verhaltensweisen allgemeinverbindlichen Normen und Werten anpassen. Die Interdependenz von individueller und sozialer Ebene, deren Bestimmung Georg Simmel mittels der verstehenden Methode als Aufgabe der Soziologie begreift, ist in letzter Konsequenz ein Ausdruck der Epoche:

> »Denn das Wesen der Moderne ist Psychologismus, das Erleben und Deuten der Welt gemäß den Reaktionen unseres Inneren und eigentlich als einer Innenwelt, die Auflösung der festen Inhalte in das flüssige Element der Seele, aus der alle

---

[86] Simmel, Georg: Soziologie..., (GSGA Bd. 11), a.a.O., S. 51.
[87] ebd., S. 57.
[88] vgl. Helle, Horst-Jürgen: Verstehende Soziologie und Theorie des Symbolischen Interaktionismus. Stuttgart, 1977, S. 21.

Substanz herausgeläutert ist, und deren Formen nur Formen von Bewegungen sind.«[89]

Der fraglose Zusammenhalt von Gesellschaft, in älteren Theorien mittels ‚organischer' Modelle verdeutlicht, wird - wie bereits angedeutet - in den rasanten Entwicklungen der Moderne erklärungsbedürftig. Vergesellschaftung findet nach Georg Simmel auf gedanklicher Ebene statt.[90]

Denn es ist

> »... freilich kein Zweifel, daß alle gesellschaftlichen Vorgänge ihren Sitz in Seelen haben, daß Vergesellschaftung ein psychisches Phänomen ist und daß es zu ihrer fundamentalen Tatsache: daß eine Mehrheit von Elementen zu einer Einheit wird – in der Welt des Körperlichen nicht einmal eine Analogie gibt.«[91]

Einheit und Dynamik

Ausgehend davon, daß sozialwissenschaftliche Erkenntnis eine Art der Abstraktion, ein Abbild der Wirklichkeit im Auge des Betrachters ist, steht die bange Frage im Raum, welche Kriterien an die Wahrheit sozialwissenschaftlicher Aussagen angelegt werden können. So führt Georg Simmel aus:

> »Es ist mit unzweifelhaft, daß es nur einen Grund giebt, der eine wenigstens relative Objektivität der Vereinheitlichung abgiebt: die Wechselwirkung der Teile. Wir bezeichnen jeden Gegenstand in demselben Maße als einheitlich, in dem seine Teile in gegenseitigen dynamischen Beziehungen stehen.«[92]

Soziale Wirklichkeit wird im alltäglichen Handeln und in den Bedeutungen konstruiert, die Menschen diesem Handeln beimessen. Somit ist das tragende Element von Gesellschaft, dessen sich die Soziologie annimmt, die Ebene des alltäglichen Handelns, der Wechselwirkungen zwischen Individuen, aus denen sich letztlich soziale Strukturen entwickeln. Denn:

> »...als regulatives Weltprinzip müssen wir annehmen, daß Alles mit Allem in irgend einer Wechselwirkung steht, daß zwischen jedem Punkte der Welt und jedem anderen Kräfte und hin- und hergehende Beziehungen bestehen.«[93]

Der Begriff der Wechselwirkung ist konstitutiv für die Soziologie Georg Simmels.[94] Über ihn wird sowohl die Verflochtenheit der Individuen untereinander, die Verflochtenheit von Individuum und Gesellschaft, als auch

---

[89] Simmel, Georg (nicht genauer belegt). Nach Frisby, David P: Georg Simmels Theorie der Moderne, a.a.O., S. 9.
[90] vgl. Helle, Horst-Jürgen: Verstehende Soziologie..., a.a.O., S. 21.
[91] Simmel, Georg: Soziologie... (GSGA Bd. 11), a.a.O., S. 35.
[92] Simmel, Georg: Über sociale Differenzierung, a.a.O., S. 129.
[93] ebd., S. 130.
[94] vgl. Nedelmann, Britta: Georg Simmel als Klassiker soziologischer Prozeßanalysen. In: Rammstedt, Otthein / Dahme, Heinz-Jürgen (Hg.), a.a.O., S. 91-115, S. 92.

die Dynamik sozialer Prozesse ausgedrückt. Gesellschaft, die sich auf den o.g. Grundannahmen bezüglich der allgemein-menschlichen Dispositionen für Interaktionen aufbaut, erhält somit ihre Struktur durch Wechselwirkungen.[95] Diese Strukturen, also die Formen der Vergesellschaftung, stehen, so Georg Simmel, in der Gesellschaft der Jahrhundertwende im Gegensatz zu dem eigentlichen Leben und den Handlungswünschen der Individuen. Spätestens an dieser Stelle wird die enge Verbindung zwischen Soziologie als Methode und dem spezifischen Gegenstand Georg Simmels deutlich. Die Kultur der Jahrhundertwende hat die Frage nach den Bedingungen menschlichen Seins neu gestellt. Georg Simmel beantwortet sie, indem er auf die soziale Determi-niertheit des Individuums verweist, gleichzeitig aber noch eine letzte Bastion außersozialer Individualität proklamiert, die an das Konstrukt des ‚I' von George Herbert Mead erinnert.

Doch die Formen der Vergesellschaftung, entwickelt über Interaktion und gegenseitige Beeinflussung, stellen in den Ausführungen Georg Simmels den weitaus entscheidenderen Faktor für das (in diesem Falle fast nur noch vermeintlich) individuelle Sein dar. Dieses oben bereits angesprochene Spannungsverhältnis zwischen sozialen Erwartungen - als Rollenerwartung formuliert – und den individuellen Antrieben und Motivationen weist den Menschen als ein in sich gespaltenes Wesen aus. Die Formen der Vergesellschaftung und die ihnen eigenen Normen und Werte weisen das Individuum darauf hin, sein Handeln dem Ideal der Objektivität, der Verallgemeinerung anzupassen.[96] Bevers führt dazu aus:

»Sie [soziale Beziehungen] bilden eine Einheit der Gegensätze: Konflikt und Harmonie, Integration und Differenzierung, Gleichheit und Ungleichheit, usw.[...] Große Aufmerksamkeit richtet Georg Simmel in seiner Formensoziologie auf die Wechselwirkung von Innen und Außen, individuellen und sozialen Verhaltenskomponenten, was auf den Menschen als homo duplex weist.«[97]

Oder wie Georg Simmel selbst es ausdrückte:»Und dies eben ist das Komplementärverhältnis, das sich auch in den realen socialen Entwicklungen geltend macht.«[98] Die über Wechselwirkung entstehende Verbindung zwischen Individuen und die sich daraus ergebende Diskrepanz zwischen den Inhalten einerseits und den Formen andererseits bedeutet, daß im Individuum selbst ein Ausgleich zweier notwendig verflochtener, deswegen aber nicht weniger antagonistischer Prozesse

---

[95] vgl. Helle, Horst-Jürgen: Soziologie..., a.a.O., S. 118.
[96] Simmel, Georg: Soziologie... (GSGA Bd. 11), a.a.O., S. 52.
[97] Bevers, Antonius M, a.a.O., S. 23f.
[98] Simmel, Georg: Über sociale Differenzierung, a.a.O., S. 196.

geleistet werden muß.[99] Diese Dispositionen des einzelnen Menschen, die erst zu Interaktionen und darüber zu Vergesellschaftung führen, sind die Grundlage Verstehender Soziologie. Georg Simmel führt dazu aus:

> »Die zarten, unscheinbaren Fäden, die sich zwischen Mensch und Mensch spinnen, wird man nicht länger der Beachtung für unwert halten dürfen, wenn man das Gewebe der Gesellschaft nach seinen erzeugenden, formgebenden Kräften begreifen will.«[100]

2.2.2. Vergesellschaftung und Individualisierung

Soziale Differenzierung, auf die oben bereits hingewiesen wurde und deren Bedeutung für die Kultur der Moderne letztlich das Hauptthema der Soziologie Georg Simmels darstellt, ist eine Entwicklung, die »... aus der Wirkung [der Wechselwirkung zwischen dem Individuellen und dem Sozialen] der realen elementaren Kräfte hervorgeht.«[101] Aus dem oben Ausgeführten wurde bereits die Verbindung zwischen Individualisierung und Vergesellschaftung deutlich. Je mehr ein Individuum in Interaktion mit anderen tritt, je mehr es Teil der Gesellschaft ist und als solches vergesellschaftet ist, desto notwendiger wird es von sich aus auf Individualität bedacht sein, auf eine spezielle persönliche Einheit, die im Kontakt mit anderen von diesen jeweils nur unvollständig wahrgenommen wird.

Georg Simmel faßt diese Interdependenz von sozialer Differenzierung, Individualisierung und Vergesellschaftung wie folgt:

> »...je enger ein Kreis ist, an den wir uns hingeben, desto weniger Freiheit der Individualität besitzen wir; dafür aber ist dieser Kreis selbst etwas Individuelles [...]. Und nun entsprechend erweitert sich der Kreis, in dem wir uns bethätigen und dem unsere Interessen gelten, so ist darin mehr Spielraum für die Entwicklung unserer Individualität; aber als Teile haben wir weniger Eigenart, dieses letztere ist als soziale Gruppe weniger individuell.«[102]

Daraus folgt: »Die Differenzierung der socialen Gruppe steht [...] offenbar zu der des Individuums in direktem Gegensatz.«[103] Mit anderen Worten, je differenzierter und individueller die soziale Gruppe ist, desto einseitiger prägt sie das Individuum in eine bestimmte Richtung und fordert die

---

[99] vgl. Simmel, Georg: Soziologie..., (GGSA Bd.11), a.a.O., S. 56.
[100] Simmel, Georg: Soziologie der Sinne. In: Die Neue Rundschau, 18. Jg., 2, 1907, S. 1025-1036, S. 1036. Nach: Frisby, David P: Georg Simmels Theorie der Moderne. In: Rammstedt, Otthein / Dahme, Heinz-Jürgen (Hg.), a.a.O., S. 26.
[101] Simmel, Georg: Über sociale Differenzierung, a.a.O., S. 125.
[102] ebd., S. 174.
[103] ebd., S. 283.

‚gesamte Persönlichkeit'. Die Diskrepanz zwischen den verallgemeinerten Ansprüchen der Gruppe und den individuellen Motivationen ist dabei geringer und das Bedürfnis nach Individualität damit auch. Handelt es sich nun aber um eine Gruppe unter vielen anderen und erfüllt sie nur ein kleines Segment individueller Bedürfnisse, so verweist sie den individuellen Menschen auf eine größere Rollenkompetenz. Die Deutung der Gesamtpersönlichkeit von einem kleinen Aspekt des individuellen Seins aus verweist den Menschen darauf, seine unverwechselbare Individualität um so deutlicher heraus-zustellen. Georg Simmel führt dazu aus:

> »Seine Existenz [...] steht unter der fundamentalen, gestaltenden, nicht weiter reduzierbaren Kategorie einer Einheit, die wir nicht anders ausdrücken können als durch die Synthese oder die Gleichzeitigkeit der beiden logisch einander entgegengesetzten Bestimmung der Gliedstellung und des Fürsichseins, des Produziert- und Befaßtseins durch die Gesellschaft und des Lebens aus dem eigenen Zentrum heraus und um des eigenen Zentrums willen.«[104]

Dies verweist auf die Spannung, die sich bereits in der ersten und zweiten Grundannahme ausgedrückt findet. Mit sozialer Differenzierung, die aus stärkerer Vergesellschaftung, also einem höheren Grad von Interaktion resultiert, steigt somit gleichzeitig das Bedürfnis nach Individualität.

Auch an dieser Stelle wird die Verbindung von Gegenstand und Methode bei Georg Simmel deutlich. Indem er die Interdependenz von sozialer Differenzierung, Individualisierung und Vergesellschaftung, die Abhängigkeit des individuellen Seins von den sozialen Verhältnissen verdeutlicht, verweist er einerseits auf die zugrundeliegenden Annahmen als fundamentale Kategorien des Verstehens, und andererseits gibt er damit gleichzeitig eine soziologische Erklärung für die Ausdifferenzierung der modernen Gesellschaft, die sich am Individuum orientiert und seine soziale Determiniertheit herausstreicht. Diese Entwicklung hat jedoch bestimmte Folgen, die sowohl für das Individuum als auch für die Werte der Gesellschaft - und somit auch letztlich für ihre kulturelle Entwicklung - entscheidend sind. Die mit sozialer Differenzierung einhergehende höhere Erwartung an die Rollenkompetenz der Individuen fordert von diesen ein erhöhtes Maß an Objektivität und Rationalität. Das Individuum muß sich der Anforderungen, die an es gestellt werden, bewußt sein und damit durch jeweiliges Rollenmanagement umgehen können. So führt Ebers aus:

> »Soziale Differenzierung führt zu zunehmender Vergesellschaftung, die unter anderem gekennzeichnet ist durch eine wachsende Funktionalisierung, Objektivierung, Versachlichung und Rationalisierung der sozialen Beziehungen.

---

[104] Simmel, Georg: Soziologie..., (GSGA Bd. 11), a.a.O., S. 56.

Diese Form der Vergesellschaftung bildet wiederum die Grundlage bzw. das Komplement für die zunehmende Individualisierung.«[105]

So ist in den Worten Georg Simmels:

»...die Art seines Vergesellschaftet – Seins [...] bestimmt oder mitbestimmt durch die Art seines Nicht - Vergesellschaftet - Seins«.[106]

Diese gleichzeitig außerhalb von Gesellschaft stehende und von ihr mitbedingte Individualität begründet nach Georg Simmel die Tatsache, daß zwischen Gesellschaft und Individuen ein Spannungsverhältnis ,wie zwischen zwei Parteien' existieren kann.[107]

Je mehr soziale Beziehungen eingegangen und damit Wechselwirkungsprozesse in Gang gesetzt und erlebt werden, desto wahrscheinlicher wird sich eine unverwechselbare Identität entwickeln, deren Ausdrucksmöglichkeiten jedoch wiederum begrenzt sind. Die ,Freiheit' von traditionalen Bindungen durch Pluralisierung und Differenzierung wird relativiert durch die ,Gebundenheit' an differenzierte Rollenvorgaben. Georg Simmel faßt dazu zusammen:

»...die Differenzierung und Individualisierung lockert das Band mit den Nächsten, um dafür ein neues – reales und ideales – zu den Entfernteren zu spinnen.«[108]

Somit ist in dem Wechselwirkungsverhältnis von Individualisierung und Vergesellschaftung die Entwicklung zu einer Kultur angelegt, in der persönliche, enge Beziehungen weniger wichtig, dafür rational begründbare Beziehungen wichtiger werden (ausführlicher dazu in Teil III).

2.2.3. Tausch als Medium der Vergesellschaftung

Georg Simmel expliziert diese theoretische Erkenntnis am Beispiel des Tauschmediums Geld. Tausch gilt Georg Simmel als die reinste Form der Wechselwirkung. Die Motivationen von Interaktionspartnern sind in dieser Form der Wechselwirkung relativ eindeutig zu bestimmen. An den weiteren Entwicklungen kann Georg Simmel die Dynamik sozialer Prozesse verdeutlichen. Geld, so führt Georg Simmel aus, schiebt sich als

---

[105] Ebers, Nicola, a.a.O., S. 81.
[106] Simmel, Georg: Soziologie..., (GSGA Bd. 11), a.a.O., S 51.
[107] ebd., S. 53.
[108] Simmel, Georg: Über sociale Differenzierung, a.a.O., S. 172.

objektivierende Instanz zwischen die einstmals gegebene Einheit von Person und Sache.[109]

Indem eine Ware, ein Produkt, ein Gut, sei es Besitz oder Arbeitskraft, käuflich wird, ist die Einheit von Subjekt und Objekt aufgelöst. Das jeweilige Gut repräsentiert lediglich einen kleinen Teil der Persönlichkeit, die es hergestellt hat. So entwickelt sich eine Trennung zwischen Subjekt und Objekt, zu deren Trennung wie auch erneuter Verbindung Geld beiträgt. Indem Produkte und Menschen als Objekte und Subjekte getrennt werden, entsteht Arbeitsteilung und damit soziale Differenzierung. Je ausdifferenzierter sich eine Gesellschaft darstellt, desto höher ist der Grad der Arbeitsteilung, desto eher entwickeln sich Produkte zu eigenständigen Objekten, die durch Geld für das Subjekt, also das Individuum, käuflich sind. Georg Simmel beschreibt diese Entwicklung wie folgt:

»Diese Einheitlichkeit hat die neue Zeit zerstört. Sie hat einerseits die Persönlichkeit auf sich selbst gestellt und ihr eine unvergleichliche innere und äußere Bewegungsfreiheit gegeben; sie hat dafür andererseits den sachlichen Lebensinhalten eine ebenso unvergleichliche Objectivität verliehen; in der Technik, den Organisationen jeder Art, den Betrieben und Berufen gelangen mehr und mehr die eigenen Gesetze der Dinge zur Herrschaft und befreien sie von der Färbung durch Einzelpersönlichkeiten.[...] So hat die Neuzeit Subjekt und Objekt gegeneinander verselbständigt.«[110]

Somit bindet Georg Simmel die o.g. Prozesse sozialer Differenzierung an die Entstehung extensiver Geldwirtschaft. Die Prozesse, welche die Geldwirtschaft letztlich beschleunigt, sind durch ein steigendes Maß an Objektivität und Rationalität gekennzeichnet.[111] Was bereits unter dem Aspekt von Vergesellschaftung und Individualisierung zu sehen war, nämlich daß Objektivität und Rationalität als parallel zu sozialer Differenzierung verlaufende Wertverschiebungen zwar einerseits das ,Band zu den Nächsten' lockern, dafür aber weiter gestreute Verbindungen ,zu den Entfernteren' knüpfen, verdeutlicht Georg Simmel am Beispiel der sozialen Funktionen des Geldes.

»Durch diese Unpersönlichkeit und Farblosigkeit, die dem Gelde im Gegensatz zu allen specifischen Werthen eigen ist und die sich im Laufe der Cultur immer steigern muß, weil es immer mehr und immer mannigfaltigere Dinge aufzuwiegen hat, durch diese Charakterlosigkeit gerade hat es unermeßliche Dienste geleistet. Denn damit läßt es eine Gemeinsamkeit der Action von solchen Individuen und Gruppen entstehen, die ihre Getrenntheit und Reserviertheit in allen sonstigen Punkten scharf betonen.«[112]

---

[109] vgl. Simmel, Georg: Das Geld in der modernen Cultur. GSGA Bd. 5, S. 178-196, S. 179.
[110] ebd., S. 178.
[111] vgl. ebd., S. 181, ebenso: Simmel, Georg: Soziologie..., (GSGA Bd. 11), a.a.O., S. 52.
[112] Simmel, Georg: Das Geld in der modernen Cultur, a.a.O., S. 180.

Diese zugleich verbindende und trennende Funktion des Geldes setzt die Akzeptanz einer an Rationalität und Objektivität orientierten Werteordnung voraus. Erst wenn den Gegenständen ein bestimmter, quantifizierbarer Wert beigemessen werden kann, werden sie zu Objekten im eigentlichen Sinne. Das Bedürfnis nach Einheit trachtet nun, diesen Abstand zu überwinden, also Mittel und Wege zu ersinnen, wie das ‚Objekt der Begierde' dem Subjekt einverleibt werden oder doch zumindest näher kommen kann.[113]

»Kurz, das Geld ist Ausdruck und Mittel der Beziehungen, des Aufeinanderange-wiesenseins der Menschen, ihrer Relativität, die die Befriedigung der Wünsche des einen immer vom anderen wechselseitig abhängen läßt.«[114]

Neben dieser vergesellschaftenden Funktion verläuft jedoch parallel die Entwicklung des Geldes zu einem eigenen Wert. Es ist nicht mehr nur Mittel zur Befriedigung bestimmter Bedürfnisse, sondern es wird als selbständiges Gut empfunden.[115] Es bedingt also einerseits die Entwicklung einer Welt der Objekte, die sich aus Arbeitsteilung und sozialer Differenzierung ergibt, und da es gleichzeitig das Mittel ist, diese Trennung mittels Tausches zu überwinden, wird es zum Wert an sich. Georg Simmel kommentiert diese Entwicklung mit folgenden Worten:

»Diese Überwucherung der Zwecke durch die Mittel ist einer der Hauptzüge und eines der Hauptprobleme jeder höheren Kultur.«[116]

Da der Besitz von Geld im Gegensatz zum Besitz von bestimmten Gütern oder anderen sehnlichst gewünschten Dingen prinzipiell immer möglich ist, wird nach Georg Simmel »...das Verlangen nach Geld die dauernde Verfassung, welche die Seele bei durchgeführter Geldwirtschaft aufweist.«[117] Diese Verzerrung der Zweck-Mittel-Relation ist letztlich auch das kennzeichnende Element moderner Vergesellschaftung. Dies findet seine Bestätigung in der Versachlichung sozialer Beziehungen bzw. der expliziten Trennung zwischen persönlicher und sachlicher Ebene.[118] Georg Simmel stellt eine Analogie zwischen der modernen Kultur, ihrer ausgeprägten Differenzierung, Individualisierung, Vergesellschaftung und

---

[113] vgl. Helle, Horst-Jürgen: Soziologie..., a.a.O., S. 158.
[114] Simmel, Georg: Philosophie des Geldes, Leipzig, 1907. 2. Auflage, S. 143. Nach: Helle, Horst-Jürgen: Soziologie..., a.a.O., S. 166.
[115] vgl. Simmel, Georg: Das Geld in der modernen Cultur, a.a.O., S. 188.
[116] vgl. ebd., S. 189.
[117] ebd., S. 191.
[118] vgl. Bevers, Antonius M, a.a.O., S. 104f.

Rationalisierung und der Geldwirtschaft her[119], denn es erscheint ihm evident, daß

>»...eine Erscheinung wie die Geldwirtschaft, so sehr sie rein ihren inneren Gesetzen zu gehorchen scheint, dennoch demselben Rhythmus folgt, der die Gesamtheit der gleichzeitigen Kulturbewegungen, auch der entlegensten regulirt.«[120]

Oder wie Frisby es formuliert:

>»Das Geld symbolisiert nicht nur die Bewegungen einer als Labyrinth konzipierten Gesellschaft, seine Funktion beim Tausch schafft erst die Verbindungen, die das wirtschaftliche Labyrinth bilden. Das Geld ist die Spinne, die das gesellschaftliche Netz webt.«[121]

---

[119] vgl. Pohlmann, Friedrich: Individualität, Geld und Rationalität. Georg Simmel zwischen Karl Marx und Max Weber. Stuttgart, 1987, S. 75f.
[120] Simmel, Georg: Das Geld in der modernen Cultur, a.a.O., S. 195.
[121] Frisby, David P.: Georg Simmels Theorie der Moderne. a.a.O., S. 51.

2.3. Erste Zwischenbetrachtung

Wie aus den biographischen Anmerkungen zu Georg Simmel hervorging, beschäftigte er sich während seines Studiums vorwiegend mit Philosophie und Völkerkunde. Inspiriert von der evolutionstheoretischen Ausrichtung Herbert Spencers und vergleichenden ethnologischen Studien, formuliert er die Grundzüge der Soziologie als neue Methode. Dies geschieht vor dem Hintergrund der sozialen Veränderungen, die, ausgelöst durch den industriellen Boom der Gründerjahre, sowohl die ‚soziale Frage' als auch die ‚Frauenfrage' ins Bewußtsein der Menschen bringen. Georg Simmel teilte mit vielen seiner Zeitgenossen die Ansicht, daß die innere Verfassung der Gesellschaft, die fraglose Zusammengehörigkeit einerseits und die Verteilung sozialer Orte andererseits einer Erklärung bedürfen, daß ständische Zuweisungen, traditionale Kriterien, der Verweis auf Gott und Kirche allein nicht mehr ausreichen, um soziale Stellungen, Über- und Unterordnungsverhältnisse, soziale Inklusion und Exklusion zu legitimieren.

So stellt sich Georg Simmel die entscheidende Frage, welche Mechanismen sozialen Zusammenhalt bedingen und welche Bedeutung und Wirkung diese Mechanismen sowohl für die Individuen als auch für die Gesellschaft als Ganzes haben. Diese Interdependenz von sozialer Differenzierung, Vergesellschaftung und Individualisierung stellt er unter den a priori formulierten Grundannahmen dar. Diese Grundannahmen erfüllen jedoch mehrere Funktionen. Zum einen beschreiben sie die Grundlagen menschlicher Vergesellschaftung, indem sie auf die individuellen Dispositionen verweisen, zum anderen stellen sie auch die grundlegenden Paradigmen soziologischer Forschung im Sinne Georg Simmels dar. Indem er vergesellschafteten Individuen allgemeine Voraussetzungen für den Prozeß von Vergesell-schaftung attestiert, lassen sich die auf dieser Basis entwickelten - und deshalb notwendig ebenso allgemeinen – Interaktionsformen und Strukturen von den individuellen Anteilen abstrahieren. Indem das menschliche Sein zum größten Teil durch Vergesellschaftung bedingt ist[122], werden die individuellen Konstruktionen sozialer Wirklichkeit, der auch die Betrachtenden (als Forschende) unterliegen, einem Allgemeinheitswert angenähert.

Somit sind Aussagen über die Strukturen sozialer Prozesse auf der Basis von Regelmäßigkeit möglich. Eine Regelmäßigkeit sieht Georg Simmel in

---

[122] Vgl. dazu auch den theoretischen Ansatz von Georg Herbert Mead. Mead, George Herbert: Geist, Identität und Gesellschaft aus der Sicht des Sozialbehaviorismus. Hg. von Charles W. Morris, übersetzt von Ulf Pacher. Frankfurt a. M., 1978, S. 207.

der Funktion des Geldes als Tauschmedium. Die sich daraus ergebenden Schlußfolgerungen fügen die Methode wie auch den Gegenstand harmonisch zusammen. ,Formale Soziologie', die mit dichotomen Begriffen arbeitet und sie über den Begriff der Wechselwirkung und ständiger Interdependenz wieder zusammenfügt, stellt sich als die Grundlage der ,Kulturphilosophie' heraus.

Diese Interdependenz antagonistischer Bestrebungen sieht Georg Simmel im Individuum selbst begründet. Durch die a priori gesetzten Ausgangs-bedingungen für die Entstehung von Vergesellschaftung (mit anderen Worten: was macht den Menschen sozial?) wird im Individuum selbst ein Antagonismus zwischen den Erwartungen der Gesellschaft einerseits und den individuellen Bedürfnissen andererseits erzeugt. Als allgemeinstes indivi-duelles Bedürfnis setzt Georg Simmel die Annahme, daß Individuen zunächst sie selbst sein wollen (sein für sich). Diese Erwartung wird in Interaktionen mit anderen Individuen derart beeinflußt, daß daneben die sozial vermittelte Anforderung tritt, bestimmte Dinge für die Gesellschaft zu tun (sein für sie), eine Rolle zu erfüllen.[123]

Die sich im folgenden anschließenden Ausführungen zu Georg Simmels Analyse der modernen Kultur und ihrer Bedeutung für das Individuum fußen auf der Annahme dieses grundlegenden Antagonismus, der sich - insofern logisch konsequent - durch alle Bereiche des sozialen Seins fortsetzt.

Georg Simmel, so wird zu zeigen sein, betrachtet die Entwicklungen der Moderne aus einer ganz bestimmte Perspektive, die er mit der Formulierung der Soziologie als Methode bereits angedeutet hat. Doch ist diese neue ,Methode' eine Methode in streng wissenschaftlichem Sinne – oder ist Georg Simmel überhaupt ,methodisch', d.h. systematisch?

Georg Simmel, als Meister des Essays, paßte die neue Wissenschaft an den Gegenstand an. Dieser Gegenstand stellt sich als äußerst widersprüchlich heraus. So ist Soziologie nach Georg Simmel dadurch gekennzeichnet, daß sie sich einerseits auf allgemeinste Formen der Vergesellschaftung bezieht, und - wie das Beispiel zur Geldwirtschaft zeigt - ihre Gegenstände aus allen möglichen Perspektiven betrachtet. Ein Anspruch auf Vollständigkeit wird damit jedoch nicht erhoben. Georg Simmels Programm einer Soziologie tritt nicht mit dem Anspruch auf, letztgültige Wahrheiten über die Strukturen sozialer Prozesse auszusprechen, sie präsentiert vielmehr Ausschnitte aus

---

[123] vgl. Simmel, Georg: Soziologie..., (GSGA Bd. 11), a.a.O., S. 56.

dem großen Bereich des Sozialen, die unter einer bestimmten Fragestellung beobachtet und analysiert wurden.[124]

Georg Simmels eigener Blickwinkel präzisiert sich im Verlauf seiner Arbeit auf das Spannungsverhältnis von Individuum und Gesellschaft, auf die Bedeutung, welche die Prozesse sozialer Differenzierung für die Entwicklung der Persönlichkeit haben. So ist Georg Simmels Ansatz, wie Meurer ausführt, »... in besonderer Weise repräsentativ für den ‚Zeitgeist‘ der Jahrhundert-wende.«[125] So richtet sich sein Augenmerk auch auf die ‚Frauenfrage‘, die in Berlin seinerzeit auch schwerlich zu übersehen war (es sei denn, man wollte sie nicht zur Kenntnis nehmen). Die Differenzierung der Geschlechter in Mann und Frau und die an diese Unterscheidung anknüpfende geschlechtliche Arbeitsteilung hat für das jeweilige Geschlecht ein unterschiedliches Verhältnis zu Individualisierung zur Folge. Georg Simmel betrachtet zunächst die Öffentlichkeit, wenn er seine differenzierungs-theoretische Argumentation ausführt. Diese Öffentlichkeit setzt sich jedoch weitestgehend aus Männern zusammen. Indem Georg Simmel sich der ‚Frauenfrage‘ annimmt und sich dabei notwendig mit der sozialen Differenzierung von Frauen auseinandersetzen muß, kann er die Wirkung sozialer Differenzierung für das persönliche Sein und vice versa bestimmen. So führt Wobbe aus:

> »Geschlechterdifferenz, soziale Differenzierung und Individualisierung bilden die entscheidenden Bezüge, wenn über die Kultur der Moderne und die Möglichkeit sozialer Ordnung nachgedacht wird.«[126]

---

[124] vgl. Ulmi, Marianne; a.a.O., S. 69ff.
[125] Meurer, Bärbel: Geschlecht als soziologische Kategorie. a.a.O., S. 9.
[126] Wobbe, Theresa: Wahlverwandtschaften, a.a.O., S. 13.

III. Die ,moderne Kultur' und ihre Bedeutung für das Individuum

3.1. Objektive und subjektive Kultur: Das Spannungsfeld des modernen Menschen

Die Interdependenz von sozialer Struktur und individuellen Wert-orientierungen (die so individuell letztlich nicht sind) hat Georg Simmel unter dem Aspekt sozialer Differenzierung und der Wechselwirkung zwischen der Einheit der individuellen Person und der Auseinander-setzung mit einer pluralistischen sozialen und dinglichen Umwelt herausgearbeitet. Die Ambivalenz der Epoche spiegelt sich in der Ambivalenz des Subjekts wider. Somit sind die Prozesse sozialer Differenzierung analog zu denjenigen kultureller Differenzierung zu sehen. Wie sich durch die Extensivierung der Geldwirtschaft rationale und objektive Kriterien für das soziale Verhalten des individuellen Menschen herausgebildet haben und sich eine Welt der Objekte gegenüber der Welt des Subjekts entwickelt hat, so orientiert sich das Individuum im fortwährenden Prozeß zwischen der Produktion von Objekten und ihrer (Wieder-) Aneignung an rationalen und objektiven Kriterien.

»Daß der Mensch sich in die natürliche Gegebenheit der Welt nicht fraglos einordnet wie das Tier, sondern sich von ihr losreißt, sich ihr gegenüberstellt fordernd, ringend, vergewaltigend und vergewaltigt – mit diesem ersten Dualismus entspinnt sich der endlose Prozeß zwischen dem Subjekt und dem Objekt.«[127]

Die natürliche Gegebenheit der Welt ist, wie Georg Simmel in dem Antagonismus von Individuum und Gesellschaft bereits angedeutet hat, die fraglose Einheit - Einheit in sich selbst und Einheit mit der Umwelt. Mensch-liches Leben hingegen, sobald es kulturell geworden ist und sich von der Einheit der Natur gelöst hat, befindet sich in einem endlosen Gegensatz zwischen Subjekt und Objekt. Georg Simmels Analyse der modernen Kultur wird erst unter Einbeziehung seines eigenen Modells von Kultur verständlich. Sein ,letzter Wertbezug', von dem aus er zu seinen kulturkritischen Über-legungen gelangt, weist eine enge Verbindung zu Friedrich Nietzsche auf, dem »Stammvater der paradoxen Moderne«.[128]

---

[127] Simmel, Georg: Der Begriff und die Tragödie der Kultur. In: ders.: Philosophische Kultur. Über das Abenteuer, die Geschlechter und die Krise der Moderne. Mit einem Nachwort von Jürgen Habermas. Berlin, 1983, S. 183-207, S. 183.
[128] Rath, Norbert: Jenseits der ersten Natur. Kulturthoerie nach Nietzsche und Freud. Heidelberg, 1994, S. 17.

Nietzsche, einer der Vordenker des qualitativen Individualismus, der gegenüber einer Moderne, die sich an objektiven Kriterien zu orientieren suchte, den Wert des individuellen Lebens herausstellte, kritisierte das Mittelmäßige, die Suche nach dem ‚kleinsten gemeinsamen Nenner', auf den sich die Werteordnung der Moderne seiner Ansicht nach gründete.[129] Bereits in der Darstellung von Georg Simmels soziologischer Theorie sozialer Differenzierung wurde eine auf Nietzsche verweisende Gegenüberstellung von Ansprüchen des einzelnen Individuums an distinkte, personale Einheit (qualitativer Individualismus) einerseits, und gesellschaftlich vermittelten Rollenanforderungen (als verallgemeinernde und vergesellschaftende, notwendig nivellierende Anforderung) andererseits deutlich.

Die Moderne, deren fortschreitendes Tempo gerade in der Epoche des Fin de siècle zu beobachten war, offenbart sich - wie bereits erwähnt - in der ‚Gleichzeitigkeit des Ungleichzeitigen'. Georg Simmel hat bereits mit der Formulierung der Soziologie als Wissenschaft von den ‚Formen der Vergesellschaftung' den Grundstein für eine kritische Betrachtung der Interdependenz von Individualisierung und Vergesellschaftung gelegt. Der zentrale Aspekt seiner Kulturkritik liegt dabei auf dem Begriff der Einheit, der im Gegensatz steht zu den Erfahrungen sozialer Differenzierung und sich überschneidender und widersprechender Rollenanforderungen. Einheit ist dabei jedoch eben nicht gedacht als Begriff fundamentaler Gleichheit, sondern die je individuelle Einheit wird zum Gradmesser des letzten Wertes kultureller Entwicklung.

3.1.1. Die Idee von Kultur

Kultur ist, so Georg Simmel, »...der Weg von der geschlossenen Einheit durch die entfaltete Vielheit zur entfalteten Einheit.«[130] Dabei bezieht sich Georg Simmel auf die zunächst geschlossene Einheit der Seele, den gewissermaßen natürlichen Zustand. Setzt sich nun die subjektive Seele (als Einheit des Lebens und der Erfahrungen)[131] mit den Kulturgütern ihrer dinglichen und sozialen Umwelt auseinander, so erreicht sie dabei das Stadium der ‚entfalteten Vielheit'. Die Analogie zu den Prozessen sozialer Differenzierung ist dabei offensichtlich. Georg Simmel stellt auch hier die

---

[129] vgl. Simmel, Georg: Friedrich Nietzsche. Eine moraphilosophische Silhouette. GSGA Bd. 5, S. 115-129, S. 117, S. 120f.
[130] Simmel, Georg: Der Begriff und die Tragödie der Kultur, a.a.O., S. 185.
[131] Simmel, Georg: Persönliche und Sachliche Kultur. GSGA, Bd. 5, S. 560-585, S. 581.

individuelle Einheit dem Prozeß der Auseinandersetzung mit der Umwelt gegenüber, welcher Vielfältigkeit bedingt. Die Verarbeitung der äußeren Eindrücke geschieht in der Form wechselseitiger Beeinflussung, in der die Werthaltungen einander angeglichen werden. Indem mehr Eindrücke durch verstärkte Interaktionen - also ein Plus an Differenzierung und Vergesellschaftung - entstehen, vervielfältigen sich auch die Handlungsmuster des Individuums.

Der individuelle Aspekt menschlichen Seins ist jedoch auf Einheit angelegt. Somit wird eine Syntheseleistung erforderlich, die letztlich die Fähigkeit zum Rollenmanagement bezeichnet. Je konsistenter das Individuum durch den Beitrag der individuellsten Ebene die verschiedenen Rollen erfüllt, desto einheitlicher kann es sich selbst empfinden. Übertragen auf den Prozeß der Auseinandersetzung des Individuums mit der Welt der Objekte bedeutet dies: Je harmonischer das Individuum sich mit den zur Verfügung stehenden Objekten auseinandersetzt, je mehr die Objekte sowohl die Vielfalt der Güter als auch ihre innere Verbundenheit repräsentieren (denn letztlich sind sie alle Menschenwerk und somit untereinander verbunden), desto harmonischer entwickelt sich daraus eine höhere Einheit der Persönlichkeit. Dabei geht es nicht, wie bereits angedeutet, um einen einheitlich vorbestimmten Weg oder um eine objektive Norm, sondern es geht darum, »... die je persönliche Binnenstruktur so komplex wie nur möglich zu entwickeln.«[132]

Kultur als Prozeß zwischen Subjekt und Objekt bedeutet also immer etwas, das das einzelne Subjekt tätig aus sich selbst, auf der Basis seiner individuellen und natürlich vorhandenen Dispositionen - in Auseinandersetzung mit der dinglichen und sozialen Umwelt - hervorbringen muß. Und so entwickelt sich Kultur erst in der Auseinandersetzung

»...zwischen dem subjektiven Leben, das rastlos, aber zeitlich endlich ist, und seinen Inhalten, die, einmal geschaffen, unbeweglich, aber zeitlos gültig sind. Mitten in diesem Dualismus wohnt die Idee der Kultur. Ihr liegt eine innere Tatsache zugrunde, die man als ganze nur gleichnisweise und etwas verschwimmend ausdrücken kann: als Weg der Seele zu sich selbst.«[133]

---

[132] Menzer, Ursula: Subjektive und Objektive Kultur. Georg Simmels Philosophie der Geschlechter vor dem Hintergrund seines Kulturbegriffs. Pfaffenweiler, 1992, S. 51. Dabei ist allerdings zu berücksichtigen, daß mit der Setzung eines individuellen ‚Grundstocks‘ die Kultivierung des Menschen ihre Grenze hat. Georg Simmel verdeutlicht dies am bekannten Beispiel des Birnbaums. Diese Setzung führt zurück auf das 3. Apriori, welches m.E. gesellschaftliche Ungleichheit zu legitimieren sucht und somit ‚kulturärmere‘ Menschen vom kultureller Entwicklung ausschließt. Der Zugang zur ‚objektiven Kultur‘ ist mithin Bedingung für Kultiviertheit. Es wird noch zu sehen sein, daß gerade dies im Rahmen der ‚weiblichen Kultur‘ zu einem Problem führt, welches logisch nicht zu lösen ist.
[133] Simmel, Georg: Der Begriff und die Tragödie der Kultur, a.a.O., S. 183.

3.1.2. Entwicklung in der Moderne

Für die moderne Kultur ist nun - bedingt durch Industrialisierung und fortschreitende Arbeitsteilung - ein enormes Wachstum der Welt der Objekte zu verzeichnen und damit ebenso auch eine weitere Verselbständigung dieses Bereiches. Damit stößt die Entwicklung der Binnenstruktur an ihre Grenzen. Ein vollständige Inkorporation der Objekte zu einer vollständigen höheren Einheit ist dem einzelnen Individuum nicht mehr möglich. Georg Simmel führt dazu aus:

> »...die Dinge, die unser Leben sachlich füllen und umgeben, Geräthe, Verkehrsmittel, die Produkte der Wissenschaft, der Technik, der Kunst – sind unsäglich kultiviert, aber die Kultur der Individuen, wenigstens in den höheren Ständen, ist keineswegs in demselben Verhältnis vorgeschritten, ja vielfach sogar zurückgegangen. [...] Und auf das Gebiet des rein Geistigen hinsehend – so operieren auch die kenntnißreichsten und nachdenkendsten Menschen mit einer immer wachsenden Zahl von Vorstellungen, Begriffen, Sätzen, deren genauen Sinn und Inhalt sie nur ganz unvollständig kennen. Die ungeheure Ausdehnung des objektiv vorliegenden Wissensstoffes gestattet, ja erzwingt den Gebrauch von Ausdrücken, die eigentlich wie verschlossene Gefäße von Hand zu Hand gehen, ohne daß der sich darin verdichtete Gedankengehalt sich für den einzelnen Gebraucher entfaltete.«[134]

Ein zu hohes Maß an Eindrücken, die sich weitestgehend von der Einheit des Subjekts gelöst haben und in der ‚objektiven Welt‘ beheimatet sind, ist also nicht mehr zu verarbeiten. Der Spalt zwischen Objekt und Subjekt vergrößert sich, wenn die Objekte, als die sich sowohl Güter, als auch Arbeitsleistung und Institutionen in weiterem Sinne begreifen lassen, ein hohes Maß an Eigenständigkeit erlangt haben.[135] Analog zur Extensivierung der Geldwirtschaft, steigender Vergesellschaftung und sozialer Differenzierung entwickelt sich eine Auseinandersetzungsform mit der Welt der Objekte, die notwendig oberflächlich bleibt, da der Bezug zum individuellen Sein um so schwerer herzustellen ist, je mehr Objekte, die in ihrem ‚Eigenleben‘ immer unverbundener nebeneinander stehen, dem Individuum als Kulturgüter gegenübertreten. Die Tragik dieser Entwicklung besteht für Georg Simmel darin, daß der Konflikt der Kultur in ihr selbst bereits angelegt ist, daß die ‚Grenzüberschreitung‘ gewissermaßen zwangsläufig als die dem Prozeß der Kultur innewohnende Tendenz geschieht. So beschreibt er den im Individuum auftretenden Antagonismus wie folgt:

> »Wir fühlen die ganze Lebendigkeit unseres Denkens an die Unverrückbarkeit logischer Normen, die ganze Spontaneität unseres Handelns an moralische geknüpft, unser ganzer Bewußtseinsverlauf ist mit Erkenntnissen,

---

[134] Simmel, Georg: Persönliche und Sachliche Kultur, a.a.O., S. 561f.
[135] vgl. Simmel, Georg: Der Begriff und die Tragödie der Kultur, a.a.O., S. 198.

Überliefertheiten, Eindrücken einer irgendwie vom Geiste geformten Umgebung angefüllt; die Festigkeit und gleichsam chemische Unlösbarkeit von all diesem zeigt einen problematischen Dualismus gegen die ruhelose Rhythmik des subjektiv seelischen Prozesses, in dem es sich doch als Vorstellung als subjektiv seelischer Inhalt erzeugt.«[136]

Diese ‚ruhelose Rhythmik des Lebens', auf die Georg Simmel sowohl mit der Begründung der Soziologie als auch in seinem lebensphilosophisch inspi-rierten Spätwerk verweist[137], steht im Gegensatz zur Festigkeit der Formen und führt damit letztlich zu einem stetig stärker werdenden Konflikt zwischen Subjekt und Objekt. Oder eben auch, in Georg Simmels Sprache ausgedrückt: Es offenbart sich der Konflikt,

»...in den sich das Leben nach seiner Wesensnotwendigkeit begibt, sobald es im weitesten Sinne kulturell ist, das heißt entweder schöpferisch oder Geschaffenes sich aneignet. Dieses Leben muß entweder Formen erzeugen oder sich in Formen bewegen.«[138]

Wenn also die möglichst komplexe Entwicklung der individuellen Binnenstruktur das eigentliche Ziel kultureller Entwicklung ist, so muß der Ausgleich zwischen Objekt und Subjekt in Form der Inkorporation möglich sein. Ist dies aus Gründen der schlichten Menge der Objekte und ihrer speziellen Ausrichtung nur noch erschwert möglich, greift – wie auch bei steigender Vergesellschaftung – die Verlagerung der Auswahlkriterien auf rationale, objektive und damit effiziente Werte. Die jeweiligen Güter werden nicht in ihrer Vollständigkeit aufgenommen, sondern nur bestimmte Teile, die dem Individuum notwendig erscheinen. Ebenso werden nicht alle Güter in demselben Maße aufgenommen, sondern nur jeweils bestimmte Sparten.

Diesen Prozeß bezeichnet Georg Simmel als Verflachung der individuellen Kultur. Eine höhere Einheit der Seele, also eine einheitliche Kultur des Subjekts (subjektive Kultur) ist für ihn auf diesem Wege nicht zu erreichen, das Individuum verbleibt im Stadium der Vielfalt der kulturellen Objekte. Georg Simmel verdeutlicht diese - für ihn eine auf Fragmentierung des Selbst angelegte - Entwicklung wie folgt:

»Wie unser äußeres Leben von immer mehr Gegenständen umgeben wird, deren objektiven, in ihrem Produktionsprozeß aufgewandten Geist wir nicht entfernt ausdenken, so ist unser geistiges Innen- und Verkehrsleben von symbolisch gewordenen Gebilden erfüllt, in denen sowohl sachlich wie ihrer Entstehung nach

---

[136] ebd., S. 188.
[137] vgl. Simmel, Georg: Lebensanschauungen. Vier metaphysische Kapitel. München / Leipzig, 1918, S. 51 und 62.
[138] Simmel, Georg: Der Konflikt der modernen Kultur. Ein Vortrag. München / Leipzig, 1926, S. 22.

eine umfassende Geistigkeit aufgespeichert ist, während der individuelle Geist davon nur ein Minimum zu nutzen pflegt.«[139]

3.1.3. Die Kluft zwischen Außen und Innen, zwischen objektiver und subjektiver Kultur

Der moderne Mensch – und Georg Simmel ist davon nicht auszunehmen - befindet sich somit in einem tragischen Zwiespalt. Er fühlt sich als Zentrum seiner Umwelt, muß aber in der Komplexität der dinglichen und sozialen Umwelt, (der ‚Gleichzeitgkeit des Ungleichzeitigen', den ‚durcheinander-laufenden Bestrebungen'[140] oder eben auch wertneutraler formuliert: dem Pluralismus) erkennen, daß er als ganzheitlicher Mensch vor extreme Hürden einander widersprechender Anforderungen gestellt ist. Dieser Zwiespalt zwischen Wollen und Können fragmentiert die Einheit des Individuums.[141] Statt in die ‚Welt der Objekte' geistig einzutauchen, ihre Komplexität zu verstehen und sie sich somit vollständig anzueignen und Verbindungen zum Selbst herzustellen, erlebt der Mensch die Auseinandersetzung mit der Umwelt sukzessive oberflächlicher. Die pure Vielfalt hinterläßt im Prozeß der Aneignung nur kleine Spuren auf der Seele des Subjekts, die, unverbunden nebeneinander stehend, den Charakter eines Flickwerks annehmen. Georg Simmel faßt diesen Prozeß in seiner psychischen Bedeutung für das Individuum wie folgt:

> »... das Gefühl, von den Äußerlichkeiten erdrückt zu werden, mit denen das moderne Leben uns umgiebt, ist nicht nur die Folge, sondern auch die Ursache davon, daß sie uns als autonome Objekte gegenüberstehen.«[142]

Indem die Welt des Äußeren (als Konglomerat sowohl der dinglichen als auch der sozialen Umwelt) durch soziale Differenzierung, die - forciert durch gesteigerte Produktion - komplexer und unübersichtlicher wird, bedarf es zu ihrem Verständnis rationaler und effizienter Methoden und Verfahren. Kurz gesagt, es bedarf objektiver, an rationalen und quantifizierenden Werten (denen des Geldes) zielstrebig orientierter Handlungsstrategien. Damit, so Georg Simmel, beugt sich der ‚moderne Mensch' lediglich den ‚Umständen', bzw. ‚Sachzwängen',[143] die er jedoch selbst geschaffen hat. Diese Tragik, das Eigenleben der Objekte, verursacht

---

[139] Simmel, Georg: Persönliche und Sachliche Kultur, a.a.O., S. 562.
[140] vgl. Simmel, Georg: Der Konflikt der modernen Kultur, a.a.O., S. 12.
[141] vgl. Simmel, Georg: Lebensanschauungen, a.a.O., S. 37.
[142] vgl. Simmel, Georg: Persönliche und Sachliche Kultur, a.a.O., S. 573f.
[143] vgl. Simmel, Georg: Lebensanschauungen, a.a.O., S. 98, und ders.: Vom Wesen der Kultur. GSGA, Bd. 8, S. 363-373, S. 372.

letztlich die Schwierigkeit des modernen Individuums bei der Entwicklung harmonischer, auf ‚entfaltete Einheit' orientierter subjektiver (persönlicher) Kultur. Letztlich bedingt dies die Entfremdung des Menschen von sich selbst. Der ‚dominierende Endzweck'[144], die Erweiterung der subjektiven Kultur der individuellen Persönlichkeit wird verfehlt.

Das Paradoxe dieser Entwicklung der Menschheit, bei der Kultur notwendig ihrem Begriff nach eine Spaltung zwischen der Ebene des Subjekts und der Ebene des Objekts erzeugt (analog zu sozialer Differenzierung), verdeutlicht wiederum die breite Anwendbarkeit des Begriffs der Wechselwirkung. Der Mensch wird zum Schöpfer von Kultur, aber gleichzeitig auch ihr Geschöpf. Entfremdung der Subjekte von den Objekten, die Eigendynamik kultureller Entwicklung, die immer mehr Güter - mithin Objekte - produziert, beschreibt Georg Simmel mit folgenden Worten:

>»Der ‚Fetischcharakter', den Marx den wirtschaftlichen Objekten in der Epoche der Warenproduktion zuspricht, ist nur ein besonders modifizierter Fall dieses allgemeinen Schicksals unserer Kulturinhalte. Diese Inhalte stehen - und mit steigender ‚Kultur' immer mehr - unter der Paradoxe, daß sie zwar von Subjekten geschaffen und für Subjekte bestimmt sind, aber in dieser Zwischenform der Objektivität, die sie jenseits und diesseits dieser Instanzen annehmen, einer immanenten Entwicklungslogik folgen und sich damit ihrem Ursprung wie ihrem Zweck entfremden.«[145]

Der moderne Prozeß von immer dominanter werdender Geldwirtschaft und, damit verbunden, die Ausrichtung persönlicher Handlungsstrategien an objektiven, rationalen und deshalb effizienten Kriterien, der in den Prozessen der Arbeitsteilung, Rationalisierung, Vergesellschaftung und Individuali-sierung begründet ist, weitet sich auf das Verhältnis der Menschen untereinander, wie auch auf ihr Verhältnis zur objektiven Kultur aus.[146] Gemäß der Interdependenz von sozialem und individuellem Sein ist diese Entwicklung nur folgerichtig. Die Wirkung der Formen der Vergesellschaftung auf die Ebene der Persönlichkeit forciert eine persönliche Kultur, die sich von dem Wert individueller Einheit weitgehend entfernt. Der moderne Mensch, so Georg Simmel, ist außerstande, die Vielfalt der objektiven Kultur als Übergang zu einer höheren ‚entfalteten Einheit' der subjektiven Kultur zu nutzen. Statt dessen entwickelt er in dieser Vielfalt, die ihre Entsprechung in der Ausdifferenzierung der Gesellschaft findet, rationale Strategien, die zwar der Welt der Objekte angepaßt sind, aber immer weiter von der Einheit der Persönlichkeit fortführen.

---

[144] vgl. Simmel, Georg: Vom Wesen der Kultur, a.a.O., S. 371.
[145] Simmel, Georg: Der Begriff und die Tragödie der Kultur, a.a.O., S. 201.
[146] vgl. Menzer, Ursula, a.a.O., S. 63f.

Diese ‚Tragödie der modernen Kultur' bildet den Hintergrund, vor dem Georg Simmels Ausführungen zur ‚weiblichen Kultur' betrachtet werden müssen. Die moderne Kultur, so die Quintessenz der Ausführungen Georg Simmels, zeichnet sich durch Fragmentierung der individuellen Seele, Objektivierung, Rationalisierung und Ökonomisierung der Wertmaßstäbe aus. Die Erwartung, daß sich mit steigender Individualisierung (als Resultat steigender Vergesellschaftung und sozialer Differenzierung begriffen) auch erweiterte Handlungsspielräume und somit auch größere Chancen für die individuelle Entwicklung der Persönlichkeit (im Sinne kultureller Höher-entwicklung) ergeben, wird von Georg Simmel negiert. Er betont statt der Chancen der Handlungsfreiheit weitaus stärker die Risiken des Handlungs-zwangs.

Der traditionale Wert, der die Entwicklung harmonischer, einheitlicher Persönlichkeiten zum Handlungsmaßstab nimmt, kann nicht mehr auf die Pluralisierung der Optionen[147] angewendet werden. Auf der Basis dieser Analyse der modernen Kultur stellt sich nun die Frage, welche Folgen für das Geschlechterverhältnis daraus entstehen. Wie bereits einleitend erwähnt, haben die Geschlechter aus Gründen geschlechtlicher Arbeitsteilung, wonach die Aufgabe der Frauen einheitlich durch alle Schichten auf jeden Fall in der Versorgung des Haushalts und der Kinder besteht, ein unterschiedliches Verhältnis zur weitergehenden sozialen Differenzierung nach obigem Muster.

Arbeitsteilung findet für Frauen im wesentlichen nur auf einer Ebene statt. Sie sind für den Bereich des Hauses zuständig. Weitergehende Arbeitsteilung und damit soziale Differenzierung findet in der Öffentlichkeit, im Bereich des Mannes statt. So weit das bürgerliche Geschlechtermodell. Die Realität war jedoch weitaus heterogener. Berufstätigkeit, und damit die Involviertheit von Frauen in die Prozesse der Arbeitsteilung, sozialer Differenzierung usw., war keineswegs auf wenige Frauen beschränkt. Arbeiterinnen, Landfrauen, ärmere bürgerliche Frauen, denen die Familie weder eine stattliche Mitgift noch die Wartezeit auf eine Ehe finanzieren konnte, waren auf Erwerbstätigkeit angewiesen. Die mit dem Modell bürgerlicher Arbeitsteilung einhergehenden Zuschreibungen an einen inferioren weiblichen Geschlechtscharakter wurden auf der Basis einer langsamen, realen Erosion des Modells fragwürdig. Die Forderung der Frauenbewegung nach weiblicher Berufstätigkeit, öko-nomischer Selbständigkeit und Gleichberechtigung waren demnach die logischen Konsequenzen aus der realen Erfahrung.

---

[147] vgl. Dahrendorf, Ralf: Der moderne soziale Konflikt. Stuttgart, 1992, passim.

3.2. Geschlechtliche Arbeitsteilung und das Wesen der Frau

Wie aus den Ausführungen zur Tragödie der modernen Kultur bereits deutlich wurde, führt Georg Simmel die Diskrepanz zwischen objektiver Kultur einerseits und subjektiver Kultur andererseits auf die Prozesse der Arbeitsteilung und der sich daran anschließenden sozialen Differenzierung zurück. Für Frauen, so argumentiert Georg Simmel, stellt sich diese Entwicklung jedoch anders dar. Ausgehend davon, daß die Tragik kultureller Entwicklung auf natürlichen Dispositionen aufbaut, stellt sich für Georg Simmel zunächst die Frage, welche Gründe für geschlechtliche Arbeitsteilung vorhanden sein könnten. Er erweist sich damit als dem bürgerlichen Familienideal durchaus verhaftet.

In Anlehnung an Spencer, der in evolutionstheoretischer Argumentation resümiert, daß man die

»...unterschiedliche charakterologische Bestimmtheit der Geschlechter aus ihrer jeweiligen Stellung innerhalb dieses [gesellschaftlichen] Entwicklungsprozesses«[148]

erschließen könne, formuliert Georg Simmel Annahmen über den weiblichen Geschlechtscharakter, die aus dem Vokabular bürgerlicher Geschlechter-trennung seltsam vertraut anmuten. Frauen, so postuliert er, sind intuitiver, emotionaler, exzentrischer, neigen zu Übertreibung, sind schlechte Kritiker-innen, unsachlicher, ,kleben' am Konkreten usw.[149] Aus der geschlechtlichen Arbeitsteilung und den daraus resultierenden unterschiedlichen sozialen Orten von Frauen und Männern wird das unterschiedliche Verhältnis der Geschlechter zu den Prozessen sozialer Differenzierung unter der Hand zu einem dem jeweiligen Geschlecht eigenen Wesensmerkmal.

Georg Simmel will einerseits, so führt er in *Zur Psychologie der Frauen* aus, nicht über die Frauen im Plural urteilen, andererseits sucht er jedoch nach Gründen, die ihm ein solches Verfahren ermöglichen.[150] Die vergleichsweise unspezialisierte Tätigkeit von Frauen, so seine Überlegung, die sich als bürgerliches Ideal in der klassischen Trias der Hausfrau, Gattin und Mutter ausgedrückt findet, eint Frauen einerseits als relativ homogene Gruppe, trennt sie aber gleichzeitig durch die Vereinzelung in unterschiedlichen Haus-haltungen, deren Status sich letztlich über den des Ehemannes respektive Vaters bemißt. Der soziale Kreis, der

---

[148] Lichtblau, Klaus: Kulturkrise..., a.a.O., S. 295.
[149] vgl. Simmel, Georg: Zur Psychologie der Frauen. In: Georg Simmel: Schriften zur Philosophie und Soziologie der Geschlechter. Hg. Heinz-Jürgen Dahme und Christian Köhnke (im Folgenden mit ,Schriften' abgekürzt). Frankfurt a. M., 1985, S. 27-59, S. 28ff.
[150] vgl. ebd., S. 27f.

Binnendifferenzierung bewirkt, ist also relativ gering. Auch Arbeitsteilung findet sich im Hinblick auf weibliche Hausarbeit nicht in dem Maße, wie es innerhalb der Öffentlichkeit der Fall ist. Dies bedeutet, so folgert Georg Simmel, daß Frauen also durchaus - mehr als dies bei Männern möglich wäre - als Gruppe betrachtet werden können.[151]

Diese formal logische Erklärung der unterschiedlichen Differenziertheit der Geschlechter beginnt an dem Punkt fragwürdig zu werden, an dem Georg Simmel die geringere Differenziertheit der Frau (sowohl der Frauen untereinander als auch ihrer spezifischen psychischen Binnenstruktur) nicht nur soziologisch, sondern auch biologisch begründet. Bereits an dieser Stelle wird seine Intention deutlich, die sich bereits in der Bezugnahme auf Spencer ankündigte. Geschlechtliche Arbeitsteilung gründet sich – wie weitergehende Arbeitsteilung und kulturelle Entwicklung – auf natürlichen Dispositionen. Und eben diese seien bei Frauen nun einmal anders, denn sonst, so die tautologische Erklärung, hätte sich geschlechtliche Arbeitsteilung ja gar nicht erst entwickeln können. So führt er in *Zur Psychologie der Frauen* aus:

> »Auf dem Gebiet des Körperlichen zunächst dürfte die Behauptung eines Differenzierungsmangels der Frauen Geltung haben. Durch die ganze Natur hindurch ist das weibliche Geschlecht weniger modifiziert als das männliche; das Weibchen ist überall den Jungen der eigenen Spezies ähnlicher als das Männchen; bei den verschiedensten Menschenrassen haben Messungen ergeben, daß die Männer weit mehr voneinander verschieden sind als die Frauen. Und dieses Verhältnis wiederholt sich am Individuum. Die Oberfläche des männlichen Körpers ist mehr differenziert, als die des weiblichen. Das Knochengerüst tritt energischer hervor, macht sich durch Hebungen und Senkungen bemerkbar, während bei dem Weibe die gleichmäßigeren Fettpolster als eine mehr ebene, nur in großen Zügen gehobene und gesenkte Fläche erscheinen lassen.«[152]

So wird die kulturelle Entwicklung, aus der sich geschlechtliche und darauf weiterhin aufbauende Arbeitsteilung, soziale Differenzierung, Individualisierung und Vergesellschaftung ergeben, aus unterschiedlichen biologischen Dispositionen, also im letzter Konsequenz aus der natürlichen Veranlagung erklärt.[153]

Nicht nur die Abgeschlossenheit des Hauses und die von nahezu allen Frauen ausgeübten Tätigkeiten bedingen also die geringere weibliche Differenziert-heit, sondern die Natur habe aus unergründlichem, aber - wie Georg Simmel zeigen wird - funktional notwendigem Ratschluß dafür gesorgt, daß Frauen einfach einheitlicher seien. Unspezialisierte Tätigkeiten bedingen eine interne Geschlossenheit des Wesens. Damit stünden Frauen

---

[151] vgl. ebd., S. 28.
[152] ebd., S. 28.
[153] vgl. Simmel, Georg: Vom Wesen der Kultur, a.a.O., S. 264f.

dem Persönlichen, dem Subjektiven weitaus näher, als hätten sie ebenso wie Männer (die für den Prozeß objektiver Kulturentwicklung offenkundig disponierter sind) die Prozesse weitergehender Arbeitsteilung und sozialer Differenzierung durchlaufen. Diese Einheit des weiblichen Wesens drücke sich im realen sozialen Leben dadurch aus, daß Frauen die Zuständigkeit für alles Menschliche, für Harmonie, Verständnis und tätige Sorge für Nächste gewissermaßen urwüchsig zukomme. Georg Simmel führt dazu aus,

> »...daß ihre Anlagen, Neigungen, Betätigungen enger um einen Einheitspunkt herum gesammelt und aus ihrem ursprünglich keimhaften Ineinander noch nicht zu selbständiger Existenz gelangt sind.«[154]

Diese größere Geschlossenheit des Wesens verweist also gleichzeitig auf eine dem individuellen Sein, dem subjektiven Leben größere Nähe. Im Hinblick auf das Ideal kultureller Entwicklung ist dies also bedingt durch einen vordifferenzierten Urzustand der weiblichen Psyche. Das Leben, so Georg Simmel, ist in sich dynamisch und pulsierend (s.o.). Daraus ergibt sich die Folgerung, daß das weibliche Wesen, so es denn diesem Leben nähersteht, sich weitaus schwerer in vorgefertigten Formen bewegt. So steht – analog dem im Mann angesiedelten Antagonismus von individuellen Wünschen (als Ausdruck des Lebens gefaßt) und sozialen Normen (als Ausdruck der Form) – die Frau als Inkarnation des Lebens von ihrem Wesen der objektiven, auf Form und Dauer ausgerichteten Kultur antagonistisch gegenüber.[155] Die ,Binnenstruktur' von Frauen befindet sich also noch in einem einheitlichen, wenig entwickelten Zustand (was auf die Ähnlichkeit mit Kindern, den Jungen der eigenen Art s.o., verweist). So führt Georg Simmel in Anlehnung an Schopenhauer (ausgerechnet Schopenhauer!) aus:

> »Die Anatomen haben festgestellt, daß die Frau bis zur Höhe ihres körperlichen Lebens in den Proportionen des Skelettes, in der Verteilung von Fettgewebe und Muskulatur, in der Ausbildung des Kehlkopfes dem Kinde näherbleibt als dem Mann. Diese Analogie wird sich nicht auf die Körperlichkeit beschränken, und sie hat Schopenhauer Gelegenheit zu dem naheliegenden und dennoch nicht unvermeidlichen Schlusse gegeben, daß die Frauen ,zeitlebens große Kinder' blieben. Auf die seelische Existenz hin (die Grenzgebiete zum Psychischen eingeschlossen) angesehen, ist der Jugend eigen, das Leben vor allem als solches zu fühlen, als Prozeß, als einheitlich strömende Wirklichkeit [...]. Von den Frauen nun möchte man sagen, daß sie in irgendeinem Sinne mehr leben, ein gesammelteres und verfügbareres Leben haben müssen als die Männer, weil es noch für das Kind

---
[154] Simmel, Georg: Zur Psychologie der Frauen. a.a.O., S. 28.
[155] vgl. Simmel, Georg: Weibliche Kultur. In: Schriften..., a.a.O., S. 159-176, S. 173f.

ausreichen muß; ein größeres Maß von im übrigen und nach außen hin sichtbarer Kraft ist damit noch nicht involviert.«[156]

Frauen sind somit zwar für das eigentliche Leben aus dem Subjektiven heraus besser ausgestattet, aber dies bedingt eben gleichzeitig ihre relative Unter-legenheit gegenüber dem öffentlichen Leben, welches zwischen den Polen des Subjektiven und Objektiven lokalisiert wird. Die Kräfte des Lebens stellen sich somit als Nullsummenspiel heraus. Die Balance zwischen den individuellen, subjektiven Inhalten und den objektiven Formen kann nur dann hergestellt werden, wenn eine innere psychische Disposition, die bereits auf das Objektive gerichtet ist, dazu vorhanden ist. Frauen seien aber nun, so bemüht sich Georg Simmel zu belegen, weitaus mehr auf das Subjektive ausgerichtet. Somit erscheint es als eine kluge Einrichtung menschlicher Kultur, daß die Prozesse sozialer Differenzierung noch nicht ihre Spuren in der ,weiblichen Seele' hinterlassen haben, Innen und Außen - um die Person zentriert - noch mehr zusammenfallen.

3.2.1 Die Absolutheit der Frauen

Somit hat anscheinend die kulturelle Entwicklung geschlechtlicher Arbeitsteilung auf wunderbare Weise für die adäquaten, dem Wesen der Geschlechter angemessenen Betätigungsformen gesorgt.

> »...dem tiefsten Wesen des Mannes liegt diese Sich - zum – Mittelmachen [sic] , dieses verlassen des eigenen Zentrums viel näher als dem der Frau. Er schafft das Objektive oder wirkt in das Objektive hinein. [...] Ganz anders als die Frau, deren Sein sich sozusagen auf rein intensiven Voraussetzungen aufbaut, die vielleicht in ihrer Peripherie störbarer und zerstörbarer ist als der Mann, aber so eng mit dem Mittelpunkt verbunden sich diese Peripherie auch zeigen mag [...], in diesem Mittelpunkt expansionsloser und allen außerhalb gelegenen Ordnungen entzogener ruht.«[157]

Das weibliche Wesen, so führt Georg Simmel weiter aus, sei viel absoluter als das männliche. Die Frau »...ruht in ihrem Weibtum als in einer absoluten Wesenssubstanz.«[158] Was also zunächst als Mangel an Differenzierung, als ,Kleben am Konkreten' ausgelegt wurde, gerät unter dem Eindruck einer Tragödie der Kultur, die nicht nur differenziert, sondern fragmentiert, die zu sehr vom Konkreten, nämlich den Bedürfnissen des lebendigen Subjekts abstrahiert, zum Vorteil. Die

---

[156] Simmel, Georg: Das Relative und das Absolute im Geschlechter-Problem. In: Schriften..., a.a.O., S. 200-223, S. 212.
[157] ebd., S. 207.
[158] ebd., S. 204.

Absolutheit des weiblichen Wesens erstrahlt nur vor diesem Hintergrund so leuchtend. Die Relativität der Moderne, das Signum der objektiven Kultur und der Epoche, geschaffen von Männern, ist die Grundbedingung männlichen Seins. Der Mann brauche zum Erleben seiner Männlichkeit eine Frau, er definiere seine Männlichkeit über die Relation zu ihr. Eine Frau hingegen brauche zum Erleben ihres Frauseins keinen Mann, es sei ihr stets bewußt, daß sie Frau ist.

»...der Geschlechtsunterschied, scheinbar eine Relation zweier logisch äquivalenter polarer Parteien, ist dennoch für die Frau typischerweise etwas wichtigeres als für den Mann, es ist ihr wesentlicher, daß sie Frau ist, als es für den Mann ist, daß er Mann ist. Für den Mann ist die Geschlechtlichkeit sozusagen ein Tun, für die Frau ein Sein.«[159]

Diese Absolutheit, die fern männlicher Normen existiert und an solchen nicht gemessen werden kann, gerät zur Tragik der ‚historischen Situation des weiblichen Geschlechts'. Denn gemäß den hierarchischen Strukturen des Geschlechterverhältnisses wird die Frau in ihrer Relativität zum Mann bestimmt. Ihre ‚Art' wird der seinen entgegengestellt und seinen Bedürfnissen dienstbar gemacht.

»Die ganze Kategorie von Mittel und Zweck, die sich so tief im männlichen Wesen gründet, ist auf die gleiche Tiefenschicht des weiblichen überhaupt nicht anzuwenden. Und nun tritt die Komplikation ein, daß gerade diese Existenzen nach ihren zeitlichen, sozialen, physiologischen Schicksalen als bloße Mittel behandelt und gewertet, ja sich selber als solche bewußt werden: Mittel für den Mann, für das Haus, für das Kind.«[160]

Diese Entwicklung, aus der die Abwertung der Frau resultierte und ihre Art durch Männer vereinnahmt und als Mittel zum Zweck benutzt wurde, ist jedoch eher traurig als tragisch, so Georg Simmel. Zum anderen sei es doch das Wesen der Frau, welches sie danach dränge zu dienen und zu sorgen, so lange dies dem Leben nützt.[161] Dieses Dienen und Sorgen um das unmittelbare, das notwendig Subjektive, Persönliche wird unter dem Aspekt einer sich an objektiven Kriterien ausrichtenden Werteordnung notwendig sekundär. Das männliche - als das objektive Prinzip - hat sich nun konsequent, da es sich als dominante Prinzip empfand, als das ‚Allgemein-Menschliche' verabsolutiert.[162] Denn es entspringt einer menschlichen (oder doch männlichen?) Tendenz,

[159] ebd.
[160] ebd., S. 210.
[161] vgl. ebd., S. 211.
[162] vgl. ebd., S. 202. Zum Begriff des ‚Allgemeinen' und ‚Besonderen' vgl. auch: Frevert, Ute: Soldaten, Staatsbürger. Überlegungen zur historischen Konstruktion von Männlichkeit. In: Kühne, Thomas (Hg.): Männergeschichte Geschlechtergeschichte. Männlichkeit im Wandel der Moderne. Frankfurt a. M. / New York, 1996, S. 69-87, S. 71.

»...aus einem Paar polarer Begriffe, die ihren Sinn und ihre Wertbestimmung aneinander finden, den einen herauszuheben und über den anderen zu setzen, um ihn noch einmal, jetzt in einer absoluten Bedeutung, das ganze Gegenseitigkeits- oder Gleichgewichtsspiel umfassen und dominieren zu lassen.«[163]

Diese Wertung ist es letztlich, die Georg Simmel zu verändern trachtet. Dabei kommt er jedoch in eine argumentative Sackgasse. Denn die Qualitäten, die er Frauen als den einheitlichen Wesen zuschreibt, sind mit den Argumenten, die zu ihrem sozialen Ausschluß führten, deckungsgleich. So sieht er den Wert geschlechtlicher Differenz und der sozialen Position von Frauen in eben dieser Einheit und Absolutheit begründet, die ehedem unter mangelnder Differenziertheit firmierte. Gewissermaßen entschuldigend für die negative Wertung, die sich erst durch den Einschluß der Frau im Haus ergab, führt er aus, daß diese Trennung der Sphären in Privatheit und Öffentlichkeit dem Wesen der Frau doch zugute gekommen sei. Die äußere Welt verlange den Frauen ‚zu viel' ab, so daß die Auseinandersetzung mit der komplexen Umwelt für sie den Verlust der Ruhe in sich selbst bedeuten würde.[164]

Diese Ruhe in ihrem Wesen selbst rekurriert auf den philosophischen Lebensbegriff, welcher die Frau zur eigentlich ‚besseren Hälfte' der Menschheit stilisiert. Denn die Frau ist die Grundlage allen Lebens, weil sie Mutter ist.[165] Das weibliche Leben und die tradierte Form weiblicher Vergesellschaftung, von der kühn zum weiblichen anthropolgischen Charakter geschlossen wird, trägt den ‚Charakter des Fließenden' und ist, so Georg Simmel, den subjektiven Ansprüchen der individuellen Seele an das tägliche Leben weitaus näher als das männliche Leben, das sich zwischen objektiver Kultur, Rollenmanagement, Fragmentierung und Suche nach der Einheit der Seele, abspielt. Wolfer-Melior formuliert diesen Zusammenhang der Geschlechtertheorie Georg Simmels wie folgt:

>»Der Bereich des Mannes ist derjenige der objektiven gesellschaftlichen Kultur: Deren Denk- und Verhaltensformen sind dualistisch, rationalistisch und zweckrational. Die Inhalte des Weiblichen, Einheitlichkeit, Intuition und Unmittelbarkeit, sind nichts anderes als die Inhalte des Lebens selbst.«[166]

Diese Einschätzung hat mehrere Konsequenzen. Einmal offenbart sie Georg Simmels Versuch, die Ursachen der Geschlechterdifferenz zu erhellen. Zum zweiten, und das ist das eigentlich Verblüffende, erkennt er sozialisatorische Effekte und ist sich des dominanten Einflusses der

---

[163] Simmel, Georg: Das Relative und das Absolute im Geschlechter-Problem, a.a.O., S. 201.
[164] vgl. ebd., S. 211.
[165] vgl. ebd., S. 217.
[166] Wolfer-Melior, Annemarie: Weiblichkeit als Kritik. In: Feministische Studien 4 / 2 / 1985, S. 62-78, S. 71.

‚Formen der Vergesellschaftung zwischen den Geschlechtern' bewußt, ist aber nicht bereit, von biologistischen Zuschreibungen abzusehen.[167] Bovenschen bringt es mit folgenden Worten auf den Punkt:

>»In dieser Geschlechtsontologie erscheint die Frau als das Undifferenzierte, Molluskenhaft, Vorindividuelle, durch Natur- und Gattungsgesetze bestimmte, mit Maßstäben des bürgerlichen Alltagslebens gar nicht zu erfassende.«[168]

Georg Simmel sucht, so Ulmi, »...nach einer Rechtfertigung [um] die Frauen auf ihren Gattungstypus reduziert verstehen zu können.«[169] In der Rückführung geschlechtlicher Arbeitsteilung auf natürliche Komponenten und die sich daran orientierende Beschreibung des weiblichen Wesens hat Georg Simmel diese Begründung gefunden. Die Frau sei grundsätzlich und immer Frau, der Mann hingegen bewege sich im Dilemma zwischen Mann und Mensch.

3.2.2. Zur Funktionalität geschlechtlicher Arbeitsteilung

Die geringere Differenzierung hat nun nicht nur eine biologische Begründung, sondern erweist sich als sozial funktional. Die undifferenziertere und deshalb dem Leben und den Subjekten nähere Art der Frau verweist sie nicht nur auf die Kinderaufzucht, sondern sie ist wegen ihrer geringeren Körperkraft ohnehin auf die schützende Atmosphäre des Hauses angewiesen. Auch an dieser Stelle vermischt Georg Simmel die sonst ausgefeilte soziologische Argumentation mit biologistischen, der bürgerlichen Ideologie - und nicht zuletzt androzentrischer Wahrnehmung - geschuldeten Setzungen.

Georg Simmel schickt sich nun im weiteren Verlauf einer Bestimmung geschlechtlicher Differenz an, die kulturellen und sozialen Vorteile abzuwägen. Vor dem Hintergrund seiner Ausführungen zur Tragödie der modernen Kultur, die in letzter Konsequenz ein Resultat von Arbeitsteilung ist, stellt sich die Frage, welche Vorteile, bzw. Nachteile sowohl den Frauen als auch der gesamten kulturellen Entwicklung entstünden, sollten Frauen in gleichem Maße Arbeitsteilung, sozialer Differenzierung, Individualisierung und Vergesellschaftung ausgesetzt sein. Aus gesteigerter Arbeitsteilung der Frauen (wohlbemerkt, der Frauen untereinander und nicht aus gesamtgesellschaftlicher Arbeitsteilung) folgt nach Georg Simmel zunächst,

---

[167] vgl. dazu Ulmi, Marianne, a.a.O., S. 64.
[168] Bovenschen, Silvia: Die imaginierte Weiblichkeit. Frankfurt a. M., 1979, S. 31.
[169] Ulmi, Marianne, a.a.O., S. 60.

»...daß einige zwar weit über das jetzige Niveau in Hinsicht ihrer Ausbildung und Tätigkeit erhöht, die anderen dagegen um so ausschließlicher zu Kindergebärerinnen und Köchinnen herabgedrückt werden. Die Verteidiger der Emanzipation, die Frauen von der Fesselung an Strickstrumpf und Kochtopf erlösen möchten, pflegen dies nicht zu bedenken, daß, da die hiermit bezeichneten Funktionen weder entbehrt, noch aus sehr guten Gründen den Frauen abgenommen werden können, eine steigende Differenzierung unter ihnen zwar eine Reihe von Frauen davon befreien kann, um sie höheren und geistigen Berufen zuzuwenden, aber nur um den Preis, daß die übrigen viel enger und in spezialisierter Weise an jene Funktionen gefesselt werden.«[170]

Für Georg Simmel scheidet die Möglichkeit vollständig neu überdachter Arbeitsteilung aus. Zu sehr ist der dem Modell bürgerlicher Geschlechtertrennung auf der Basis geistiger - weil körperlicher - Verschiedenheit verhaftet. Männern, als den differenzierten, nahezu fragmentierten Geschöpfen und Schöpfern objektiver Kultur, ist die Einheit des Lebens zunehmend fremd geworden. Ihr auf Produktion von dauerhaften Gütern gerichtetes Selbst steht den Bedürfnissen des dynamischen, vergänglichen Lebens nahezu antagonistisch gegenüber.

Die Befriedigung weiblichen Bedürfnisses hingegen, ist, da näher um den Einheitspunkt herum gruppiert, durchaus in der Sorge für andere, also auch in Kochen, Stricken, Putzen, usw. gegeben. Also entspringt die ‚Fesselung an Kochtopf und Strickstrumpf' der nahezu idealen kulturellen Entwicklung, die auf natürlichen Anlagen aufbaut. Nein, dies ist kein guter Grund, und Georg Simmel schweigt sich zu Recht über weitere Gründe aus. Zudem werden die Begründungen für geschlechtliche Arbeitsteilung unter dem Aspekt der ‚Tragödie der Kultur' zunehmend fragwürdiger. Denn wie bereits oben zu sehen war, stellt sich die Lebenswelt des Mannes, der sich vornehmlich in der Welt der objektiven Kultur bewähren muß, als nicht mehr ganz so ideal heraus: Der Mann ist der Eigendynamik objektiver Kultur unterworfen. Die eigendynamische Entwicklung beschränkt sich jedoch nicht nur auf den Bereich der Öffentlichkeit, sondern wirkt gleichzeitig auf den privaten Bereich, und damit auf den der Frau, zurück.

»Die Production für den Markt und die Hauswirtschaft beginnen ihre Gegensätze durch das Geld ermöglicht, zu entfalten und damit die schärfere Arbeitstheilung zwischen den Geschlechtern einzuleiten. Aus sehr naheliegenden Ursachen fällt der Frau die nach innen, dem Manne die nach außen gewandte Tätigkeit zu und die erstere wird mehr und mehr eine Verwaltung und Verwendung der Erträgnisse des Letzteren.[...], sie erscheint jetzt als Unterhaltene, die von der Arbeit des Mannes lebt.«[171]

---

[170] Simmel, Georg: Zur Psychologie der Frauen, a.a.O., S. 46.
[171] Simmel, Georg: Die Rolle des Geldes in den Beziehungen der Geschlechter. GSGA Bd. 5, S. 246-265, S. 252.

Mit der Auslagerung häuslicher Tätigkeiten, steigender Ehelosigkeit (die letztlich auch den hohen Mitgiftsummen geschuldet sein dürfte) und geringerer Kinderzahl, insbesondere in den höherstehenden Schichten, wurde der Hauswirtschaft ihre Substanz geraubt. Die moralische Entwicklung, die Georg Simmel in der Analyse der modernen Kultur den rationalisierenden, funktionalisierenden und quantifizierenden Eigenschaften des Geldes zuschreibt und die sich im wesentlichen in der Welt des Mannes, in seiner fragmentierten Psyche niederschlägt, umgreift mit langen Tentakeln auch die Welt der »autochthonen Kulturtätigkeit der Frau«.[172] Die Arbeitsteilung der Geschlechter wird – bedingt durch den schleichenden Funktionsverlust der Hauswirtschaft – ihrer Grundlage beraubt. So führt Georg Simmel aus:

> Erst seit die Selbstverständlichkeit dieses Berufes fraglich geworden ist, konnte es zum Problem werden, die Frau zu Kulturleistungen gelangen zu lassen.«[173]

3.2.3. Weibliche Kulturleistung?

Welcher Art könnten aber nun die besonderen Kulturleistungen der Frau sein? Wäre die weibliche Psyche, die sie weitaus mehr als den Mann auf die Kräfte des Lebens und des Persönlichen verweist, nicht überfordert, wenn sie sich in gleichem Maße an der Schöpfung objektiver Kultur beteiligte und damit auch gleichzeitig zu ihrem Geschöpf mit den bekannten Implikationen würde? Muß sie nicht zwangsläufig aus dieser Schwäche heraus die Welt der objektiven Kultur dem Mann überlassen, der für diese Aufgabe zwar wesentlich besser gerüstet ist, aber doch bereits selbst an ihr zu scheitern droht? Zudem wäre auch die weitere Frage zu stellen, welchen Sinn weibliche Beteiligung an objektiver Kultur haben könnte. Ausgehend von den negativen Entwicklungstendenzen der modernen Kultur stellt sich diese Frage in besonderer Dringlichkeit.

> »Das eigentliche Kulturproblem also, das wir stellen: ob die erstrebte Freiheit der Frauen neue Kulturqualitäten würde entstehen lassen – wäre nur aufgrund einer neuen Teilung oder Nuancierung der Berufe zu bejahen. Nicht dadurch, daß sie in demselben Sinn Naturforscher oder Techniker, Ärzte oder Künstler werden, wie Männer es sind; sondern nur so, daß sie etwas leisten, was die Männer nicht können.«[174]

---

[172] vgl. Simmel, Georg: Weibliche Kultur, a.a.O., S. 170/171.
[173] ebd., S. 171.
[174] ebd., S. 163.

Die besonderen Fähigkeiten der Frau resultieren jedoch aus ihrer vor-differentiellen Einheit. Wie lassen sich diese nun in einen Bereich übertragen, dessen Eigenlogik auf Differenzierung angelegt ist? Würde dies nicht die Einheit der weiblichen Psyche zerstören? Diesen Vorteil, den sie aus ihrer von weiten Teilen der öffentlichen und objektiven Kultur ausgeschlossen Position hat zunichte machen? Und schließlich: Was würde aus dem Mann, der doch gemäß den Gesetzen der Arbeitsteilung auf die Frau unmittelbar angewiesen ist?

> »Die ganze Tiefe und Schönheit des weiblichen Wesens, durch die es vor dem männlichen Geiste als seine Erlösung und Versöhnung steht, gründet sich in dieser Einheitlichkeit, diesem organischen unmittelbaren Zusammenhang der Persönlichkeit, mit jeder ihrer Äußerungen, dieser Unteilbarkeit des Ich, die nur ein alles oder nichts kennt.«[175]

Dieses ‚Leben aus dem Zentrum heraus‘ wird unter der Hand zur notwendigen Ergänzung des in der Öffentlichkeit agierenden Mannes, dessen innere Differenzierung in keinem Verhältnis mehr steht zu der anfangs idealisierten höheren Stufe der Einheitlichkeit, in der Vielfältiges zu einem harmonischen Ganzen zusammengefügt werden soll. Die Öffentlichkeit, als der Bereich des Mannes, birgt für Frauen, so Georg Simmel, eine besondere Schwierigkeit. Denn, wie bereits betont, ist diese Öffentlichkeit, die Kultur schafft und gleichzeitig unter ihr leidet, mit wenigen Ausnahmen durchaus männlich geprägt‘. Georg Simmel wird an dieser Stelle deutlich:

> »Männer haben die Industrie und die Kunst, die Wissenschaft und den Handel, die Staatsverwaltung und die Religion geschaffen, und so tragen diese nicht nur objektiv männlichen Charakter, sondern verlangen auch zu ihrer immer wiederholten Ausführung spezifisch männliche Kräfte.«[176]

Unter dem Eindruck der fundamentalen Verschiedenheit der Geschlechter liegt es nahe, daß Frauen jenseits der bekannten kulturellen Entwicklung neue, ihrem Wesen adäquate Betätigungen suchen. Es mag, so Georg Simmel, einige Bereiche geben, in denen Frauen kraft der Besonderheiten diesen Wesens reüssieren könnten: Beispielsweise würde die Medizin von der besonderen weiblichen Intuition profitieren, ebenso einige ausgewählte Bereiche der Geschichte, soziale Berufe, die an die Fürsorge anknüpfen; die Mathematik sei abstrakt genug, so daß sie sich über die psychologische Differenziertheit der Menschen hinaus bewege. Im künstlerischen Bereich müßten sich auch einige besondere, weibliche Merkmale offenbaren, da

---

[175] ebd., S. 162.
[176] ebd., S. 161.

66

Frauen ein grundsätzlich anderes Verhältnis zum Raum und zur Bewegung im Raum hätten usw.[177]

Wesentlich ist hierbei die sorgfältige Auswahl Georg Simmels. Jeder Bereich wird auf seine Eignung für das weibliche Geschlecht überprüft. Die Formen männlicher Produktion und männlichen Schaffens können den weiblichen Inhalten nicht angemessen sein. Vor dem Hintergrund einer fundamentalen und, so Georg Simmel, auch wünschenswerten Geschlechterdifferenz entfaltet sich jeder Bereich der Welt entweder männlich oder weiblich besetzt.[178]

Geschlechtliche Differenz als Ordnungsfaktor

Wie sehr diese Differenzierung menschlicher Eigenschaften und Wesenszüge entlang der ‚Geschlechtslinie' ein fundamentales gesellschaftliches Ordnungs-muster war, dessen Erosion notwendig die gesamte auf diesem Fundament aufbauende Kulturentwicklung in Frage stellte, wird in folgendem Satz Georg Simmels deutlich: Denn »...erst der Einbruch der Frauen in die Tätigkeitskreise der Männer« hat die Frage nach der Differenz der Geschlechter praktisch gemacht.[179]

War es zuvor noch eine Selbstverständlichkeit, daß Männer und Frauen verschiedene Charaktere *sind*, muß nun also darauf hingewiesen werden.[180] Geschlechtliche Differenz, die im ideologischen Überbau des Bürgertums eine ‚natürliche Gegebenheit' darstellt, wird in den Ausführungen Georg Simmels zur kulturellen Errungenschaft.[181] Dieser besondere ‚weibliche' Kulturwert, und das ist neben der reduktionistischen Festlegung auf natürliche Funktionen wie Schwangerschaft und Geburt als Kern weiblichen Wesens zu betrachten, ergibt sich aus der bereits genannten geringeren Differenzierungs-stufe. Es wird deutlich, wie kritisch Georg Simmel die Pluralisierungs-tendenzen seiner Epoche betrachtet. Die durch den Wert des Geldes und kapitalistische Wirtschaftsformen bedingte Spaltung der idealen einheitlichen Welt in eine Welt der Subjekte und eine Welt der Objekte hinterläßt gemäß der Logik wechselseitiger

---

[177] ebd., S. 167f.
[178] vgl. Steinbrügge, Lieselotte: Zur Aufteilung des Menschen in Diderots Encyclopädie. In: Brehmer, Ilse u.a. (Hg.): Wissen heißt Leben, a.a.O., S. 51-64, passim.
[179] Simmel, Georg: Weibliche Kultur, a.a.O., S. 170.
[180] vgl. Honegger, Claudia: Die Ordnung der Geschlechter. Frankfurt a. M. / New York, 1991 v.a. S. 200ff., wobei in diesem Werk v.a. die Komplexität und der unglaubliche Erfolg der Konstruktionsmechanismen polarer Geschlechtscharaktere und deren gesellschaftliche Ordnungsfunktion dargestellt werden.
[181] vgl. Simmel, Georg: Die Rolle des Geldes in den Beziehungen der Geschlechter, a.a.O., S. 259.

Interdependenz ihre Spuren in der Seele jener Menschen, die gewissermaßen genötigt sind, sich Tag für Tag zwischen diesen Welten zu bewegen. Dieser Welt der Objekte, der Öffentlichkeit, der dynamischen Entwicklung stellt Georg Simmel antithetisch die Welt der Privatheit als die Welt der Persönlichkeiten gegenüber, die sich in personifizierter Form in der ‚Art der Frauen' manifestiert.

Letztlich ist dies eine Beschreibung des Status quo der geschlechtlichen Segregation des Bürgertums der Jahrhundertwende.[182] Georg Simmels Analyse der *Psychologie der Frauen*, die eine Grundlage für die Überlegungen zur *Weiblichen Kultur* darstellt, verdeutlicht anschaulich die zirkulierenden Frauen-Imagines der Epoche, die nur vor dem Hintergrund dieser strikten Trennung denkbar sind.[183] Frauen als Verkörperung undifferenzierter Einheit fungieren als notwendige Ergänzung zu der vielfältig fragmentierten Welt der objektiven Kultur der Männer. Die Umwertung, die Georg Simmel damit vornimmt, ist beachtlich. Die undifferenzierte Einheit der Seele wird nun scheinbar überhöht und der ‚Zwischenstufe' kultureller Entwicklung, der vielfältig differenzierten Seele, vorgezogen. Von einer möglichen Synthese, der ‚entfalteten Einheit' als höchste Stufe menschlicher Kulturentwicklung, ist nicht mehr die Rede, sie erscheint durch die Komplexität objektiver Kultur nicht mehr möglich. Die Synthese wird nur noch durch die Verbindung der undifferenzierten Einheit (der Frau) und der differenzierten Vielfalt (des Mannes) möglich.

Das logische Problem liegt für Georg Simmel nun darin, daß Frauen, wollen sie zu Kultur im obigen Sinne gelangen, »... das Stadium einer gewissen äußeren Gleichheit passieren müssen.«[184] Da Georg Simmel die Interdependenz von sozialem und individuellem Sein bereits in den Grundlagen der Soziologie herausgearbeitet hat, stellt sich, ausgehend von geschlechtlicher Differenz, die zugegeben schwierige Frage, welche besonderen Wege Frauen beschreiten können, ohne denselben, auf die persönliche Kultur negativ wirkenden Differenzierungsprozessen ausgesetzt zu sein. Denn wählen sie den gleichen Weg in die Öffentlichkeit (als Ort der objektiven Kultur) wie Männer, so ist davon auszugehen, daß ihr ‚Wesen' sich dem männlichen Wesen angleicht. Verschwindet nun diese geschlechtliche Differenz durch einen angenommen gleichen Differenzierungs- und Individualisierungsprozeß, so steht der Welt des Mannes, deren Werte Georg Simmel letztlich zurückweist, kein

---

[182] vgl. auch Rosenbaum, Heidi, a.a.O., S. 290ff. und 340ff.
[183] vgl. auch: Pohle, Bettina: Kunstwerk Frau. Inszenierungen von Weiblichkeit in der Moderne. Frankfurt a. M., 1998, v.a. Kapitel 1 über ‚domestizierte Weiblichkeit in Gesellschaft und Ehe', S. 17-66.
[184] Simmel, Georg: Weibliche Kultur, a.a.O., S. 173.

Komplement mehr entgegen. Somit wäre der Nutzen, den »... die objektive Kultur aus der modernen Frauenbewegung ziehen kann«[185], äußerst gering zu werten, denn:

> »Nur den Frauen von sozusagen genialer Weiblichkeit scheint es gegeben, zugleich als durchaus differentielle Indiviualisiertheit und als Einheit, deren Tiefenschicht die Kräfte aller Besonderung noch in voller Ungeschiedenheit enthält, zu wirken, analog dem großen, in dieser Zweiheit wirkenden Kunstwerk und gleichgültig gegen deren begriffliche Unverträglichkeit.«[186]

Der Umweg der Frauen, sofern sie dem ‚Kunstwerk Frau‘ weiterhin entsprechen wollen, führt also durch eine sehr enge Gasse. Die Ergänzung der objektiven Kultur durch die weibliche Kultur kann nur in wenigen Bereichen geschehen, die aber eine fundamentale Bedeutung haben.[187] Denn das ‚weibliche Wesen‘, an dem Georg Simmel so viel liegt, bedeutet den Reiz des (männlichen) Lebens:

> »Bei den vielfachen Gleichheiten in fundamentalen, technischen, materialen Punkten, die selbst die differenzierteste weibliche Kultur noch mit der männlichen aufweisen muß, droht immerhin den seelischen Differenzen zwischen Männern und Frauen eine Verengerung und Reduzierung, und damit eine Herabsetzung eines der tiefsten und unentbehrlichsten Reize des Lebens. Vermeidbar ist diese Gefahr nur unter der Voraussetzung einer außerordentlich gestiegenen Unterschiedsempfindlichkeit.«[188]

---

[185] ebd., S. 171.
[186] Simmel, Georg: Das Relative und das Absolute im Geschlechter-Problem, a.a.O., S. 204.
[187] vgl. dazu Rosenbaum, Heidi, a.a.O., S. 289f. Rosenbaum beschreibt dort die Funktionalität und die Folgen der Trennung der Sphären in Öffentlichkeit und Privatheit, die gerade für die Mehrheit der bürgerlichen Frauen zwar einen eigenständigen Lebensbereich bedeutete, der aber weitgehend abhängig war von der Gnade des Gatten.
[188] Simmel, Georg: Weibliche Kultur, a.a.O., S. 172.

3.3. Weibliche Kultur als notwendige Ergänzung

Gertrud Simmel schreibt über die Arbeiten ihres Mannes Georg an die gemeinsame Freundin Marianne Weber:

> »Ich weiß nicht, ob man sich's eigentlich erlauben darf,- aber ich habe eine große Ungeduld über alles, was Männer von uns sagen – auch Georg. So schön es ist. Mir scheint immer, sie reden alle nur über die historische Frau – wie hoch sie sich auch ins Allgemeine versteigen. Und ich habe immer das Gefühl, daß wir detoriiert sind durch unsere historischen Schicksale, und das nichts nötiger täte, als daß wir allmählich aus uns selbst herausbrächten als Gottes Gedanken, als was Gott uns gemeint hat. Und das können nur Jahrhunderte herausklären, und ein Leben, in dem wir uns herumbewegen und kämpfen in jedem Sinn. Nur in unser Männer Häuser kommen wir nicht dahinter.«[189]

Gertrud Simmel verweist in dieser Passage auf die historische Bedingtheit des weiblichen Lebenszusammenhanges, welcher im Laufe der kulturellen Entwicklung allmählich zur Zuschreibung an einen vermeintlichen Geschlechtscharakter führte. Daß auch Georg Simmel dieser Sichtweise zu Teilen anhaftet, ist bereits deutlich geworden. So verweist er in *Das Relative und das Absolute im Geschlechter-Problem* explizit auf die Machtstellung der Männer, welche jene Frauen real verachtende Normsetzung begründet, deren allgemeinste Version sich in der Formulierung eines undifferenzierten, irrationalen, intuitiven und schutzbedürftigen weiblichen Geschlechtscharakters ausdrückt. Macht, so führt er aus, wird legitimiert, indem sie in Recht transformiert wird.[190] Damit verdeutlicht Georg Simmel eine entscheidende Komponente des Geschlechterverhältnisses. Es erscheint, wie Wolfer-Melior ausführt, als

> »...eine besondere Form der Vergesellschaftung zwischen den Geschlechtern, die sich über den systematischen Ausschluß der Frauen herstellt.«[191]

Diese Form der Vergesellschaftung ist - wie bereits ausgeführt - gekennzeichnet durch ein geringeres Maß an Individualisierung und sozialer Differenzierung auf seiten der Frau, welches zugleich mit einem deutlichen Machtgefälle zugunsten des Mannes verbunden ist. Da die männliche Kultur sich als objektive und gleichzeitig als ‚allgemein-Menschliche' konstruiert, sind die Maßstäbe für Frauen, die per Geschlecht davon ausgeschlossen sind, nicht angemessen. Demzufolge muß ein ‚umgewerteter' weiblicher Kulturbereich zu schaffen sein, in dem Frauen sich nach ‚ihrem Wesen' entfalten können.[192] Somit ist zunächst - eine erstaunliche

---

[189] Weber, Marianne: Lebenserinnerungen, a.a.O., S. 383.
[190] vgl. Simmel, Georg: Das Relative und das Absolute im Geschlechter-Problem, a.a.O., S. 202.
[191] Wolfer-Melior, Annemarie, a.a.O., S. 65.
[192] vgl. Simmel, Georg: Das Relative und das Absolute im Geschlechter-Problem, a.a.O., S. 202.

Innovation - eine Form rein weiblicher Vergesellschaftung anvisiert. Eine weibliche Kultur, welche die Funktion der Gegenkultur erfüllen soll, ist dazu berufen, entgegen den männlichen Werten eigenständige Maßstäbe zu entwickeln und sich somit als ‚selbständiges Prinzip'[193] zu verstehen, welches durch die Selbständigkeit auch Ebenbürtigkeit impliziert.[194] Der weibliche Geschlechtscharakter, so Georg Simmel, ist ein kulturelles Produkt, das nach ganz bestimmten Vorgaben konstruiert ist.

> »Denn der Mann fordert von der Frau doch auch, was ihm, nun gleichsam als einseitiger Partei, in seiner polaren Beziehung zu ihr wünschenswert ist, das im traditionellen Sinne Weibliche, das aber nicht eine selbstgenügsame, in sich zentrierende Eigenart bedeutet, sondern das auf den Mann orientierte, das ihm gefallen, ihm dienen, ihn ergänzen soll.«[195]

Doch noch auf der gleichen Seite, so als sei es ihm inzwischen entfallen, bezieht sich Georg Simmel wieder auf die »...in dem undifferenzierten Naturgrund wurzelnde«[196] Weiblichkeit, die den eigentlichen Ausgangspunkt weiblicher Kultur markierte. An welchem Ort kann sich nun eine *weibliche Kultur* entwickeln, die völlig anders ist als die bisher bekannte objektive Kultur?

In der Öffentlichkeit als Ort objektiver Kultur und gleichzeitig Welt des Mannes wohl kaum, denn dies würde letztlich die Aufhebung geschlechtlicher Differenz forcieren. Somit bleiben wenige Alternativen. Wie Georg Simmel bereits in der *Psychologie der Frauen* zu belegen suchte und in *Weibliche Kultur* weiter ausführte, sind dem auf natürlichen Gegebenheiten beruhenden und kulturell weiterentwickelten weiblichen Wesen die Funktionsmechansimen objektiver Kultur fremd. Wenn eine Auseinander-setzung mit objektiver Kultur von Frauen auf der gleichen Basis erfolgte wie Georg Simmel dies für Männer unter dem Aspekt der Tragödie formuliert, würde zumindest die kulturelle Ausformung geschlechtlicher Differenz verschwinden. Damit fehlt das notwendige Korrektiv, die Ergänzung zu dem vielfältig fragmentierten männlichen Leben.

3.3.1. Versöhnliche Worte

Georg Simmel erkennt den Funktionsverlust des Hauses und die damit einhergehende Unzufriedenheit, die die Frage nach einer weitergehenden Partizipation von Frauen am öffentlichen Leben aufgeworfen hat,

---

[193] vgl. ebd.
[194] vgl. auch Menzer, Ursula, a.a.O., S. 80ff.
[195] Simmel, Georg: Das Relative und das Absolute im Geschlechter-Problem, a.a.O., S. 203.
[196] ebd.

abgesehen von den ohnehin nie ganz verstummten Forderungen nach Gleichheit und Freiheit. Allerdings gibt Georg Simmel schließlich auch zu,

> »...daß die Bildung und Rechte der Frauen, nachdem sie so lange den Männern gegenüber in übertriebener Ungleichheit verharrt haben, daß Stadium einer gewissen äußeren Gleichheit passieren müssen, ehe sich über diese hinweg das Ideal einer objektiven Kultur, die der Nuance weiblicher Produktivität bereichert ist, erheben kann.«[197]

Doch diese ‚Bereicherung der objektiven Kultur durch die Nuance weiblicher Kultur', welche in dem Maße zu verwirklichen wäre, wie Frauen an objektiver, also per definitionem männlicher Kultur partizipieren, wird dadurch erschwert, daß dem ‚weiblichen Wesen', welches den ‚Charakter des Fließenden trägt', die Art und Weise der Produktion objektiver Kultur völlig fremd ist.[198] Die Arbeitsweisen, denen Frauen im Haus unterworfen sind, sind geprägt durch ständiges Sich-Mühen um die Bedürfnisse anderer. Die Erfolge weiblichen Hausarbeitens sind entweder erst auf lange Sicht zu bemerken, oder sie verschwinden in kürzester Zeit. Diese Selbstverständlichkeit, mit der Frauen dieses vermeintliche Schicksal auf sich genommen haben, ist brüchig geworden. Dennoch stellt das Haus als kulturelle Leistung der Frau das ideale Wirkungsgebiet weiblichen Seins dar. Fürsorge, der Charakter des Fließenden, die stärkere Orientierung am Persönlichen, usw. sind nach Georg Simmel gleichzeitig weibliche Wesenszüge wie auch Anforderungen, welche die Hauswirtschaft unmittelbar stellt. So führt er vor dem Hintergrund realer sozialer Prozesse aus:

> »Einen derartigen Beruf, von höchster kultureller Bedeutung und zugleich in der weiblichen Kultur völlig autochthon, hat es nun freilich gegeben und gibt es teilweise noch: die Hauswirtschaft. Die häusliche Wirtschaftsführung mit ihrer gar nicht abzusehenden Bedeutung für die Gesamtheit des Lebens ist die große Kulturleistung der Frau, das Haus trägt ganz ihr Gepräge; hier haben ihre besonderen Fähigkeiten, Interessen, Gefühlsweise und Intellektualität, die ganze Rhythmik ihres Wesens ein nur durch sie mögliches Gebilde geschaffen.«[199]

Hier erhärtet sich der Verdacht, daß allein die Darstellung des Hauses als Kulturleistung der Frau mit der Tatsache des gesellschaftlichen Ausschlusses von anderen Kulturgebieten versöhnen soll. Denn das Haus als ein Refugium der ‚reinen Menschlichkeit', welches die ‚Beschädigungen' des harten Arbeits-lebens ausgleichen soll[200], ist von immenser Bedeutung für die Funktions-fähigkeit der bürgerlichen Gesellschaft. Der Privatbereich

---

[197] Simmel, Georg: Weibliche Kultur, a.a.O., S. 173.
[198] vgl. ebd.
[199] ebd., S. 170.
[200] vgl. Rosenbaum, Heidi, a.a.O., S. 277.

72

steht, ganz in bürgerlicher Konzeption, auch bei Georg Simmel als etwas Besonderes der Öffentlichkeit gegenüber.[201] Das Besondere befindet sich eingebettet in die (zu) schützende Atmosphäre des Hauses, das Allgemeine steht außerhalb. Wenn das Allgemeine als rational, objektiv und gespalten definiert wird, folgt den Strukturen dichotomen Denkens die Definition des Besonderen als emotional, intuitiv und ganzheitlich. Unmittelbar aus diesen Denkmustern heraus entwickelt sich ein Modell weiblicher Kulturtätigkeit, das bereits sehr bekannt ist. Das Novum liegt allein in der vollzogenen Umwertung der Zuschreibung. Frauen sind nicht nur aufgrund eines anderen Wesens und körperlicher Schwäche auf das Haus angewiesen, sondern dieses Haus erfüllt eine hohe kulturelle Funktion. Es ist dem Wesen der Frau identisch und erhält ihre innere Einheit. Aber nicht nur für sie ist es funktional – und gewissermaßen der ‚bessere Part', der dank geschlechtlicher Arbeitsteilung den Frauen zugeordnet wurde – auch für Männer erfüllt das Haus eine wichtige Funktion. Es ist der Ort, an dem sie sich zum einen als Mann fühlen können und zum anderen als vollständige Persönlichkeit akzeptiert werden und somit den Ausgleich zwischen subjektiven Bedürfnissen und objektiven Forderungen leichter vollziehen können.

3.3.2. Haus - Kultur

So gerät Georg Simmel die Begründung einer autonomen weiblichen Kultur zu einer Begründung geschlechtlicher Differenzierung nach altbekanntem Muster. Diese Konsequenz, die sich aus seiner Beschreibung der größeren - wünschenswerten - Einheitlichkeit der Frau und den Ausführungen zur sozialen Differenzierung nahezu zwingend ergibt, führt Frauen in genau dasselbe Haus zurück, aus dem sie sich unter Kämpfen zu befreien suchen. In Kürze lautet Georg Simmels Begründung wie folgt:

Die Eigendynamik der ‚objektiven Kultur' würde dem ‚Wesen der Frau' die Werte der Einheitlichkeit und der damit verbundenen tätigen Fürsorge für die Nächsten rauben. Der Erfolg wäre eine Aufhebung der Geschlechterdifferenz im Sinne der Angleichung des weiblichen Wesens an das männliche, oder eben schlechthin objektive Wesen. Die Vision von Frauen, die sich autonom, individuell und rational an objektiven Maßstäben orientieren, ist für Georg Simmel ein Alptraum. In seinem strikt dichotomen Denken ist kein Platz für eine Transformation der Gesellschaft

---

[201] vgl. Habermas, Jürgen: Strukturwandel der Öffentlichkeit. Frankfurt am Main, 1993, S. 58f.

respektive der Kultur, welche Frauen den freien Zugang zu allen Bereichen öffentlichen Lebens ermöglicht. Zwar spricht er von der ‚ruhelosen Kraft des Lebens', doch diese Kraft erweist sich für ihn als zu gering gegenüber der Macht der objektiven Formen.[202]

Somit sind seine Analysen von einer nicht zu übersehenden Resignation begleitet. Ein Faktum, das u.U. auch seinen eigenen Lebenserfahrungen geschuldet sein dürfte. Diese Resignation, gepaart mit der Überzeugung grundlegender Geschlechterdifferenz, ist es schließlich auch, die Frauen fernab der ‚objektiven Kultur' ansiedelt. Anderenfalls bliebe die männliche Kultur ohne notwendiges Korrektiv die grundlegende Relativität der Gattung,[203] die Mann und Frau aufeinander verweist, wäre damit aufgebrochen. Diese Interdependenz weiblicher Absolutheit und männlicher Differenziertheit formuliert Georg Simmel wie folgt:

> »...die inhaltliche Besonderheit der Individualität fordert eine ihr korrelative inhaltliche Besonderheit der Frau. Daneben aber verlangt die Differenziertheit als Lebensform überhaupt ihre Ergänzung und Korrelation: das einheitliche, womöglich zu gar keinem betonten Inhalte zugespitzte, in dem undifferenzierten Naturgrund wurzelnde Wesen.«[204]

Daraus folgt für die Frage nach weiblicher Kultur zum einen, daß weibliche Kultur verschieden sein muß von männlicher, also objektiver und gleichzeitig allgemein-menschlicher Kultur (denn die Frau ist das Besondere). Zum anderen reduziert es weibliche Kultur auf eine notwendige Ergänzung zu männlicher Kultur. Und schon gelangt man wieder zur bürgerlichen Rollen-verteilung. Die Ergänzung zur Öffentlichkeit stellt die Privatsphäre und mit ihr die Hauswirtschaft dar: dort Leistung, hier Entspannung; dort Differenzierung, hier Einheit; dort die Produktion dauerhafter Güter, hier deren Konsumtion und der stille Fluß des Lebens usw.

Im Haus, so Georg Simmel, habe das besondere Wesen der Frau, ihre spezifische Rhythmik, ein nur durch ihre Eigenart mögliches kulturelles Werk geschaffen.[205] Dieses erste (und einzige) Kulturprodukt der Frau basiert auf ihrer spezifisch weiblichen Intellektualität, ihrer künstlerischen Betätigung zur Verschönerung des Heims, ihrer Intuition und Wärme zur Pflege und Erziehung der Kinder, bzw. zur Betreuung der älteren Familienmitglieder und des Mannes, der von des Tages Mühen heimkehrt in die einheitliche Idylle, kurz: Ihrem Wesen ist es gegeben für andere zu

---

[202] vgl. Simmel, Georg: Persönliche und sachliche Kultur, a.a.O., S. 561f.
[203] vgl. Simmel, Georg: Das Relative und das Absolute im Geschlechter-Problem. a.a.O., S. 200.
[204] ebd., S. 203.
[205] vgl. Simmel, Georg: Weibliche Kultur, a.a.O., S. 170f.

sorgen. Daneben spielt auch die Bildung der Frau eine nicht unerhebliche Rolle. Gemäß den Rousseauschen Forderung sollte die Frau insofern gebildet sein, als sie den kommunikativen Ansprüchen der gebildeten Männer genügen kann.[206] Auch Georg Simmel ist sicher kein Gegner der Frauenbildung, war er doch einer der (wenigen) Dozenten in Preußen, die vor 1908 Frauen in ihren Vorlesungen zuließen, und er lud auch Studentinnen zu seinen privater gehaltenen ‚Jours' zu sich nach Hause ein – was durchaus als Auszeichnung verstanden werden durfte.[207]

Georg Simmel unterscheidet also zwischen den Frauen als Gruppe, die doch besser den ausgetretenen Pfaden traditioneller Muster folgen, und den ‚genialen Frauen', denen Bildung keinen Abbruch an ihrer Weiblichkeit (sprich Ganzheitlichkeit) tut, die somit nicht zum Fachmenschen werden, sondern Kulturmensch in des Wortes bester Bedeutung bleiben.

3.3.3. Weibliche Kultur als Kontrastprogramm zur ambivalenten Moderne

Ziel ‚weiblicher Kultur' kann es also nicht sein, daß Frauen in dem Sinne zu ‚Männern werden', daß auch sie zu einseitigem Fachmenschentum, zur Zerissenheit zwischen verschiedenen Wertmustern, Rollenanforderungen bzw. zur Suche nach solchen Mustern etc. getrieben werden. Die Werte, die Georg Simmel im ‚weiblichen Wesen' verkörpert sieht und von denen sich Männer im Zuge der Entwicklung der modernen Kultur immer weiter entfernen, sollen zumindest in den Frauen selbst erhalten bleiben. Diese Dichotomie im Geschlechterverhältnis ist Georg Simmel außerordentlich wichtig. Daß damit ein deutliches Machtgefälle und männliches Dominanz-streben verbunden wird, wie er selbst an einigen Stellen verdeutlicht hat, steht dieser Konstruktion der ‚Grundrelativität der Gattung' nicht entgegen. Im Gegenteil, dies ergibt sich aus evolutionstheoretischer Sicht (in Anlehnung an Spencer, s.o.) logisch konsequent. Lediglich die ‚übertriebene Ungleichheit' sollte ein wenig abgemildert werden.

Das Haus als Ort familialer Intimität, als sichere Feste im Umfeld gesellschaftlicher Unübersichtlichkeit, ist für Georg Simmel als Kritiker der Moderne von unschätzbarem Wert. Im Hinblick auf seine fundamentale Kulturkritik, die gleichsam in Agonie umschlägt, ist dies auch durchaus nachvollziehbar: Es wird dringend ein Ort benötigt, an dem sich der

---

[206] vgl. Badinter, Elisabeth: Die Mutterliebe, a.a.O., S. 194.
[207] vgl. Gassen, Kurt / Landmann, Michael, a.a.O., S. 281 (Erinnerung von Margarete Susman).

fragmentierte, zerrissene, zur Objektivität und Rationalität gezwungene Mensch (sprich Mann) von des Tages Mühen erholen kann. Was eignet sich da besser als das Heim, welches außerhalb dieser Sphäre steht, welches einen eigenen sozialen Raum darstellt, in dem andere Normen gelten? Wo Harmonie und Verständnis herrschen und sich die Person in ihrer Ganzheit entfalten kann?

Damit ist jedoch auch gleichzeitig autonomer weiblicher Vergesellschaftung die Grenze gezogen. Es bleibt bei einem Geschlechterverhältnis, das kulturelle Vergesellschaftung über den Ausschluß von Frauen herstellt. Für Georg Simmel ist jedoch keine Alternative zum Haus denkbar, und zwar zum familialen Haus. *Weibliche Kultur* entwickelt hier ihre eigene Originalität. Von Freiräumen, innerhalb derer sich Frauen eigene Normen setzen und eigene ,Formen der Vergesellschaftung' entwerfen, ist in Georg Simmels Modell wenig zu entdecken. Denn die eigenen Normen der Weiblichkeit entsprechen, wie Georg Simmel ausführte, ja den Normen des gängigen Geschlechterverhältnisses. Dem ,Wesen der Frau', gleich ob es konstruiert oder anthropologisch fundiert ist, bleibt, sofern es erhalten werden soll, nichts anderes als der angestammte Bereich:

>»Wenn man gemeint hat, die Berufe entweiblichten die Frauen so wenig, wie sie die Männer entmännlicht hätten, so hat man den Grund dieser letzteren Tatsache übersehen: daß die fraglichen Berufe eben von vornherein männlichen Wesens sind – ganz abgesehen von der größeren Differenzierungsfähigkeit der Männer, die ihr seelisches Zentrum nicht so leicht wie bei Frauen mit ihrem äußeren Tun verwachsen, durch dieses stören oder zerstören lassen. Diese Alternative, die den Frauen nur die Wahl zwischen der Bewahrung ihrer Eigenart und einer produktiven Kulturleistung zu stellen scheint, fällt sogleich durch die Erkenntnis fort, daß die bestehende Kultur keine neutrale, sondern mit Ausnahme der Hauswirtschaft eine auf die männliche Leistungsart allein zugeschnittene ist, die deshalb einer anderen, die weibliche Natur voraussetzenden und ausdrückenden, völlig Raum gibt.«[208]

Die Notwendigkeit des ergänzenden sozialen Raums wird darin noch einmal deutlich. Die soziale Welt ist in männliche und weibliche Sektoren eingeteilt. Daß dabei dem weiblichen Sektor zum einen ein wesentlich geringerer Raum zur Verfügung steht, ist für Georg Simmel insofern irrelevant, als durch diesen beengten Raum Frauen von den negativen Folgen sozialer Differen-zierung ausgeschlossen bzw. verschont bleiben. Die pluralistische Öffent-lichkeit benötigt eine - ihre Folgen mildernde - einheitliche Antithese. Zum anderen ist gerade diese Enge des Raumes (analog zur Pluralisierung sozialer Kreise) der Garant für den Fortbestand weiblicher Besonderheit.

---

[208] Simmel, Georg: Weibliche Kultur, a.a.O., S. 171.

Das Verblüffende daran ist, daß Georg Simmel durchaus zu erkennen gibt, daß der soziale Einfluß für die Charaktereigenschaften des Menschen eine fundamentale Bedeutung hat. Anderenfalls wäre es nicht nötig, Frauen einen besonderen Platz anzuweisen, von dem aus sie fern jeglicher modernen Kultur leben. Doch indem er sozialisatorische Faktoren als kulturelle Einflußgrößen auf einer biologischen Basis aufbaut, entzieht sich seine widersprüchliche Argumentation zur Geschlechtertrennung letztlich der Kritik.[209] Georg Simmel wechselt unvermittelt von soziologischen Argumenten, die eine prinzipielle Veränderung der weiblichen Rolle in Aussicht stellen, zu biologischen Argumentationen, welche die soziale Ordnung der Geschlechter als die natürliche darstellen und eine Veränderung somit ausschließen. In jedem Falle bleibt Frauen, die an objektiver Kultur partizipieren wollen, weil sie in sich weniger die reine Besonderheit des Menschen, sondern den Menschen selbst erblicken, nur eine unbefriedigende Lösung. Entweder sind sie biologisch widernatürlich, oder sie zerstören die Grundrelativität des menschlichen Lebens und forcieren die Tragödie der modernen Kultur.

So bleibt Frauen, die an der objektiven Kultur partizipieren wollen, nur die Alternative zwischen ‚Bewahrung der Eigenart' oder Kulturleistung. Diese im bürgerlichen Familien- und Geschlechtermodell konstruierte ‚weibliche Eigenart', die nicht zuletzt auf einer hohen Empfindlichkeit der Frau, psychischer und körperlicher Labilität fußt, ist in der Tat nicht kompatibel mit einer auf Leistung und Effizienz gerichteten außerhäusigen Kultur. Parallel dazu müßten Wege ersonnen werden, die Männer ihrerseits an häuslicher Kultur partizipieren lassen und sie so Werte entwickeln lassen, die stärker auf das Persönliche orientiert sind. Doch diese These kann Georg Simmel auf der Basis fundamentaler Geschlechterdifferenz nicht formulieren, bedeutet sie doch eine Reduktion der Differenz.

Die Werte der Mitmenschlichkeit, die Georg Simmel dem ‚weiblichen Rhythmus des Lebens' zuschreibt, bleiben nur unter der Prämisse erhalten, daß Bereiche gesucht werden, die das ‚Wesen der Frau' nicht in den

---

[209] vgl. auch Ulmi, Marianne, a.a.O., S. 67f.

‚bewußten, aufgeklärten und damit notwendigerweise verknüpften hartherzigen Zustand'[210] versetzen.

Insofern ist Coser nur zuzustimmen: Es bleibt bei der wilhelminischen Behandlung der ‚Leiden der modernen Frau'[211] – und das ist das Überraschende: trotz der durchaus modernen Diagnose, welche die soziale Bedingtheit der Geschlechtscharaktere herausstellt und zur Erkenntnis der harten Beschneidungen elementarer Freiheit verhilft, die das bürgerliche Rollenmodell Frauen durch Recht und Gesetz auferlegte.[212]

---

[210] vgl. Tönnies, Ferdinand: Gemeinschaft und Gesellschaft. Darmstadt, 1963, S. 164. Dabei sind Tönnies' Schlußfolgerungen jedoch anders. In der Analogie der ‚Frauenfrage' mit der ‚sozialen Frage' anerkennt Tönnies die Notwendigkeit der Partizipation der Frau an der ‚Gesellschaft', die Notwendigkeit ihrer Individualisierung. Zugleich besteht darin für Tönnies die Hoffnung, daß kraft des auch wiederum ontologisch fixierten anderen Wesens der Frau (insofern bestehen Ähnlichkeiten zu Simmel, auch im Rahmen der Kulturkritik) die Gesellschaft, die sich durch die einschlägigen Kennungen der Moderne auszeichnet, wieder zu einer Gemeinschaft werden kann. Insofern kann Tönnies in einer Linie gesehen werden mit den VerfechterInnen des ‚anderen Blicks' bzw. der organisierten Mütterlichkeit', von denen im 4. Teil noch ausführlicher zu sprechen sein wird.
[211] vgl. Coser, Lewis: Georg Simmels vernachlässigter Beitrag zur Soziologie der Frau. In: Rammstedt, Otthein / Dahme, Heinz-Jürgen (Hg.), a.a.O., S. 80-90 S. 89.
[212] vgl. Gerhard, Ute: Verhältnisse und Verhinderungen, a.a.O., S. 81ff. und 464ff.

3.4. Letztlich doch eine Tragödie der männlichen Kultur?

Georg Simmel setzt ein Ideal von Kultur, das notwendig an den Grundbedingungen der Moderne scheitern muß. Die Moderne definiert sich letztlich über Individualisierung und Pluralismus. Ausgehend von Arbeitsteilung und sozialer Differenzierung, ergibt sich als Ausgangsbedingung einer im weiteren Sinne kulturellen Entwicklung die Spaltung der Welt in eine Ebene des Subjekts und eine Ebene der Objekte. Letzteres ist für Georg Simmel der berühmte Stein des Anstoßes. Die Tragödie wird inmitten der Tendenz nach gesteigerter Individualisierung und Pluralisierung der Lebensstile, Moden, Geisteshaltungen usw. plaziert. Der Bereich der Privatheit, der mit geschlechtlicher Arbeitsteilung den Frauen zugewiesen wurde, bleibt dagegen in der vordifferentiellen Einheit verhaftet.

Ist diese Tragödie der Kultur also nicht ausschließlich eine rein ‚männliche‘ Tragödie? Denn es ist die Tragödie, die aus der Spaltung in eine Welt der Objekte und eine Welt der Subjekte entsteht. Die Welt der Objekte ist die Welt der Öffentlichkeit, die Welt des Mannes. Er produziert objektive Kultur, und so sind die daraus entstehenden Werte, die sich quasi eigendynamisch ergeben, auch männlichen Wesens. Rationalität und Effizienz als die grund-legenden Forderungen an menschliche Eigenschaften, die dem Menschen entgegentreten, sobald er das Stadium vordifferentieller Einheit verläßt, sind somit im Kern männlich. Die Tragödie ist demnach offensichtlich eine männliche Tragödie.

Dennoch wird dabei auch von Georg Simmel ein wesentliches Detail übersehen, daß durch die erste fundamentale Differenzierung - nämlich die der Geschlechter - erst die Potentiale zur Verwirklichung einer objektiven, außerhäusigen Kultur geschaffen wurden. Demzufolge, so meine These, wäre den tragischen Entwicklungen der Moderne abzuhelfen, wenn die geschlechtliche Arbeitsteilung und die damit erst möglich gewordene Freistellung des Mannes von den alltäglichen Bedürfnissen des Lebens wirksam und nachhaltig reduziert würde. Die Frage nach den Strömungen der modernen Kultur und ihren Folgen für das Individuum und die psychische Verfassung der vergesellschafteten Menschen wurde erst virulent, als Frauen den ‚Geschlechtervertrag‘ aufzukündigen begannen, als die Ahnung sich verdichtete, daß der Bereich der Öffentlichkeit so tragische und schwere Belastungen nicht haben kann, wenn Männer ihrerseits nicht bereit sind, ihre tragische Rolle gegen die einheitliche und harmonische Rolle der Frau einzutauschen. Und wenn hinzukommt, daß diese Tragik des männlichen Geschlechts durch eine eindeutig bevorzugte Stellung und zahllose Geschlechtsprivilegien gewissermaßen versüßt wird, Rechtlosigkeit und Unterordnung der Preis sind für die angeblich bessere Hälfte der Menschheit.

Georg Simmel versucht nun mittels des Konstrukts *Weibliche Kultur* zweierlei. Zum einen wertet er den Bereich des Hauses - als den der Frauen - auf, zum anderen erhält er damit das notwendige Komplement zur einseitigen männlichen Kultur. Geschlechterdifferenz nach dem bekannten Motiv ‚Gleichwertigkeit statt Gleichheit' als Lösung aus dem Dilemma?

Wie groß die Verwirrung gewesen sein muß, die aus dieser drohenden Aufhebung der Geschlechtergrenzen (als einfachstes Ordnungsmuster) resultierte, verdeutlicht Badinter an einigen Beispielen. Stets geht es dabei um die drohende ‚Vermännlichung der Frauen' und die damit einhergehende Angst vor der ‚Verweiblichung der Männer'. Werden Männer am Ende Marmelade einkochen, Kinder hüten (und sogar säugen) (Barbey D'Aurevilly), die Frauen keinen Schoß mehr haben (Musil), d.h. nicht mehr gebären und die damit einhergehenden Klischees erfüllen, werden tatsächlich mehr ‚vermännlichte Weiber' geboren (Weininger)?[213] Drückt sich in diesen Sentenzen nicht deutlich der Versuch aus, wenigstes ein definitives Moment im Zentrum der Seele zu bewahren, nämlich die gute alte Ordnung der Geschlechter als einfaches, weil offensichtliches Muster?

3.4.1. Zwischen Tradition und Moderne

In Georg Simmels Texten, v.a. in der *Psychologie der Frauen*, wird, so Metzmacher, der Versuch deutlich, ein »...moralisierendes Rechtfertigungsmuster zur Stabilisierung des traditionellen bürgerlichen Familienmusters«[214] zu entwerfen. Diesen Rechtfertigungsversuch kann man in unterschiedlicher Ausprägung den weiteren Texten Georg Simmels zum »Geschlechter-Problem« entnehmen. Stets bleibt das Wesen der Frau, ob nun mittels geschlechtlicher Arbeitsteilung als soziologische Erklärung oder der Disposition zu größerer Einheit als biologische Herleitung, auf die bürgerlichen Rollenvorstellungen begrenzt.

So gewinnt der Begriff der Tragödie für die moderne Kultur eine doppelte Bedeutung. Einerseits besteht die Tragik in der verhängnisvollen Eigen-

---

[213] vgl. Badinter, Elisabeth: XY Die Identität des Mannes. München, 1993, S. 28ff.
[214] vgl. Metzmacher, Ulrich, a.a.O., S. 329.

dynamik der objektiven Kultur und zum anderen in der dadurch letztlich drohenden Auflösung der Geschlechterrollen, bzw. im damaligen Denken der ‚Wesenhaftigkeit' der Geschlechter, insbesondere des weiblichen Geschlechts.

Diese Bedrohung der Tradition, wobei die Frauenbewegung eine zentrale Rolle spielt, fällt mit der allgemeinen Erfahrung eines kulturellen Pluralismus zusammen, welcher im Vergleich zu traditionalen Lebensformen notwendig den Charakter der Unübersichtlichkeit, der Regellosigkeit, der Verwerflichkeit tragen mußte. Eine mögliche Lösung der ‚Krise der Jahrhundertwende' liegt für Georg Simmel in der traditionalen Rollenverteilung. Denn diesen von ihm ausführlich beschriebenen negativen Seiten der Moderne bleibt nichts entgegenzusetzen, wenn Frauen sich ihres eigenen Wertes und des Bedürfnisses und Rechts nach einem größeren Handlungsspielraum bewußt werden. So konstruiert Georg Simmel den eigenen Wert der Frauen aus der bürgerlichen Rollenverteilung heraus. Männer und Frauen sind zu verschieden, als daß Frauen den Wert männlichen Seins auf sich übertragen könnten.

So bietet Georg Simmel eine scheinbar freundliche Alternative an. Er beschreibt die Kultur der Moderne als eine im wesentlichen männlich geprägte Kultur und verdeutlicht somit, daß die Maßstäbe menschlicher Entwicklung notwendig androzentrisch sind. Frauen sollten – als Frauen und Besonderheit des Menschen – eigene, genuin weibliche Werte entwickeln, an denen sich ihre kulturelle Entwicklung bemessen kann. Doch diese kulturelle Entwicklung und die damit verbundenen weiblichen, vermeintlich autonomen Werte sind bereits von Georg Simmel vorgezeichnet. Sie fügen sich nahtlos in das Konstrukt bürgerlichen Geschlechtertrennung ein. Das individuelle Sein der Frauen geht nahtlos in der Reduktion auf den ‚Gattungstypus' auf.

3.5. Zweite Zwischenbetrachtung

Das Novum in den Schriften Georg Simmels besteht letztlich darin, die Frage nach weiblicher Vergesellschaftung aufgegriffen zu haben. Auch die Erklärung, wie es zur Subordination der Frauen kommen konnte, rekurriert auf soziale Faktoren. Dennoch ist die Schlußfolgerung alles andere als innovativ. Ausgehend von einer nicht zu übersehenden Kritik an der Kultur der Moderne, stellt er dem letztlich zu schwachen Mann antithetisch in einem eigens dafür geschaffenen sozialen Raum die ‚absolute' Frau gegenüber. In der Verbindung dieser zwei antithetischen Pole in einem gemeinsamen Haushalt liegt die Lösung des Dilemmas. Die weibliche Art, die dem Leben näher steht, verweist die Frau auf eine den Mann (bzw. seine Rollen) ergänzende Funktion, sie füllt gewissermaßen seine ‚blinden Flecken' auf.

Nein, Georg Simmel hat sich sicherlich nicht zu weit vorgewagt mit seinen Schriften. Sie bleiben im Rahmen des bürgerlichen Selbstverständnisses und fungieren dabei genau als das bekannte traditionale Ordnungsschema von kultureller Vergesellschaftung. Allein die Begründung erscheint vor dem Hintergrund der ‚Tragödie der Kultur' ausgefeilter. Und dies ist m.E. auch das Bedenkliche an den Schriften Georg Simmels zur ‚Frauenfrage'. Sie bleiben reduktionistisch und bürden Frauen die notwendige Ergänzungsfunktion zur ‚männlichen Kultur' auf. An das ethische Ideal der Bildung und der Partizipation an einer menschlichen Kultur aus einem Selbstbedürfnis heraus - als Menschenrecht - reichen seine Ausführungen nicht heran.

Die Überzeugung fundamentaler Differenz zwischen zwei aufeinander verweisenden Polen, die bereits an anderer Stelle zum Ausdruck kommt, zeigt sich auch in der Einschätzung des Geschlechterverhältnisses. Georg Simmel sieht Frauen letztlich allein über ihre biologischen Eigenschaften definiert. In der Aufnahme lebensphilosophischer Aspekte werden Frauen zu den Hoffnungsträgerinnen der Moderne, die durch ihre natürlichen Funktionen dem Leben und somit dem Persönlichen näherstehen. So führt Dahme zu Recht aus:

> »Simmels Ansicht, Frauen seien das psychisch einheitlichere, in sich abgerundetere Geschlecht, ist mehr metaphysische Ahnung als Resultat wissenschaftlicher Analyse, und erscheint vorwiegend über die biologische Funktion der Frau als Mutter vermittelt.«[215]

---

[215] Dahme, Heinz-Jürgen: Frauen- und Geschlechterfrage bei Herbert Spencer und Georg Simmel, a.a.O., S. 503.

Letztlich kann sich Georg Simmel zu keiner wirklich innovativen Aussage durchringen, welche die Lebensbedingungen von Frauen verändern würde. Folgt man seinen Thesen, so bleibt alles so, wie es war. Frauen und ihre spezifischen Leistungen, ihr spezielles Arbeitsvermögen werden jedoch aufgewertet und es wird ihnen ein absoluter Wert beigemessen. Die Einstellung gegenüber Frauen erscheint in der Geschlechtertheorie Georg Simmels mehrfach brüchig. Einerseits verfügen Frauen über die stärkere Bindung zu den eigentlichen Bedürfnissen des Lebens, weil ihnen die Fähigkeit zur Mutterschaft gegeben ist. Andererseits ist diese Stärke auch wiederum eine Schwäche, die sie auf das Haus verweist. Ihrer Absolutheit steht die Relativität des Mannes gegenüber, aber sie ist durch ihre Art auf eine den Mann ergänzende Rolle verwiesen (wobei diese Rolle zum Sein umdeklariert wird). Sie ist also gleichzeitig absolut und relativ, unabhängig und abhängig. Repräsentiert nun die Frau die Vielfalt menschlichen Lebens? Mitnichten, denn ihr fehlt die Disposition zur Beteiligung an objektiver Kultur. Die Frau ist gewissermaßen die Urmutter, die den Keim menschlichen Lebens sät, jedoch durch diese Aufgabe selbst in keimendem Zustand verharrt, während sich der Mann zu differenziertem Denken und Handeln entwickelt.

Diese Strukturen dichotomen Denkens[216] finden sich in nahezu jeder Fassung der Werke Georg Simmels. Individualisierung und Vergesellschaftung sind real antagonistische Tendenzen, entwickeln sich aber parallel aus ein und demselben Prozeß sozialer Differenzierung. Den Inhalten des subjektiven, individuellen Seins stehen objektive Formen gegenüber, sie entwickeln sich jedoch aus der menschlichen Disposition zur Vergesellschaftung. So steht nun auch im Rahmen der Analyse des Geschlechterverhältnisses die Frau als Verkörperung der Einheit dem Mann als Inkarnation der Differenziertheit gegenüber.

Die Eigendynamik kultureller Entwicklung, so Georg Simmel, verschärft diese Gegensätze, die jedoch weiterhin wechselseitig voneinander abhängen. Also müßte – logisch konsequent – mit der weiteren Differenzierung der Welt der Objekte und damit notwendig als Reaktion eine weitere Differenzierung des Mannes einhergehen, was Georg Simmel unter dem Begriff der Fragmentierung verdeutlicht. Gleichzeitig müßte die Welt des Subjekts und in ihrer Reinkarnation die Frau die Tendenz aufweisen, noch einheitlicher zu werden. Georg Simmel versucht dies mittels der kulturellen Ausgestaltung geschlechtlicher Differenz und des

---

[216] vgl.: Jay, Nancy: Geschlechterdifferenzierung und dichotomes Denken. In: Schaeffer-Hegel, Barbara / Watson-Franke, Barbara (Hg.): Männer Mythos Wissenschaft. S. 245-262, passim.

gleichzeitig einsetzenden Funktions-verlustes der Hauswirtschaft zu erklären. Doch genau an dieser Stelle nimmt die Entwicklung einen andere Richtung. Den Wendepunkt markiert die Frauenbewegung. Der Funktionsverlust der Hauswirtschaft wird allmählich inakzeptabel, die Zuschreibungen von Harmonie und Einheit können nicht über die Leere des realen Seins hinwegtäuschen.

Frauen verneinen ihre einseitige Rolle und suchen nach Beteiligung, einer Erweiterung des individuellen Handlungsspielraumes. Dies deutet für Georg Simmel jedoch lediglich aufs neue die Eigendynamik der objektiven Kultur und ihrer Werte an. Auch Frauen werden, sobald sie von ihrem Wesen abweichen und selbst als Kulturschaffende auftreten wollen, diesen Werten ausgesetzt und werden sie verinnerlichen. Das Korrelat der Differenziertheit beginnt sich damit aufzulösen. So kann als Fazit im Sinne Marianne Ulmis festgehalten werden, daß Georg Simmel das Geschlechterverhältnis zwar viel tiefer als bis dato bekannt analysiert,

> »...aber sein hintergründiges Nachdenken geht über in Gedankenreihen, die sich schließlich ganz präzis zu den zeitgenössischen Vorurteilen über das Wesen der Geschlechter gesellen.«[217]

Die Wechselwirkung zwischen ,männlichem' und ,weiblichem' Prinzip (als Beschreibung unterschiedlicher Verhaltensweisen), welche in *einem* Individuum stattfinden könnte, ist in diesem Zusammenhang nicht möglich. Das Entwicklungsmodell Georg Simmels sieht im Kern ausschließlich weitere Differenzierung vor, die höhere Stufe kultureller Einheit im einzelnen Menschen selbst kann nur über den Umweg der Spaltung der Welt in zwei Geschlechter, gewissermaßen als zweitbeste Möglichkeit kultureller Entwicklung, erreicht werden.

Marianne Weber, als eine Vorkämpferin der bürgerlichen Frauenbewegung in ihrer Blütezeit, präferiert einen anderen Weg. Die enge Freundin Gertrud Simmels fühlte sich von den Aufsätzen Georg Simmels zur Frauenfrage herausgefordert. Der Metaphysik der Geschlechter, der eigenen Meinung des Denkers[218], setzt sie ein Ideal weiblicher Individualisierung und Vergesell-schaftung entgegen, das zwar einerseits an die zeitgenössischen Vorstellungen zur Geschlechterdifferenz anknüpft, in einigen wesentlichen Punkten jedoch deutlich darüber hinausgeht.

Sie stellt dieser zweitbesten Wahl ihr eigenes Modell kultureller Entwicklung entgegen, in dem zwar die Grundrelativität der Gattung

---

[217] Ulmi, Marianne, a.a.O., S. 25.
[218] vgl. Weber, Marianne: Die Frau und die objektive Kultur, a.a.O., S. 101.

erhalten bleibt, aber die Wertung von geschlechtlicher Differenz deutlich anders ausfällt.

IV. Marianne Weber: Kulturwissenschaft aus weiblicher Perspektive

Die ‚Krisenstimmung' der Jahrhundertwende, der ‚Mangel an Definitivem im Zentrum der Seele', als deren Symptom die Konstituierung der Frauenbewegung wie auch der Soziologie betrachtet wurde, hat zu vielfältiger Ursachenforschung Anlaß gegeben. Während jedoch Georg Simmel die Tragödie der modernen Kultur unabwendbar heraufziehen sah, formulierten insbesondere Frauen der Frauenbewegungen Alternativen. Sie suchten den ‚Mangel an Definitivem' zu beheben, indem sie selbst Möglichkeiten der Veränderung aufzeigten und auch lebten. Gleich den ersten Soziologen suchten auch sie einen Weg aus dem Dilemma, das sich zwischen unmöglich gewordener Tradition und als riskant betrachteter Moderne auftat.

Marianne Weber, die erst spät die Anerkennung ihrer eigenen Arbeiten erfuhr und im wesentlichen als Herausgeberin der Werke Max Webers bekannt geworden ist, war eine von ihnen. In ihren Aufsätzen und Monographien findet sich die grundlegende Überzeugung, daß – einfach gesprochen - eine Krise letztlich immer die Chance des Neuanfanges birgt. Dieser Glaube Marianne Webers an die Möglichkeit eines kulturellen Fortschritts durchzieht demzufolge auch ihre engagierte Auseinandersetzung mit Georg Simmel. Fortschritt soll hier nicht verstanden werden als unilineare Weiterentwicklung des einmal beschrittenen Weges, nicht ‚schneller, weiter, höher' lautet Marianne Webers ‚Fortschrittsprogramm'. Vielmehr bedeutet Fortschritt in ihrer Semantik die Entwicklung ‚allseitig harmonisch gebildeter Persönlichkeiten'. Insofern schließt sie sich an die Definition Georg Simmels an, der als höchste Stufe kultureller Entwicklung die ‚entfaltete Einheit der Seele' betrachtet.

Doch für Frauen gilt es zunächst den Zugang zu Bildung zu erkämpfen. Die von Georg Simmel beschriebene ‚Einheit der Frau', ihre geringere Differenziertheit, die aus einem grundlegend anderen Verhältnis zur Kultur und zur Öffentlichkeit resultiert, wird als Produkt sozialer Verhältnisse begriffen und nicht mehr als rein ‚natürliche' weibliche Wesensart. Indem durch den sozialen Wandel die Grundfeste gesellschaftlicher Differenzierung, nämlich die geschlechtliche Arbeitsteilung, fragil geworden ist, stellt sich die Frage nach geschlechtlicher Differenz nun neu.

So fragt Marianne Weber, wie Wobbe ausführt,

»...welche Äquivalente für die soziale Funktion der Frau auszumachen sind, wenn die traditionelle geschlechtliche Arbeitsteilung aufgelöst ist.«[219]

Sie gelangt, wie zu zeigen sein wird, auf der Basis derselben Fragen zu anderen Schlüssen als Georg Simmel. Für sie bedeutet die Individualisierung von Frauen keineswegs die Auflösung intimer Beziehungen, nicht den Verlust von ‚Gemeinschaft' im Sinne Ferdinand Tönnies[220], noch die Vernichtung des ‚Lebendigen' im Sinne Georg Simmels.

Marianne Weber versucht, die Chancen der Moderne für Frauen zu nutzen. Dabei entfaltet sie die ihr eigene Strategie, zwischen Tradition und Moderne, zwischen Differenz und Gleichheit der Geschlechter, zwischen ‚Sondergut' und ‚allgemein-menschlicher Bestimmung' zu vermitteln. Somit wird für Frauen, gerade für bürgerliche Frauen, ein neuer sozialer Ort und eine soziale Aufgabe beschrieben, die sie nicht nur in der Öffentlichkeit endlich präsent macht, sondern die auch zugleich die ‚Krise der modernen Kultur', die Kluft zwischen objektiver und subjektiver Kultur, überwinden helfen soll. Dies kann nicht geschehen in einem »außergesellschaftlichen Tempel für häusliche Priesterinnen»[221], wie es die Argumentation Georg Simmels nahelegt, noch durch ‚Ausnahmeweiber'[222], respektive Frauen von ‚genialer Weiblichkeit'. Das Modell, welches Marianne Weber im Sinn hat, beschäftigt sich vielmehr mit der Frage, welche Möglichkeiten sich der modernen Frau und der modernen Gesellschaft, als Ganzes betrachtet, bieten. Könnte es spezielle Aufgaben für Frauen geben? Welche ‚Wirkungsformen' bieten sich auf der Basis geschlechtlicher Differenz an?[223] Und wie ist diese Differenz beschaffen und zu bewerten?

---

[219] Wobbe, Theresa: Marianne Weber. Ein anderes Labor der Moderne, a.a.O., S. 156.
[220] vgl. Meurer, Bärbel: Die Frau in Gemeinschaft und Gesellschaft. In: Clausen, Lars / Schlüter, Carsten (Hg.): Hundert Jahre Gemeinschaft und Gesellschaft. Opladen, 1991, S. 375-391, passim.
[221] vgl. Honegger, Claudia / Wobbe, Theresa: Frauen in der kognitiven und institutionellen Tradition der Soziologie. In: dies.(Hg.), a.a.O., S. 7-27, S. 17.
[222] ebd., S. 8.
[223] vgl. Weber, Marianne: Die Frau und die objektive Kultur. a.a.O. S. 118.

4.1. Biographische Notizen: Der eigene Weg als Exempel

Marianne Weber wird 1870 in Oerlinghausen, einem kleinen Ort in der Nähe von Bielefeld, geboren. Ihre Mutter Anna Schnitger, geb. Weber, lernt sie nicht bewußt kennen, denn diese stirbt knapp drei Jahre später bei der Geburt des zweiten Kindes.[224] Der Vater, Eduard Schnitger, selbst Arzt und Sohn eines Gymnasialdirektors, ist der Erziehungsarbeit nicht gewachsen und verfällt psychisch zusehends. Marianne Weber wächst bei den Verwandten des Vaters, Großmutter Dorette und Tante Flora Schnitger, in der westfälischen Kleinstadt Lemgo auf.[225] Den ersten Unterricht erhält Marianne Weber von ihrer Tante Flora, einer Lehrerin, die später die Leitung der höheren Mädchenschule in Lemgo übernimmt.[226] Wobbe führt dazu aus:

> »Die Marginalität der Kindheit, der frühe Tod der Mutter und die Geisteskrankheit des Vaters werden dadurch ausgeglichen, daß Marianne eine gute Ausbildung erhält.«[227]

Mit 17 Jahren wechselt Marianne Weber auf Veranlassung ihres Großvaters Carl David Weber (der älteste Bruder ihres späteren Schwiegervaters Max Weber sen.) auf ein »vornehmes Internat« in Hannover.[228] Dort erhält sie die weitläufige Ausbildung, die sie binnen zweier Jahre zu einem »anspruchs-vollen Kulturmenschen« werden läßt.[229] Dies, so Marianne Weber, war die Zeit der »Sublimierung der Liebestriebe.«[230]

> »Heiraten eilte nicht, ich wollte gern erst weiter wachsen und mich geistig entwickeln. Der Drang über die Sphäre des Fraulichen ins Allgemeinmenschliche war stark.«[231]

Doch diesem Drang waren enge Grenzen gezogen. Während gleichaltrige Männer studierten und weiterführende Ausbildungen begannen, blieb für Marianne Weber nur die Rückkehr in den Schoß der Familie, diesmal in den der mütterlichen Seite. In Oerlinghausen verbringt sie mehrere psychisch anstrengende Jahre als Haustochter bei ihrer Tante Wina (einer Schwester der Mutter), die darauf abzielen, aus dem »anspruchsvollen Kulturmenschen« ein »nettes Mädchen« zu formen. Marianne Weber in der Retrospektive:

---

[224] vgl. Weber, Marianne: Lebenserinnerungen, a.a.O., S. 29f.
[225] ebd., S. 32.
[226] ebd. S. 36.
[227] Wobbe, Theresa: Marianne Weber. Ein anderes Labor der Moderne, a.a.O., S. 157.
[228] vgl. Weber, Marianne: Lebenserinnerungen, a.a.O., S. 43.
[229] vgl. ebd., S. 46.
[230] vgl. ebd. S. 43.
[231] ebd. S. 47.

»Ich füllte keine Lücke, ich übernahm häusliche Pflichten, deren Erfüllung zwar hilfreich, aber nicht notwendig war. [...] Ich hatte alsbald Sorge um den Verlust meines geistigen Niveaus, ich trug stets ein Buch in der Tasche, ich abonnierte in einer auswärtigen Bibliothek...«[232]

Marianne Webers Bedürfnis, sich geistig zu betätigen, stellt zu dieser Zeit innerhalb des bürgerlichen Familienideals eine Neuerung dar. Der ‚Erwerbszwang‘ fehlte, der Bielefelder Zweig der Webers war mit der Gründung einer neuen Leinenweberei zu beachtlichem Vermögen gelangt.[233] Weshalb sollte also eine junge Frau etwas anderes im Sinn haben, als auf einen geeigneten Bräutigam zu warten? Nachdem die Familie ihre Langeweile und ihren Verdruß bemerkt, darf sie einige Wochen nach Berlin zu den Verwandten Helene und Max Weber sen. reisen. Dies, so Wobbe, markiert den Beginn einer ‚standesgemäßen Vetternaffäre»[234] zwischen Max Weber jun. und Marianne Weber, deren Zustandekommen erst nach einigen Turbulenzen möglich wird.[235]

Diese Verbindung zwischen Großonkel und Großnichte stellt einen Einschnitt im Leben Marianne Webers dar. Erst in der Ehe kann sie ihren Ambitionen nach wissenschaftlicher Arbeit nachgehen. Sie schließt sich eng an die künftige Schwiegermutter Helene Weber an. Dieser »...wahren Virtuosin in Sachen Wohltätigkeit«[236] widmet Marianne Weber ihre große Monographie *Ehefrau und Mutter in der Rechtsentwicklung* (1907) und ein eigenes Kapitel im *Lebensbild* Max Webers (1926).

Die Vermutung liegt nahe, daß die ‚praktische Philosophie‘ Helene Webers einen bestimmenden Einfluß sowohl auf Marianne Weber als auch besonders auf Max Weber gehabt hat. So berichtet Marianne Weber über ihre Schwieger-mutter:

»Sie hilft, wenn die Töchter Ferien brauchen [...], seit ihrer Verwitwung betrachtet sie die schon vorher begonnene soziale charitative Arbeit als ‚Beruf‘.«[237]

Sie schenkt im Winter warmen Tee aus und kocht für »proletarische Wöchnerinnen«.[238] Sie setzt sich für das Schicksal der Einzelnen ein, ohne den Gesamtzusammenhang aus dem Blickwinkel zu verlieren. Ihr couragiertes Engagement stößt jedoch bei ihrem Mann auf wenig Gegenliebe. So schreibt Marianne Weber über das Verhältnis von Helene und Max Weber sen. :

---

[232] ebd., S. 48f.
[233] vgl. ebd. S. 6f. und 47.
[234] vgl. Wobbe, Theresa: Marianne Weber. Ein anderes Labor der Moderne. a.a.O., S. 159.
[235] vgl. Weber, Marianne: Max Weber. Ein Lebensbild. München, 1926, S. 187ff.
[236] Roth, Günther: Marianne Weber und ihr Kreis. In: Marianne Weber: Max Weber. Ein Lebensbild. München / Zürich, 1989, S. IX-LVIII, S. XIV.
[237] Weber, Marianne: Max Weber..., (1926), a.a.O., S. 514.
[238] vgl. ebd.

»...ihr Mann kann sich nach wie vor nicht damit abfinden, daß seine Frau ihm fremde Interessen mit anderen teilt und innige Gemütsbeziehungen pflegt, von denen er sich ausgeschlossen fühlt. Er vermag nicht der Vorstellung Herr zu werden, daß die nun alternde Frau immer noch ihm ‚gehört', daß seine Interessen und Wünsche den ihrigen und allen Anderen vorangehen.«[239]

Max Weber jun. hingegen, der sich, wie Marianne Weber ausführt, auf die Seite der Mutter stellt, ihre geistige Freiheit verficht, worüber es zum Eklat mit dem Vater kommt, präferiert von Anfang an ein anderes Ehemodell jenseits patriarchaler Bevormundung.

So sind in den zitierten Brautbriefen von Max Weber an Marianne Weber folgende erhellende Passagen zu finden:»Wir stehen frei und gleich zueinander«. An anderer Stelle heißt es: »Ich halte mich nicht zu Deinem Vormund berufen.«[240] Dieses Modell der ‚solidarischen Gefährten'[241], ermöglicht Marianne Weber ein ‚voll erfülltes geistiges Eigenleben'.[242] Doch sie ist und bleibt sich ihr Leben lang der Tatsache bewußt, daß ihre Freiheit letztlich eine Abweichung von der Norm ist. Diese Überzeugung veranlaßt sie schließlich, neue Normen und Werte zu formulieren, die Frauen nicht am Rande der Gesellschaft positionieren. Denn wie oben ausgeführt und an den Schwierigkeiten Helene Webers in Kürze illustriert, sah das bürgerliche Familienmodell keine freie Entfaltung der Frau jenseits von ‚Kindern, Kirche und Küche' vor. Das Haus, die ‚große Kulturleistung der Frau, hatte eine evident wichtige Funktion im kulturellen und sozialen Gefüge des Bürgertums. Wobbe führt zu dieser Interdependenz aus:

»So stellen die Frauen einen familiären Innenraum und einen kulturellen Standard zur Verfügung, der diesen spezifischen Lebensstil ermöglicht.«[243]

Diese Widersprüchlichkeit der Werte bzw. die Abwertung des Arbeitsbeitrags der Frau auf der Basis geschlechtlicher Arbeitsteilung wird zum zentralen Motiv, wenn es um die Möglichkeiten der Beteiligung der Frau an der objektiven Kultur geht. Marianne Weber, die selbst erfahren hat, wie hoch der Preis dieser Atmosphäre der ‚Einheitlichkeit' und ‚Undifferenziertheit' ist, in der das Haus – und mit ihm die Frau – verharrt, entlarvt später in ihrer kritischen Auseinandersetzung mit Georg Simmel dieses ‚ideale Abbild' des weiblichen Geschlechtscharakters als Imagination, die zwar Männern Vorteile bringt, Frauen jedoch große Opfer

---

[239] ebd., S. 243.
[240] vgl. ebd., S. 197ff.
[241] vgl. Allert, Tillmann: Max und Marianne Weber. Die Gefährtenehe. In: Treiber, Hubert / Sauerland, Karol (Hg.): Heidelberg im Schnittpunkt intellektueller Kreise. Opladen, 1995, S. 210-241, S. 210.
[242] vgl. Weber, Marianne: Max Weber..., (1926), a.a.O., S. 197ff.
[243] Wobbe, Theresa: Marianne Weber. Ein anderes Labor der Moderne, a.a.O., S. 158f.

abverlangt. So führt sie zur vermeintlich größeren Einheit der weiblichen Seele aus:

>Und wie oft ist auch dies bei der Frau eben nur die Hülle, hinter der sich die Unsicherheit des Werdens und Kämpfens verbirgt. Und wie viele geistig begabte Frauen werden eben deshalb so schwer mit sich selbst und den Antinomien des Lebens und Denkens fertig, weil sie sich ihnen gegenüber rezeptiv verhalten müssen, weil ihnen die Möglichkeit oder Fähigkeit zum Auswirken ihrer Geisteskräfte an einem adäquaten Gegenstande fehlt.<[244]

---

[244] Weber, Marianne: Die Frau und die objektive Kultur, a.a.O., S. 114.

4.2. Praktische Philosophie

Diesen ,adäquaten Gegenstand' erschließt und erkämpft sich Marianne Weber, ermuntert durch das Beispiel ihre berufstätigen Tanten und ihrer Schwiegermutter, über ihre wissenschaftliche und praktische Arbeit in der Frauenbewegung.

Es ist kein Zufall, daß die Replik auf Georg Simmels *Weibliche Kultur* und *Das Relative und das Absolute im Geschlechter-Problem* 1913 im LOGOS erschien. Der LOGOS verstand sich als eine Zeitschrift, die sich den ,Strömungen der modernen Kultur' aus philosophischer Perspektive näherte und tatkräftig an einer ,neuen Kultur' mitarbeiten wollte.[245] In diesem Punkte treffen sich die Intentionen Georg Simmels und Marianne Webers, deren Verbindung sich nicht nur auf wissenschaftliche Auseinandersetzungen beschränkte. Auch privat verkehrten *die* Webers mit *den* Simmels.[246]

Mit der Zeitschrift LOGOS sind unter anderem so namhafte Wissenschaftler wie Wilhelm Windelband, Ernst Troeltsch, Edmund Husserl, Heinrich Rickert, Georg Simmel und Max Weber verbunden. Die Tatsache, daß dieser Aufsatz in einer renommierten philosophischen Zeitschrift erschien, ist also nicht gering zu schätzen. Hingegen relativiert Günther Roth Marianne Webers Leistung, indem er den LOGOS als »Hausorgan Max Webers und Heinrich Rickerts« bezeichnet[247] und damit m.E. impliziert, daß Marianne Webers Artikel im wesentlichen durch die Protektion dieser beiden berühmten Männer erscheinen konnte.

,Praktische Philosophie', also der Versuch, die zugrundeliegenden Normen und Werte sozialen Handelns zu begründen bzw. neu zu formulieren, und Möglichkeiten aufzuzeigen, sie auch praktisch zu leben, offenbaren sich m.E. in jedem einzelnen ihrer Werke. Somit nahm der Aufsatz *Die Frau und die objektive Kultur* seinen Platz an exponierter Stelle mit gutem Recht ein – und erschien nicht nur deshalb, weil Max Weber seiner Ehefrau und Heinrich Rickert seiner Schülerin einen Gefallen erweisen wollte. Zutreffend werden demgegenüber Marianne Webers Arbeiten von Lili Zarncke anläßlich des 60. Geburtstages von Marianne Webers charakterisiert:

---

[245] vgl. Kramme, Rüdiger: Philosophische Kultur als Programm. Die Konstituierungsphase des LOGOS. In: Treiber, Hubert / Sauerland, Karol (Hg.), a.a.O., S. 119-149, S. 128.
[246] vgl. dazu die Briefe Georg Simmels an Max und Marianne Weber in Gassen, Kurt / Landmann, Michael, a.a.O., S. 127-135. So widmet Marianne Weber Gertrud Simmel in ihren Lebenserinnerungen ein eigenes Kapitel. Eine Freundschaftsbekundung, die außer Gertrud Simmel nur noch Marie Kaiser und Anna Neumeyer zuteil wird. Vgl. Weber, Marianne: Lebenserinnerungen, a.a.O., S. 375-409.
[247] vgl. Roth, Günther: Marianne Weber und ihr Kreis, a.a.O., S. XX.

»Immer gelten ihre Bemühungen einem ganz bestimmten Gebiete: der Gestaltung des persönlichen Lebens, vor allem: Der Beziehung der Geschlechter.«[248]

4.2.1. Marianne Weber als Kulturwissenschaftlerin

»Marianne Weber gehört [...] zu den Frauen der zweiten Generation, die keine formalen Bildungspatente erwarben und sich doch durch soziologische Arbeiten exponierten. Diese Generation steht im Spannungsfeld von Sozialpolitik, Sozialforschung und Frauenbewegung.«[249]

Auch Günther Roth – bei allen Vorbehalten, die er Marianne Weber gegenüber durchschimmern läßt - konstatiert, daß sie sich in den ersten Jahrzehnten des 20. Jahrhunderts »...schon einen Namen als eine der bekanntesten Wissenschaftlerinnen im Lande gemacht hatte.«[250]

Sie befand sich mit ihren Überlegungen zur Bedeutung des sozialen und kulturellen Wandels für das Geschlechterverhältnis und insbesondere für die sozialen und kulturellen Rollen der Frau im Zentrum der Diskurse der Epoche. So formulieren vom Bruch u.a., kennzeichnend für die Kulturwissenschaften des Fin de siècle:

»Sie [die Kulturwissenschaften] haben ausnahmslos den Anspruch erhoben, der ihren Gestaltungsprinzipien noch unsicheren deutschen Gesellschaft um 1900 konsensfähige kulturelle Normen und Werte zu vermitteln und so das Fundament zur politischen Integration des Gemeinwesen legen zu können«[251]

Nichts anderes intendiert Marianne Weber durch ihre Schriften und Vorträge. Von der ‚Krisenstimmung' der Jahrhundertwende war bereits einleitend die Rede, Georg Simmels Ausführungen legen ein deutliches Zeugnis davon ab. Marianne Weber unternimmt ihrerseits, ähnlich wie Georg Simmel, den Versuch, dieser unsicheren deutschen Gesellschaft verbindliche Normen und Werte zu vermitteln. Dabei wird die Integration *des* Gemeinwesens abhängig von der weitergehenden Integration der Frauen *in* das Gemeinwesen.

---

[248] Zarncke, Lili: Marianne Weber zu ihrem 60. Geburtstag. In: Nachrichtenblatt des Bundes deutscher Frauenvereine. 1930, S. 69.
[249] vgl. Honegger, Claudia / Wobbe, Theresa, a.a.O, S. 20.
[250] Roth, Günther: Marianne Weber und ihr Kreis, a.a.O., S. XV. Wobei diese Ambivalenz mehr als beachtlich ist. Von der Schriftstellerin, die die Protektion Max Webers zur Veröffentlichung eines scharf analysierten und prägnant formulierten Aufsatzes im ‚Logos' benötigt, zur beachteten Wissenschaftlerin ist es immerhin ein deutlicher Unterschied. Zumal wenn sich diese Kennzeichnungen letztlich auf nahezu denselben Zeitraum beziehen.
[251] Bruch, Rüdiger vom / Graf, Friedrich Wilhelm / Hübinger, Gangolf: Kulturbegriff, Kulturkritik und Kulturwissenschaften um 1900, a.a.O., S. 15.

Diese in Unsicherheit und Agonie umgeschlagene Stimmung der Jahrhundertwende gilt es zu nutzen und wieder in eine Aufbruchsstimmung zu verwandeln, ähnlich der des Vormärz und der Gründerjahre. Die starke Überzeugung von den Idealen der Aufklärung, der menschlichen Fähigkeit zur kritischen Vernunft, der Gleichheit der Menschen, unabhängig vom Geschlecht oder der Religion, bedingt Marianne Webers Engagement für eine die Würde des Menschen achtende Gesellschaftsordnung. Dabei liegt ihr Fokus weitaus mehr auf der ‚Frauenfrage‘ denn auf der ‚sozialen Frage‘. Diese Bereiche sieht sie weitgehend getrennt. Erst in der Auseinandersetzung der bürgerlichen Frauenbewegung mit der proletarischen Frauenbewegung ist sie gehalten, auf die soziale Frage und die mehrfache Deprivation von Arbeiterinnen einzugehen.[252] Marianne Weber, so Wobbe, gibt

»...neue Impulse für die kulturellen Vorstellungen von Weiblichkeit und die Interaktionsmöglichkeiten zwischen den Geschlechtern.«[253]

Sie betrachtet, ebenso wie Georg Simmel, den gesellschaftlichen Wandlungsprozeß, der Frauen aus den tradierten Formen geschlechtlicher Arbeitsteilung herausgelöst hat,[254] vorwiegend aus der Perspektive bürgerlicher Frauen. Demzufolge liegt Marianne Webers Schwerpunkt, wie Gilcher-Holtey ausführt, nicht auf ökonomischer Unabhängigkeit der Frau (was die Differenzen zur proletarischen Frauenbewegung verdeutlicht),

»...sondern es sind ideelle Interessen, die Marianne Weber leiten. Es geht ihr um die Disziplinierung der Kräfte und Gefühle des weiblichen Geschlechts. Sie sollen ‚gestrafft‘ und gelenkt werden auf Tätigkeiten und Gegenstände im überpersönlichen und außerhäusigen Bereich.«[255]

So ist ein entscheidender Unterschied zu Georg Simmel bereits angesprochen. Georg Simmel verortet ‚weibliche Kultur‘ gerade im häuslichen und persön-lichen Bereich. Dort sieht er die dem Wesen der Frau angemessene und kulturell notwendige Betätigung. Marianne Weber hingegen ebnet ‚modernen‘ Frauen Wege, die just aus diesem engen Raum hinausführen, und verweist damit auf Bereiche und Fähigkeiten, die Georg Simmel zum einen dem Mann zuordnet und der zum anderen zwangsläufig die Tragödie der modernen Kultur bedingen.

---

[252] vgl. Weber, Marianne: Beruf und Ehe. In: Frauenfragen und Frauengedanken, Tübingen, 1919, S. 20-37,. S. 27f. Zutreffend charakterisiert Theresa Wobbe Marianne Weber - nicht nur in diesem Zusammenhang - als Besitz- und Bildungsbürgerin. Vgl. Wobbe, Theresa: Marianne Weber. Ein anderes Labor der Moderne, a.a.O., S. 157.
[253] Wobbe, Theresa: Marianne Weber: Ein anderes Labor der Moderne, a.a.O. S. 154.
[254] vgl. Weber, Marianne: Beruf und Ehe, a.a.O., S. 20-37, S. 20.
[255] Gilcher-Holtey, Ingrid: Modelle ‚moderner‘ Weiblichkeit. In: Lepsius, Rainer M (Hg.): Bildungsbürgertum im 19. Jahrhundert, Bd. III: Lebensführung und ständische Vergesellschaftung. Stuttgart, 1992, S. 176-205, S. 179.

Marianne Weber läßt sich nun aber nicht einfach der radikalen ‚Emanzipationspartei' zuordnen, von der Georg Simmel so paternalistisch spricht, sondern konform mit der Hauptströmung der bürgerlichen Frauenbewegung geht auch sie von geschlechtlicher Differenz aus, die im folgenden noch näher zu bestimmen sein wird. Die neue soziale Ortsbestimmung von Frauen wird auch bei ihr zur Frage nach Differenz *und* Gleichheit.[256] Wieviel Differenz und wieviel Gleichheit kann, soll und muß die ‚moderne Frau' in sich vereinbaren und ausbalancieren, will sie weder positiv besetzte ‚weibliche' Eigenschaften aufgeben noch auf ebenso positiv besetzte ‚männliche' und im Duktus der Epoche gleichzeitig ‚allgemeinmenschliche' Eigenschaften verzichten?

Diese zentrale Frage nach den Möglichkeiten weiblichen Kultureinflusses bringt sie in eine kritische Distanz zu Georg Simmel. So führt sie seine ergänzungstheoretischen und radikal differenztheoretischen Ausführungen mit spitzer Feder vor.

> »Der Mann als Träger des Allgemeinen bezieht also die Frau als unvollkommene Abart auf sich. Er fordert von ihr als Besonderheit und Eigenart, was ihm an ihr erwünscht ist: das traditionell Weibliche, das auf ihn orientierte, das ihm gefallen, ihm dienen, ihn ergänzen soll.«[257]

> »Das vom Manne gebildete Ideal spezifisch weiblicher Vollkommenheit erstrahlt immer vor dem Hintergrund männlicher Bedürftigkeit.«[258]

Dagegen ist es für Marianne Weber eine empirische Tatsache, daß

> »...der vom Naturhaften sich entfernende Kulturprozeß längst auch einen Teil des weiblichen Geschlechts erfaßt [hat], aus dem naturhaften Sein gelöst, zu geistig bewußten Wesen gemacht, und sie vor allem vor Aufgaben gestellt, deren Erfüllung nun einmal die Weiterentwicklung ihrer außergeschlechtlichen Anlagen zugleich fordert und fördert.«[259]

Die Befürchtung Georg Simmels, daß durch verstärkte weibliche Partizipation an objektiver Kultur, sprich durch weibliche Berufstätigkeit und weibliche Präsenz in der Öffentlichkeit, die rein weiblichen Eigenschaften, also die vordifferentielle Einheit, sich weiterentwickelt und das Stadium differen-zierter Vielfalt erreicht, wird von Marianne Weber also als empirisches Faktum begriffen, nicht als Tragödie schlechthin. Auf dieser Basis entwickelt sie ihre weiterführenden Überlegungen zur ‚Frauenfrage'. Daß sie in diesem Kontext Rationalität, Objektivität und

---

[256] vgl. Wobbe, Theresa: Wahlverwandtschaften, a.a.O., S. 65.
[257] Weber, Marianne: Die Frau und die objektive Kultur, a.a.O., S. 99.
[258] ebd., S. 105.
[259] ebd., S. 116.

Effizienz anders bewertet, ebenso die These Georg Simmels von der Eigendynamik der modernen Kultur, ist naheliegend.

Wie sehr ihre Arbeit – wenn auch vergleichsweise spät – honoriert wurde, belegt die Verleihung der Ehrendoktorwürde der Universität Heidelberg im Jahre 1924. Sie wurde ihr ausdrücklich in zweifacher Absicht verliehen. Zum einen als Anerkennung ihrer Arbeit bei der Zusammenstellung und Herausgabe der Werke Max Webers, zum anderen wegen ihrer eigenen Leistungen, namentlich den »Untersuchungen auf dem Gebiet des Eherechts«.[260]

---

[260] Wobbe, Theresa: Marianne Weber: Ein anderes Labor der Moderne, a.a.O. S., 154.

4.3. Weibliche Aufklärung

Im Unterschied zu Georg Simmel, dessen Wertbezug zwar auch die harmonische Einheit der Person darstellt, den er aber in den Differenzierungsprozessen der Moderne nicht mehr zu verwirklichen sieht, orientiert sich Marianne Weber an den Idealen der Aufklärung. Die Einheit der Seele, die sich bei Georg Simmel in einem tragischen, weil nicht zu lösenden Dilemma befindet, wird nach Marianne Webers Überzeugung nicht von der menschlichen Fähigkeit zur kritischen Vernunft bedroht, sondern durch sie erst hergestellt.

Diese Grundhaltung erklärt mehrere von Georg Simmel abweichende Einschätzungen bezüglich der modernen Kultur. Wenn Menschen vernunftbegabt sind, so folgt daraus, daß Rationalität und ‚differenzierte Binnenstruktur' keine Produkte der Moderne, sondern im Menschen selbst bereits von Anbeginn angelegt sind. Die Trennung zwischen Rationalität und sozialer Differenzierung einerseits und harmonischer Einheit andererseits ist ein zugespitzter Antagonismus, der die produktive Kraft des Individuums zu stark vernachlässigt.[261] Indem Marianne Weber auf vernunftbegabte *Menschen* verweist, reduziert sie die ‚Aufteilung des Menschen' in *Mann* und *Frau*. Sie fügt damit das in der bürgerlichen Ideologie ‚natürlich' Getrennte wieder ein Stück weit zusammen. Bereits 1907, in *Ehefrau und Mutter in der Rechtsentwicklung,* führt sie aus:

> »Für Frauen sind die Goldkörner in der naturrechtlichen Gedankenwelt bis heute nicht voll ausgemünzt worden. [...] die ethische Freiheitslehre des deutschen Idealismus gab dem Gedanken der ‚Freiheit und Gleichheit' und der ‚Urrechte' einen, neuen, auf das Innenleben des Einzelnen bezogenen Sinn, und schuf damit zugleich auch die tiefsten Begründungen für die Forderung nach Neugestaltung der äußeren Beziehungen der Individuen.«[262]

Der Mensch, fühle sich als ‚Teil der Natur' zwar in diese eingeordnet, aber gleichzeitig auch als ‚Träger der Vernunft' aufgefordert, ‚selbst Ursache seiner Handlungen zu sein'.[263]

Wie bereits oben angeführt, vollzog sich jedoch mit der unheilvollen Trennung der menschlichen Gattung in eine *weibliche, natürliche Gattung* und in *männliche, objektive kulturschaffende Individuen* letztlich der Ausschluß der Frauen von der Menschheit und damit auch von den Idealen des

---

[261] vgl. Weber, Marianne: Die besonderen Kulturaufgaben der Frau. In: Frauenfragen und Frauengedanken. Tübingen, 1919, S. 283-201, S. 260f.
[262] Weber, Marianne: Ehefrau und Mutter in der Rechtsentwicklung. Tübingen, 1907, S. 301.
[263] ebd., S. 302. Vgl auch: Weymann, Ansgar: Handlungsspielräume. Ein Essay zur Einführung. In: ders. (Hg.): Handlungs-spielräume. Untersuchungen zur Individualisierung und Institutionalisierung von Lebensläufen in der Moderne. Stuttgart, 1989, S. 1-39, passim.

ethischen Individualismus. Dagegen wendet Marianne Weber das ethische Ideal des vollständigen Menschen konsequent auf Frauen an. Die Vollständigkeit beruht nicht auf der Zusammenführung zweier Menschen zu einem ‚vollständigen Paar', wie dies die Ausführungen Georg Simmels implizieren, sondern muß in jedem Menschen selbst durch die Auseinandersetzung mit der Umwelt hergestellt werden.

»So treibt die Forderung nach sittlicher Selbständigkeit notwendig zur Forderung nach Vollständigkeit des Wesens, und aus beiden ergibt sich eine neue erweiterte Idee der weiblichen Bestimmung.«

Fundamental differenztheoretischen und rein ergänzungstheoretischen Aus-führungen erteilt sie auf dieser Basis eine klare Absage. Dabei ist es zunächst gleich, welches der Geschlechter seine Ergänzung im anderen Geschlecht sucht:

»Aber Glück finden in einem anderen Wesen ist etwas anderes als den Inhalt und Sinn des gesamten Lebens, die eigene Vollendung von einem anderen abhängig zu wissen. Dies ist von sittlichen Ansprüchen aus gesehen: Schmarotzertum, unwürdig des vollständigen Menschen.«[264]

Denn ist der Mensch immer nur Selbstzweck, so darf demzufolge niemand anderes für das Erlangen menschlicher Vollkommenheit ‚benutzt' werden. Mit der Einschränkung der Frau auf ihre biologische Funktion (wobei selbstverständlich die eigentlich biologischen Funktionen um die sozial funktionalen erweitert wurden, und die Art und Weise, sie damit näher an die zu beherrschende Natur zu binden, wo sie dann durchaus als Mittel zum Zwecke der Kultivierung diente) wird bereits die erste Entstellung von Zwecken, in diesem Falle Selbstzwecken, zu Mitteln vollzogen.

Der Mensch, so Marianne Weber, ist Teil der Natur. Durch Kultur wird er – und auch sie – in den Stand versetzt, kritisch denkend zur moralischen Instanz des eigenen Handelns zu werden. Als Teile der Natur sind Menschen an bestimmte biologische Gegebenheiten gebunden. Nach Marianne Webers Meinung sind Frauen dies nun einmal mehr als Männer (und wenn man sich z.B. die Möglichkeiten der Empfängnisverhütung zu dieser Zeit vergegenwärtigt, ebenso wie ihre freie Verfügbarkeit, wird deutlich, daß Frauen in der Tat enger an ihre biologische Geschlechtlichkeit gebunden waren). Dennoch, und sie selbst gibt dafür ein Beispiel, bleiben unzählige Potentiale ungenutzt, wenn diese biologische Funktion zur ausschließlichen Rolle und zum Wesen schlechthin deklariert wird, wie dies Georg Simmel letztlich intendiert.

---

[264] Weber, Marianne: Die neue Frau. In: Frauenfragen und Frauengedanken. Tübingen, 1919, S. 143-142, S. 140.

Hinzu kommt die über diese Rollenzuschreibung ‚legitimierte' Herrschaft des Mannes. Kultur, als deren Schöpfer sich der Mann versteht, wird ein höherer Stellenwert eingeräumt als der wilden und unbeherrschten Natur.[265] Die Reduktion eines an sich kulturellen Ideals auf eine rein im Natürlich-Kreatür-lichen wurzelnde Bestimmung (wie dies die Ausführungen Georg Simmels nahelegen), erscheint Marianne Weber unzulässig, zumal wenn diese lebens-philosophisch inspirierte Überhöhung der ‚weiblichen, lebendigen Kraft' nichts anderes impliziert als eine Beibehaltung der geschlechtlichen Arbeits-teilung und eine Einschränkung des weiblichen Handlungsspielraums.

Indem Marianne Weber die Rolle der Frau als kulturell geschaffen betrachtet (und sie, wie noch zu zeigen sein wird, durchaus positiv wertet), führt sie diese Argumentationen an ihre logischen Grenzen.

Zudem ist im Zusammenhang mit Natur und der damit verbundenen Geschlechtlichkeit anzumerken, daß Marianne Weber auch auf diesem Gebiet eine von ‚protestantischer Askese' und höherer kultureller Moral geprägte Haltung einnimmt,[266] die in vollständigem Gegensatz steht zur »dritten Art der Frauenbewegung«, der erotischen Bewegung.[267]

Kultur, verstanden als »...jene Formungen und Bearbeitungen, durch die Natur nicht vernichtet, sondern gesteigert und vervollkommnet wird«[268], ist für Marianne Weber transzendent gegenüber der Natur. Natur ist zwar die Grundlage allen menschlichen Seins, doch mittels kultureller Entwicklung stehen dem Menschen unzählige Möglichkeiten zur Verfügung, welche die natürlichen Gegebenheiten zwar nicht eliminieren, jedoch zumindest optimieren können. Gesucht ist somit nicht eine kulturelle Entwicklung, welche die natürlichen Ausgangsbedingungen (oder jene, die als solche bezeichnet werden) bereits zum Maßstab der Vervollkommnung nimmt, sondern kulturelle Entwicklung geht weit über den Zustand natürlicher Anlagen hinaus.

Marianne Weber verweist dazu auf den positiven Impetus protestantischer Religion. Durch die spezifische Innengerichtetheit der protestantischen Lehre wurden die Keime zur Individualisierung gelegt. ‚Gott mehr gehorchen als den Menschen', dieser entscheidende Satz offenbarte gerade für Frauen die Möglichkeit, sich selbstbestimmt einen individuellen

---

265 Daß diese Herrschaft sich letztlich auch auf die Angst vor ‚drohender weiblichen Sexualität' gründete, die gezähmt, wenn nicht gar ausgemerzt werden muß, belegt Bettina Pohle, a.a.O., überzeugend.
266 vgl. Weber, Marianne: Die Formkräfte des Geschlechtslebens. In: Frauenfragen und Frauengedanken. Tübingen, 1919, S. 202-237 und dies.: Die Ideale der Geschlechtergemeinschaft. Berlin, 1929.
267 vgl. Kandal, Terry: The Women Question in Classical Sociological Theory. Miami, 1988, S. 89.
268 Weber, Marianne: Erfülltes Leben. Heidelberg, 1946, S. 127.

Standpunkt zu erarbeiten und zu bewahren.[269] Eine Weiterentwicklung und Transzendierung vom ursprünglich christlichen Gedanken fand in der Aufklärung, namentlich durch Kant statt. Ausgehend von der Individualität des Menschen und seiner prinzipiellen Fähigkeit zum vernünftigen Handeln, formuliert Marianne Weber auf der Basis dieser Maximen:

> »Vielmehr ist dies wiederum, was die moderne Frau im Bereich ihres eigenen Wesens von der Bejahung ihrer menschlichen Fähigkeiten erwartet: nämlich die Möglichkeit und die Entwicklung der Fähigkeit an der einzelnen, auf Grund der ihr verliehenen Wesenskräfte den Sinn und Wert ihres Lebens irgendwie selbständig zu schaffen, das Leben aus eigener Kraft zu leisten. Dies ist die adäquate, die notwendige Ergänzung der erstrebten sittlichen Autonomie, ein allgemein-menschlich höchster Anspruch, den jedes nach Vollkommenheit strebende Wesen an sich selbst stellen muß.«[270]

4.3.1. Bildung zur Individualität

Die innere Freiheit, auf die Marianne Weber Bezug nimmt durch die Forderung nach ,sittlicher Autonomie', die sich zwar auch in den Ausführungen Georg Simmel zur Absolutheit der Frau ausdrückt, aber seiner Meinung nach nicht auf rationaler, sondern auf rein intuitiver Ebene erreicht werden kann, muß notwendig durch die äußere Freiheit flankiert werden. Nur durch die Verbindung äußerer und innerer Freiheit ist kulturelle Entwicklung möglich. So enthält die Einschränkung Georg Simmels, wonach die Frau auf das Haus und wenige andere Bereiche verwiesen wird, in den Augen Marianne Webers einen logischen Fehlschluß. Denn ausgehend von der jedem Menschen verliehenen Fähigkeit zur Vernunft, müssen auch für jeden Menschen individuell die Grenzen der Freiheit bestimmbar sein. Eine Definition von Kultur, die Frauen gewissermaßen von außen einen begrenzten Rahmen steckt und sie damit keineswegs auf ein hohes kulturelles Ideal verweist, bedeutet demnach eine unzulässige Beschneidung der menschlichen Vernunft.

Es ist demzufolge weder nötig noch wünschenswert, daß ,Denker' die Freiheit der Frau beschränken, indem sie ihrem Geschlecht – wiederum als Gattung und nicht als Individuen gedacht – einen begrenzten sozialen Ort zuweisen, von dem aus sich der Kultureinfluß der Frau, wie ihn Marianne

---

[269] vgl. Weber, Marianne: Ehefrau und Mutter..., a.a.O., S. 290f.
[270] Weber, Marianne: Die neue Frau, a.a.O., S. 139.

Weber in Verbindung mit der bürgerlichen Frauenbewegung anvisiert, keineswegs entfalten kann. So führt Marianne Weber aus:

>>Im Plane der Verwirklichung sittlich-geistiger Zwecke in der Außenwelt - die wir als Kultur bezeichnen - hat [...] jeder seine bestimmte Aufgabe. Und die Erkenntnis meiner eigenen Bestimmung zur sittlichen Freiheit erleuchtet mir zugleich die Bestimmung meiner Mitmenschen, und gibt mir damit die allgemeine Richtschnur für mein Verhältnis zu ihnen. [...] Die Vorbedingung dazu ist aber für jeden der Besitz seiner äußeren Freiheit: deshalb darf jeder den Willen des anderen nur ‚wecken‘, nicht aber zu ‚bestimmen‘ suchen. [...] Diese Pflicht aller gegen alle aber schließt unmittelbar für jeden das Verbot ein, sich irgend eines anderen – wer immer er sei – nur als ‚Mittel‘ für seine eignen persönlichen Zwecke zu bedienen, denn das bedeutet die Entwürdigung des anderen zur Sache.<<[271]

Daß Frauen durch lange Jahrhunderte eher ‚Mittel‘ zu den Zwecken des Mannes waren und durch eindeutige gesetzliche Vorgaben auch in dieser abhängigen und untergeordneten Position gehalten wurden, kann, soll und muß durch Bildung zur Mündigkeit, flankiert durch entsprechende gesetzliche Novellierungen, aufgehoben werden. Doch allein der Weg zu einer den Männern vergleichbaren Bildung gestaltete sich für Frauen um die Jahrhundertwende schwierig.

Dies verdeutlicht Meurer am Beispiel Darmstadts:

>>Für Jungen gab es neben den Grundschulen eine Mittelschule, eine Realschule, drei Gymnasien (darunter ein Realgymnasium), eine Handwerks-, eine Kunstgewerbe- und eine Fachschule für Kaufleute, ein pädagogisches Seminar für das Lehramt an Gymnasien und Realschulen, sowie die technische Hochschule mit etwa 500 Studierenden und 50 Professoren. Für die Mädchen gab es lediglich eine Mittelschule, drei höhere Mädchenschulen, die aber nur zum Besuch des Lehrerinnenseminars für Volksschullehrerinnen berechtigten.<<[272]

Die Vorstellungen darüber, welche Funktionen Frauen ausfüllen können, waren, wie auch unschwer den Ausführungen Georg Simmels zu entnehmen ist, also mehr als begrenzt. Die Kritik an diesen einschränkenden, die Inferiorität von Frauen geradezu fördernden Regelungen wurde bereits deutlich früher - und auch prägnant - von Mary Wollstonecraft formuliert:

>>Eine ursache des unfruchtbaren blühens der frauenzimmer schreibe ich dem falschen erziehungssystem zu, das man aus verschiedenen schriften zusammengestellt hat. Ihre verfasser dachten sich unter dem begriff unseres geschlechts mehr weibliche als menschliche geschöpfe.<<[273]

---

[271] Weber, Marianne: Ehefrau und Mutter..., a.a.O., S. 303/304.
[272] Brockhaus, 1894, 4. Bd., S. 812f, nach: Meurer, Bärbel: Gleichheit der Geschlechter oder Männerstaat, a.a.O., S. 6.
[273] Wollstonecraft, Mary: Verteidigung der Rechte der Frau I. Hg. und mit einem Vorwort von Berta Rahm. Zürich, 1975, S. 37.

Erhellend sind in diesem Zusammenhang auch die Schriften Karl von Rauners[274], worin die Erziehungsvorstellungen, die den ‚weiblichen Geschlechtscharakter' m.E. erst zur Folge hatten und nicht – wie vorgegeben – auf ihm aufbauten, aufs genaueste festgehalten sind. Trotz der Existenz dieser Schriften – und auch noch mancher anderer – ist es erstaunlich, wie sehr der Glaube an ein ‚weibliches Wesen' als angeborene und unveränderliche Eigenschaft aufrechterhalten werden konnte.[275]

Diesen Mythos im Sinne Max Webers zu ‚entzaubern'[276] ist eine der Aufgaben, die sich Marianne Weber stellt und die sie mit ihren Schriften und ihren Aktivitäten in erster Reihe im ‚Verein Frauenbildung-Frauenstudium' ent-faltet. Nicht daß es ihr darum ginge, die Welt ‚berechenbarer' zu machen, noch daß sie dies für möglich oder wünschenswert hält. Vielmehr weist sie mit Nachdruck darauf hin, daß das ‚weibliche Wesen' nicht zu den ‚geheimnisvollen, unberechenbaren Mächten' gezählt werden darf. Denn diese Setzung, der auch Georg Simmel eindeutig unterliegt, ist ein kulturelles Produkt der bürgerlichen Rollenteilung, des bürgerlichen Familienmodells. So verweist auch Ulrich Engelhardt auf die große Hoffnung, welche die Frauenbewegung - und mit ihr Marianne Weber - in die Ideale der Aufklärung setzte:

> »Das fast grenzenlose Vertrauen in eine unvergleichliche, gewissermaßen autoregulative Wandlungskraft von Bildung hob die ‚Bewegung der Frauenwelt' nicht nur im Eigenverständnis hoch hinaus über die unmittelbare Funktion einer weiterem jetzt eben geschlechtspolitisch konkretisierten Interessenvertretung. Es steigerte das mittlerweile koordinierte Gleichberechtigungsstreben zu einer geschichtsbestimmenden Manifestation des Weltgeistes, als sie schon im Titel des Hauptvortrags der Kasseler Generalversammlung figurierte: zu einem wichtigen Moment der neu anhebenden Culturepoche'.«[277]

4.3.2. Frauenbildung-Frauenstudium

Wie bereits oben im Anschluß an die Ausführungen Gilcher-Holteys erwähnt, ist es Marianne Webers Anliegen, die allgemein-menschlichen Fähigkeiten und Neigungen von Frauen zu schulen und zu ‚straffen'. Demzufolge engagiert sie sich in der Sektion Frauenbildung-

---

[274] vgl. Bleckwenn, Ruth (Hg.): Quellen und Schriften zur Geschichte der Frauenbewegung Bd. 1.: Karl von Rauner. Die Erziehung der Mädchen, Stuttgart, 1853. Reprint: Paderborn, 1988.
[275] Auf die Entwicklung des bürgerlichen Geschlechtermodells und die Vorstellung der angeborenen ‚Wesenhaftigkeit' der Geschlechter und die Folgen für Frauen verweist eindrücklich Ute Frevert in: Mann und Weib und Weib und Mann. a.a.O.
[276] vgl. Fügen, Hans Norbert: Max Weber. 5. Aufl. Hamburg, 1997, S. 114.
[277] Engelhardt, Ulrich: »...geistig in Fesseln?« In: Lepsius, M. Rainer (Hg), a.a.O., S. 168.

Frauenstudium der bürger-lichen Frauenbewegung. Diese dem BDF angeschlossene Sektion hatte in dem Verein ‚Frauenbildung Reform' eine prominente und vergleichsweise ‚radikale' Vorgängerin. Die Gründung geht zurück auf Hedwig Kettler, die bereits 1893 das erste Mädchengymnasium in Karlsruhe gegründet hatte.[278] Karlsruhe wurde nicht zufällig ausgewählt. So weist Nave-Herz daraufhin, daß im badischen Raum insgesamt mit mehr Toleranz gegenüber ‚Frauen-bestrebungen' gerechnet werden konnte als beispielsweise in Preußen oder Bayern.[279] Die Ziele des Vereins intendieren ja auch in der Tat nichts anderes: Verbesserte Mädchenbildung, qualifizierte Erwerbsarbeit von Frauen, Errichtung von Mädchengymnasien mit dem gleichen Lehrplan wie Jungen-gymnasien und die Erschließung der Universität für Frauen – ohne fachspezifische Ausschlußklauseln.

Marianne Weber, die den Heidelberger Verein Frauenbildung-Frauenstudium erst nach der Eingliederung der Bildungsvereine in den BDF gründet und leitet, verdeutlicht hier einmal mehr ihr Anliegen, Philosophie praktisch werden zu lassen, wie es als Motto des LOGOS formuliert wurde (s.o.). Frauen zu Wort - und somit zu Einfluß - kommen zu lassen, wird in der vergleichs-weise toleranten und offenen, von bildungsbürgerlichen Traditionen geprägten Universitätsstadt Heidelberg Marianne Webers Programm.

»Und es sind Frauen, die auf den ‚Diskussionsabenden' das Wort ergreifen, um die Bürgerinnen und Bürger Heidelbergs aufzuklären über die Ziele und Wege des Vereins und die Entwicklung der Frauenbewegung.«[280]

Zwar zielten die meisten Aktivitäten des Vereins auf die bürgerliche Klientel ab, doch auch proletarische und kleinbürgerliche Schichten wurden ange-sprochen. So engagierte sich der Heidelberger Verein unter dem Vorsitz Marianne Webers z.B. in der ‚Dienstbotenfrage'. Doch hier mußte Marianne Weber eine Niederlage hinnehmen. Als sie über Forderungen an die Gesetzgebung bezüglich einer Regelung der Arbeitszeiten, Löhne und Unterbringungsmöglichkeiten der zumeist weiblichen Dienstboten reden ließ, zeigte sich, daß die ‚ständische

---

[278] vgl. Schmidbauer, Marianne: Hedwig Kettler und der Verein Frauenbildung Reform. In: Brehmer, Ilse (Hg.): Mütterlichkeit als Profession. Pfaffenweiler, 1990, S. 37-54, S. 37ff.
[279] vgl. Nave-Herz, Rosemarie: Frauen zwischen Tradition und Moderne, a.a.O., S. 125. So sahen z.B. die Regelungen bezüglich der ‚Erhaltung der gesetzlichen Freiheit und Ordnung' den Ausschluß von Frauen, Lehrlingen und Schülern von öffentlichen Versammlungen vor – um ‚gefährlichem Mißbrauch' vorzubeugen. Daß die Begriffe von ‚Ordnung und Freiheit' sich auf den Mann mittleren Alters, den Vertreter männlicher Hegemonialherrschaft beschränkten, für den die Frauenbewegung ‚gefährlich' werden konnte, ist hier offensichtlich.
[280] Gilcher-Holtey. Ingrid: Max Weber und die Frauen. In: Gneuss, Christian / Kocka, Jürgen: Max Weber. Ein Symposion. S. 142-154, S. 147.

Vergesellschaftung'[281] der Frauen die ausschlaggebende Motivation war und sich, so Marianne Weber, ein ‚Klassenegoismus'[282] offenbarte, der weitaus stärkere Bindungen erzeugte als die erstrebte und erhoffte weibliche Vergesellschaftung.[283]

Ein Blick auf die Vortragsreihen des Vereins und die RednerInnenliste offenbart die spezifisch ‚bildungsbürgerliche' Ausrichtung. So führt Gilcher-Holtey aus:

> »Die öffentliche Vereinstätigkeit bestand aus zwei Typen von Veranstaltungen: aus Vorträgen über spezifische Frauenfragen einerseits, für die Marianne Weber insbesondere Repräsentantinnen der Frauenbewegung zu gewinnen suchte, und Vortragsreihen, die von Professoren und Privatdozenten der Universität (jeweils ein Semester lang) gehalten wurden.«[284]

Die ‚geistige Kluft' zwischen den Geschlechtern,[285] so die Überzeugung Marianne Webers, kann nur durch Bildung minimiert werden. Und weiterhin ist es nur durch Bildung möglich, »... systematisch, berufsmäßig an einer sachlichen Welt mitzuarbeiten«[286], wie es ein ‚erheblicher Teil' der Frauen - ‚innerlich und äußerlich genötigt' - anstrebt.[287]

Nicht allein das Haus und das ‚Heil der Seele'[288] sind die primären Interessenfelder von Frauen, auch wenn sie oftmals ihre Ausbildung, ihre Studien unterbrachen oder ganz aussetzten, sobald das ‚glückliche Gattungslos' winkte. Vielmehr ist dieses Verhalten, welches Georg Simmel zum Anlaß nimmt, dem Gros der studierenden Frauen mangelnde Ernsthaftigkeit vorzuwerfen,[289] ein Ausdruck der speziell von Frauen zu leistenden Vereinbarung zweier einander scheinbar widersprechender Tendenzen. Frauen sind - verstärkt durch die bürgerliche Familienideologie - gehalten, ein angemessenes Maß an Familienorientierung aufzuweisen. Gleichfalls sehen sie sich in einer säkularisierten und pluralistischen Epoche in den Stand versetzt, ihre kreativen und intellektuellen Potentiale zu erweitern. Dies deutet auf eine besondere Situation von Frauen hin, die,

---

[281] vgl. Lepsius, Rainer M.: Das Bildungsbürgertum als ständische Vergesellschaftung. In: ders. (Hg.), a.a.O., S. 9-18, passim.
[282] vgl. Gilcher-Holtey, Ingrid: Modelle ‚Moderner' Weiblichkeit, a.a.O., S. 192.
[283] ebd.
[284] ebd., S. 190. Gilcher-Holtey weist u.a. darauf hin, daß diese Vorträge 1908 seitens der Professoren eingestellt wurde, mit der Begründung, daß Frauen nun auch als ordentliche Studierende zugelassen seien.
[285] Vgl. Weber, Marianne: Ehefrau und Mutter..., a.a.O., S. 282.
[286] Weber, Marianne: Die Frau und die objektive Kultur. a.a.O., S. 105.
[287] ebd.
[288] Gassen, Kurt/Landmann, Michael, a.a.O., S. 33.
[289] vgl. Wobbe, Theresa: Von Marianne Weber zu Edith Stein. Wobbe, Theresa / Lindemann, Gesa (Hg.): Zur theoretischen und institutionellen Rede vom Geschlecht. Frankfurt a. M., 1994, S. 23.

wie Wobbe ausführt, der modernen Frau eine ‚andere Kostenrechnung'
zusammenstellt als dem ‚modernen Mann'.[290]

---

[290] vgl. Wobbe, Theresa: Marianne Weber. Ein anderes Labor der Moderne, a.a.O., S. 175.

4.4. Krise der Kultur?

Doch was zeichnet für Marianne Weber nun diese Epoche aus, in der sich ‚moderne Frauen' entwickeln und die historische Chance weiblicher Partizipation greifbar erscheint? Durkheim z.B. faßt als Merkmal der Epoche zusammen:

> »Nun bestreitet heute niemand mehr den verpflichtenden Charakter der Regel, die uns befiehlt, immer mehr zur Person zu werden.«[291]

Marianne Webers Arbeiten verdeutlichen ihre Akzeptanz dieser ‚Regel', deren Umsetzung sie nun für *alle* Frauen einfordert. Das Potential, sich von dem Gattungswesen zur individuellen Persönlichkeit zu entwickeln, gehört für Marianne Weber zum Bereich des Allgemein-Menschlichen.

Wie weit die Gesellschaft der Jahrhundertwende davon entfernt war, Frauen prinzipiell die gleiche Menschlichkeit zuzuerkennen, zeigt sich nicht zuletzt in der Definition von Frauen über den Begriff der Gattung, während für Männer diese Vorstellung absurd anmutete. Georg Simmels Äußerungen zur Absolutheit der Frauen und seine Bemühungen, sie über einen Gattungs-begriff zu definieren, weisen in dieselbe Richtung. Wären Frauen unter dem gleichen Wert der Menschlichkeit betrachtet worden, wären also die Gemeinsamkeit von Mann und Frau betont worden anstelle der vermeintlich ‚natürlichen' Differenzen, so hätte man die gesetzlichen Regelungen, welche Frauen fast ausnahmslos unter die Vormundschaft eines Mannes stellten, beseitigen und ihnen Zugang zu allen Bereichen des öffentlichen Lebens gewähren müssen.

Die Aufteilung des Menschen in Frau und Mann-Mensch[292] erweist sich als folgenreich für die Entwicklung der Kultur der Moderne. Somit ist nicht zuletzt, wie bereits oben erwähnt, die Wahrnehmung der Epoche als Krise durch die Forderungen einer sich formierenden Frauenbewegung und Arbeiterbewegung bedingt. Doch diese Bewegungen nahmen ihre Epoche ebenfalls als Krise wahr. Dies war jeweils der entscheidende Anknüpfungspunkt. Die bürgerliche Frauenbewegung und mit ihr Marianne Weber zeichnet sich jedoch durch eine theoretische und argumentative Wendung des Krisenbegriffs (wie ihn Georg Simmels bestimmt) aus.

Wenn die objektive Kultur implizit und explizit ‚männliche Kultur' ist, so ist ihre Krise letztlich durch den fortgesetzten Ausschluß von Frauen – und damit auch des ‚weiblichen Wesens' - bestimmt. Umgekehrt: Durch die Partizipation von Frauen besteht die Chance der Veränderung. Differen-

---

[291] vgl. Wobbe, Theresa: Wahlverwandtschaften, a.a.O., S. 29.
[292] vgl. Steinbrügge, Lieselotte, a.a.O., S. 51-64, passim.

zierung bis hin zur Fragmentierung, Rationalität ohne Rückbesinnung auf Emotionen, ökonomische Maßstäbe selbst dort, wo keine ‚objektiven' Maßstäbe angebracht sind usw. werden als negative Aspekte der Moderne gekennzeichnet und wahrgenommen. So findet die Beschreibung der modernen Kultur nach Georg Simmel. bis zu einem gewissen Grade Zustimmung bei Marianne Weber.

> »Heute ist ja so viel davon die Rede, daß der Berufsmensch und zwar auch der unendlich bevorzugte geistige Arbeiter, Gefahr läuft, an seiner Gesamtpersönlichkeit zu verkümmern, weil die Anforderungen des modernen arbeitsteiligen Berufslebens außerordentlich scharf sind, zugleich einseitig spezialistisch nur Teilkräfte beanspruchen und deshalb auf die allseitige Empfänglichkeit und Lebendigkeit von Seele und Leib verdorrend wirken *können*. [...] Jede Tätigkeit, die täglich an feste Arbeitszeiten gebunden ist und keine genügende Muße zum Ausschwingen von Geist und Seele nach anderen Richtungen läßt, *birgt* diese Gefahr in sich.«[293]

Doch im Gegensatz zu Georg Simmels Hypothese bezüglich der Eigendynamik erscheint für Marianne Weber diese Entwicklung, die parallel zu Arbeitsteilung, Differenzierung und Individualisierung verläuft, nicht zwangsläufig – auch wenn sie, wie Wobbe ausführt, die Prozesse der Arbeitsteilung und die damit einhergehende Spezialisierung skeptisch wahrnimmt.[294] So stimmt Marianne Weber zwar mit Georg Simmel überein, wenn sie diese Entwicklung der Moderne als eine Verkehrung von Mittel und Zweck betrachtet und entsprechend ausführt:

> »Nicht mehr die Wissenschaft steht im Dienste des Erkenntnisstrebens des einzelnen Menschen, sondern die Erkenntnisse des Einzelnen sind zur Schaffung eines Wissens da, welches in keinem einzelnen menschlichen Geiste mehr Unterschlupf findet.«[295]

Im Gegensatz zu Georg Simmel ist sie jedoch der Überzeugung, daß trotz dieser enormen Ausdifferenzierung der objektiven Kultur nicht zwangsläufig eine Verflachung der persönlichen Kultur des Menschen folgen muß. Die Krise relativiert sich und Auswege scheinen prinzipiell zu allseitiger Zufriedenheit möglich. Denn wie bereits betont, geht Marianne Weber von der Eigenkraft des menschlichen Geistes, der Fähigkeit zur Vernunft aus. Das Spannungsverhältnis zwischen Individualisierung und Vergesellschaftung, zwischen objektiver und subjektiver Kultur existiert zwar, aber es nimmt nicht die Ausmaße einer Tragödie an.

> »Diese Entwicklung ist aber nicht notwendig, wenn ihr der Einzelne bewußt entgegenarbeitet. Ob es gelingt, ihr zu entrinnen, hängt vielleicht weniger von der

---

[293] Weber, Marianne: Die besonderen Kulturaufgaben der Frau, a.a.O., S. 260 (Hervorhebung d. Verf.).
[294] vgl. Wobbe, Theresa: Marianne Weber. Ein anderes Labor der Moderne, a.a.O., S. 165.
[295] Weber, Marianne: Die Beteiligung der Frau an der Wissenschaft. In: Frauenfragen und Frauengedanken. Tübingen, 1919, S. 1-9, S. 8.

Struktur unseres Berufslebens und seinen Anforderungen ab, als von der inneren Haltung der einzelnen dazu, vor allem von der Frage, ob Geldverdienen, Ehrgeiz, Karrieremachen und Machtstreben, überhaupt die endlichen Teilzwecke des Daseins uns ausschließlich beherrschen oder ob dahinter andere unendliche, zeitlose Gültigkeiten und Persönlichkeitsideale erkannt und erstrebt werden.«[296]

Deutlich wird hier, daß Marianne Weber der Kraft des Individuellen eine weitaus stärkere Position zuspricht als Georg Simmel. Zwar stimmt Marianne Weber mit ihm dahingehend überein, daß die Formen der Vergesellschaftung das individuelle Sein des Menschen bedingen, indem sie Norm- und Rollenerfüllung des Individuums ‚verlangen'. Aber das Individuum bedingt gleichzeitig auch die Formen der Vergesellschaftung. Es ist der von Georg Simmel so bezeichnete ‚tiefste Individualitätspunkt', dem Marianne Weber eine vergleichsweise autonome Position einräumt. Individuelle und soziale Ebene, die im Individuum verknüpft werden, befinden sich in der Theorie Marianne Webers weitaus mehr in Balance als bei Georg Simmel.

Während Georg Simmel durch den Begriff der Wechselwirkung zwar zunächst die Dynamik sozialer Prozesse unter der immer wiederkehrenden Einwirkung menschlichen Handelns zunächst betont, spricht er ihnen m.E. im Rahmen der kultursoziologischen Betrachtungen die Determiniertheit durch menschliches Handeln nahezu ab. Er gerät mit der These der Tragödie der Moderne vielmehr in die Nähe Durkheims, nach dessen Auffassung die Gesellschaft, die zugleich auch der Ort ist, der Normen entwickelt und über ihre Einhaltung notfalls mit Sanktionen wacht, dem Individuum relativ unabhängig gegenübersteht.[297]

Die Veränderbarkeit der sozialen Wirklichkeit – und somit auch der kulturellen Leitziele – gerät unter dem Aspekt der Tragödie aus dem Blickwinkel. Für Marianne Weber liegt dagegen die Lösung in der konsequenten Fortsetzung des Programms der Wechselwirkung und dem Vertrauen auf den Einfluß des einzelnen Individuums. Dies manifestiert sich in der aufklärerisch inspirierten Aufforderung, den kritischen Verstand dahingehend zu gebrauchen, daß eine eigene Haltung, eine individuelle Wertorientierung diesen Strömungen gegenüber zu entwickeln ist. Ihre eigene Haltung wird darin mehr als deutlich. Sie markiert und reklamiert damit eine Position, die, worauf Wobbe hinweist, zugleich die Voraussetzung dafür ist, daß »...der Ort der Frauen in der Wissenschaft in ihrer kulturellen Bedeutung«[298] bestimmbar wird.

---

[296] Weber, Marianne: Die besonderen Kulturaufgaben der Frau, a.a.O., S. 260/261 (Hervorhebung d. Verf.).
[297] vgl. Durkheim, Emile: Die Regeln der soziologischen Methode. Berlin, 1961, S. 106.
[298] Wobbe, Theresa: Wahlverwandtschaften, a.a.O., S. 34.

Denn ein eigener Standpunkt der Frauen, eine eigene weibliche Betrachtungsweise wird nur dann vorstellbar, wenn sie als Wertbezug definiert und als solcher im Gefüge der Wissenschaften und anderer Berufe anerkannt wird. So ist Marianne Webers ‚letzte Wertidee', die – wie auch bereits in den Ausführungen zu Georg Simmel zu erkennen ist – immer das theoretische Fundament bestimmt, in der Betonung der Balance des individuellen und des sozialen Seins zu verorten. Damit rekurriert sie, so Wobbe, ähnlich wie Georg Simmel auf die Relativität sozialwissenschaftlicher ‚Wahrheit'.[299]

4.4.1. Rationalität, Individualisierung, Vergesellschaftung

Es ist also zu erwarten, daß Marianne Weber durch ihren anderen Standpunkt bezüglich der individuellen Möglichkeiten des Menschen im Zusammenhang mit den Prozessen sozialer Differenzierung, Vergesellschaftung und Individualisierung auch zu anderen Einschätzungen gegenüber den von Georg Simmel negativ gewerteten Implikationen gelangt. Individualisierung und Vergesellschaftung gehen nach den Ausführungen Georg Simmels auf ein und denselben Prozeß zurück. Durch die Partizipation in mehreren sozialen Gruppen erweitern Menschen ihren individuellen Horizont und sind – je nach Menge der sozialen Kreise – gleichzeitig aus traditionalen Bindungen freigesetzt. Je größer die Menge der sozialen Kreise wird, an denen ein Individuum partizipiert, desto weniger ausschließlich ist der Einfluß der Normen eines dieser Kreise auf die Gesamtpersönlichkeit.

Die soziale Kontrolle der einzelnen Kreise wird schwächer, aber in der Summe der Kreise steigt die soziale Kontrolle für das Individuum. Zwar wird der individuelle Mensch zum eigenverantwortlichen Träger seiner individuellen Handlungsmaximen (freie Kombinationsmöglichkeit), diese sind jedoch letztlich derart sozial determiniert, daß eine Wertverschiebung zugunsten objektiver Kriterien, Effizienz und Rationalität erfolgt, die nicht zuletzt aus Gründen des Rollenmanagements notwendig wird.

Der soziale Ort und gleichzeitig der soziale Kreis der Frau wurde in der Hochblüte des bürgerlichen Zeitalters durch die Familie und das Haus repräsentiert. Somit wurde Individualisierung und, damit einhergehend, Rollendifferenzierung zu einem zunächst rein männlichen Phänomen. Die geringere Differenziertheit der Frau ist bedingt durch ihre Einbindung in

---

[299] ebd.

fast ausschließlich familiäre Kreise. Daran knüpft Georg Simmel die These der ‚einheitlichen Frau', die in ihrer sozialen Rolle den Anforderungen der Hausfrau, Gattin und Mutter, die mit fürsorglichen, harmonischen Eigenschaften einhergehen, genügen muß und dies in einer Wendung zu evolutionstheoretischer Argumentation auch ihrem Wesen entsprechend gern tut. Rationalität wird bei ihr ersetzt durch Emotionalität.

Die Kritik Marianne Webers bezieht sich nicht auf diese zunächst differenzierungstheoretische Perspektive[300], sondern auf die ‚metaphysische Wendung': die Gleichsetzung des sozialen Prozesses der geschlechtlichen Arbeitsteilung (und seiner bekannten Folgen) mit dem Wesen der Geschlechter. Diese Metaphysik kulminiert für Marianne Weber in der Beschreibung der ‚schönen Seele', die ‚will, was sie soll', die instinktiv zwischen Gut und Böse zu unterscheiden weiß und somit zum Idealtypus der ‚einheitlichen Frau' stilisiert wird.[301]

Georg Simmels Skepsis gegenüber dem Individualisierungswillen von Frauen, die sich in *Weibliche Kultur* offenbart, ist der Annahme geschuldet, daß die von Frauen geforderte Partizipation an der objektiven Kultur genau dieselben Prozesse der Individualisierung und Differenzierung, welche die ‚Umwertung der Werte' zur Folge haben, in Gang setzen könnte, die er letztlich als die ‚Tragödie der modernen Kultur' identifiziert hat. Dabei, so implizieren die Ausführungen Marianne Webers, übersieht er zum einen die andere politische, soziale und kulturelle Ausgangssituation von Frauen und überschätzt die Eigendynamik objektiver Kultur.

Der Dualismus, den der moderne Mensch bzw. der moderne Mann zu bewältigen hat, sobald er als Individuum die Verbindung zwischen subjektiver, persönlicher Kultur und objektiver, sachlicher Kultur sucht, gerät in der Theorie Georg Simmels zu einem Dilemma. Letztlich wähnt sich das Individuum nur frei von Bindungen und Verpflichtungen, faktisch ist es mehr vergesellschaftet - und damit gebundener - als je zuvor. Dieser Dualismus, der sich in der Sicht Georg Simmels nahezu zum Antagonimus steigert, wird schließlich durch das Konstrukt der ‚weiblichen Kultur' und des ‚weiblichen Wesens' auf die von ihm angenommene Geschlechterpolarität übertragen. Dabei fällt der Frau der Teil der Ganzheit, der Gestaltung der subjektiven Kultur, der Harmonie der Seele zu. Ihr Sein ist mehr ‚Sein für sich' als ‚Sein für sie'. So liegt für Georg Simmel die Rettung der einheitlichen Seele der Frau in der Bewahrung tradierter Formen geschlechtlicher Arbeitsteilung.

---

[300] vgl. ebd., S. 38.
[301] vgl. Weber, Marianne: Die Frau und die objektive Kultur, a.a.O., S. 101.

Die moderne, dualistische Frau

Diese Dichotomie stößt bei Marianne Weber auf Kritik, denn die moderne Frau ist in sich keineswegs einheitlich, sondern dualistisch. Sie vereinbart - als Mensch - in sich die Tendenzen, die Georg Simmel mit dem Begriffspaar von Leben und Form umschrieben und zu Geschlechterpolaritäten erklärt hat. Diese Verbindung bedeutet keine Katastrophe, sondern ist die Chance der modernen Kultur.

> »Es gilt der dualistisch veranlagten Frau, die von ihnen [gemeint ist innen, K.E.] heraus zu sachlichem Schaffen gedrängt wird, die Wege zu einer höheren Einheitlichkeit durch Vereinigung zweier Lebenstendenzen zu finden.«[302]

Der Dualismus zwischen den Werten der persönlichen Kultur und den Werten der sachlichen Kultur stellt also keine ausschließlich auf den Mann zugeschnittene und seine soziale Wirklichkeit abbildende Beschreibung dar, sondern dieser Dualismus ist der Gestaltung des menschlichen Lebens inhärent, denn:

> »Auch sie [die Frau] kann nicht Kulturwesen werden, ohne aus der natürlichen Einheit des Seins herauszutreten. Jeder Schritt aus dem Kreis des Naturhaften zwingt sie in den Dualismus zwischen Sein und Idee, in die Wahl zwischen Wert und Wert.«[303]

Zusätzlich kommt jedoch für die Frau noch ein weiterer Faktor hinzu. Frauen sind auf andere Weise gehalten, die Anforderungen der objektiven Kultur mit der Entwicklung der subjektiven Kultur in Einklang zu bringen.

> »Es handelt sich also für die zu objektivem Tun veranlagte Frau um die Bewältigung eines zweifachen Dualismus: zwischen ihrer individuellen Vollendung und ihrer Bewährung am Objektiven einerseits, und zwischen dieser letzteren und der Erfüllung ihrer gattungsmäßigen Sonderaufgaben andererseits.«[304]

Frauenbildung und Frauenstudium zielen auf diese Verbindung des ‚zweifachen Dualismus‘ ab, dem Männer, so Marianne Weber, nicht derart ausgesetzt sind. Der Dualismus zwischen objektiver und subjektiver Kultur ist weitgehend ‚allgemein-menschlicher‘ Art. Für Frauen entspinnt sich jedoch zwischen diesem Bereich und den ‚Gattungsaufgaben‘ noch ein anderer Konflikt. Durch Schwangerschaft und Geburt wird also bei Marianne Weber noch nicht automatisch die Ebene des Persönlichen bezeichnet. Denn der Dualismus ist in der Kultur angelegt und nicht in der Natur aufgelöst, wie das bei Georg Simmel und der Beschreibung der einheitlichen Frau (...weil sie Mutter ist, s.o.) angedeutet wird. Somit

---

[302] ebd., S. 119.
[303] ebd., S. 113.
[304] ebd., S. 117.

relativiert sich auch die negative Einschätzung bezüglich der modernen Rationalität. So kann Marianne Webers Einstellung dazu mit den Worten Volker Heins beschrieben werden:

>»... Leben, auch das sogenannte *schäumende*, bewegt sich immer in Lebensordnungen. Weber kritisiert die moderne romantische Neigung, Blut und Saft des wirklichen Lebens gegen die Abstraktionen der Wissenschaft auszuspielen.«[305]

So führt, wie Marianne Weber lakonisch bemerkte, die ‚metaphysische Idee einer radikalen Polarität der Geschlechter' natürlich nicht zu weiblicher Objektivität[306], welche Rationalität impliziert, sondern lediglich zu einer geringeren analytischen Ebene, die »...nur das Spezifische des Frauseins in Betracht zieht.«[307]

Marianne Weber greift an dieser Stelle den Schwachpunkt der Konstruktion 'weiblicher Kultur' durch Georg Simmel auf. Wie kann etwas Kultur im engeren Sinne sein, wenn keine Auseinandersetzung mit der Umwelt, den Werten der objektiven Kultur erfolgte, so daß die Seele zu einer höheren, weil nun entfalteten Einheit gelangt? Die Umwertung von ‚undifferenzierter Einheit' als ‚Sein für sich' zu harmonischer Ganzheit als hohe zu erstrebende Stufe kultureller Entwicklung kann Marianne Weber nicht akzeptieren. Sie besteht auf einem Ideal von Kultur, das sich durch die Auseinandersetzung mit der Welt der Objekte bestimmt und erst nach dieser notwendigen Zwischenstufe eine höhere Einheit der Seele bedeutet.

Diese Argumentation hat mehrere Konsequenzen. Zum einen verweist sie auf außerhäusige Betätigungen von Frauen, zum anderen ermöglicht sie es auch, das Haus als traditionales Betätigungsfeld der Frau, welches ein bereits in sich differenziertes Kulturgut ist, zu betrachten. Marianne Weber führt damit die evolutionstheoretische Argumentation Georg Simmels an ihre Grenzen. Für sie gibt es in der modernen Kultur keinen Bereich, der nicht in sich bereits differenziert wäre und den allgemeinen Normen und Werten der Kultur unterläge. Das Haus als Ort der einheitlichen Gegenkultur scheint ihr eine unzulässige Idealisierung zu sein. Auch die Hausfrau, so Marianne Weber, ist gehalten, rationalen und objektiven Gesichtspunkten ihre Reverenz zu erweisen, wenn die Organisation des

---

[305] Heins, Volker: Max Weber zur Einführung. Hamburg, 1997, S. 32. Zwar bezieht sich der Autor, wie dem Titel zu entnehmen ist, auf Max Weber, doch weist u.a. Lawrence Scaff auf die Analogien in der Argumentation von Max und Marianne Weber hin. Vgl. Scaff, Lawrence: Weber, Simmel und die Kulturkritik. In: KZfSS, Jg. 39, 1987, S. 255-277, S. 273. Vgl. auch: Wobbe, Theresa: Wahlverwandtschaften, a.a.O., S. 64.
[306] Weber, Marianne: Die Frau und die objektive Kultur, a.a.O., S. 111.
[307] ebd., S. 116.

Haushalts, des Familienlebens, der Erziehung der Kinder eine Kulturleistung sein soll.[308]

Die von Georg Simmel antithetisch dem Mann gegenübergestellte ,geringere Differenziertheit' der Frau, ihre ,größere Einheitlichkeit', die nichts anderes impliziert als die vollständige traditionale Rollenerfüllung, wird von Marianne Weber als patriarchale Setzung entlarvt. So führt sie aus, daß keinesfalls übersehen werden darf,

>»...daß die Pflicht zur Haushaltsführung trotzdem in den schaffenden Persönlichkeiten selbst genau so gut Spannungen und Spaltungen zwischen Sein und Sollen, Subjekt und Sache erzeugt, wie jede andere Kulturtätigkeit. Sofern sie nämlich Kulturleistung sein soll, stehen auch ihr die Imperative als sachliche Normen und Ordnungen dem Persönlichen gegenüber, und werden von den empirischen Frauen keinesfalls durchgehend mit Neigung und aus ihrer Natur heraus, sondern häufig nur mit bewußter Selbstüberwindung als einmal vorgezeichnete Gattungspflicht erfüllt, die aber ihren individuellen Fähigkeiten widerstrebt.«[309]

Doch das Haus und seine Kulturleistung bleibt, wie auch für Georg Simmel, ein wichtiger Anknüpfungspunkt.[310] Jedoch wird weibliche – häusliche – Kultur nicht unter dem Aspekt der Einheit thematisiert, sondern als bereits in sich dualistisch dargestellt. Anderenfalls wäre, so Marianne Weber, jegliche Form objektiver Tätigkeit von Frauen, wie Georg Simmel es bereits formulierte, eine ,contradictio in adjecto'.[311] Frauen sind eben nicht per definitionem einheitlich und die Hauswirtschaft ist demzufolge auch nicht der einheitlich, harmonisch ineinanderfließende Bereich. Erst in dieser Setzung Georg Simmels, die auf seiner Annahme fundamentaler Geschlechterdifferenz fußt, erscheint das Haus als Ort weiblicher Kulturtätigkeit logisch notwendig als eine Einheit. So ist die einseitige Festlegung der Frau auf das Haus als primären Ort der ,weiblichen Kultur' eine Einschränkung weiblicher Autonomie, die Marianne Weber scharf zurückweist, denn sie zwingt u.U. weitaus stärker in die Spaltung zwischen Subjekt und Objekt als eine Beteiligung an objektiver Kultur.[312] Geschlechtliche Differenz wird demzu-folge zu einer weitaus relativeren Größe. Wobbe führt dazu aus:

>»Ihre Auseinandersetzung über die Individualisierungsmöglichkeit der Frau ist [...] auch eine Debatte über Möglichkeiten der Sozialintegration in einer Gesellschaft, in der keiner mehr in nur einem Teilsystem existiert.«[313]

---

[308] vgl. ebd., S. 110f.
[309] ebd. S. 112.
[310] vgl. Weber, Marianne: Die besonderen Kulturaufgaben der Frau, a.a.O. passim.
[311] vgl. Weber, Marianne: Die Frau und die objektive Kultur, a.a.O., S. 111.
[312] vgl. ebd., S. 104.
[313] Wobbe, Theresa: Wahlverwandtschaften, a.a.O., S. 61.

Dieses empirische Faktum mußte auch Georg Simmel erkennen. Seine Unterscheidung zwischen ,männlichem' und ,weiblichem Prinzip', welche in der ,genialen Frau' vereinigt sind, so daß sie einerseits objektive, auf Dauer angelegte Kultur schafft – somit differenziert ist - aber dennoch in der Einheit der Seele ruht, betrachtet Marianne Weber als Hilfskonstruktion. Auf die rhetorische Frage, was Georg Simmel damit intendiert, führt sie aus:

»Doch offenbar das Öffnen einer logischen Pforte, durch welche diejenigen Frauen auch als Schaffende in die Welt des Objektiven eingelassen werden können, die mit einer gewissen – außerweiblichen – Fähigkeit dazu ausgestattet sind, und deshalb nicht mit ihrem ganzen Wesen in die zuvor formulierte Idee des Frauentums eingehen.«[314]

Diese Kritik an der Ergänzungstheorie Georg Simmels, zu der notwendig die Formulierung bezüglich der Absolutheit der Frau gehört, bedeutet statt weib-licher Freiheit von den Lasten der objektiven Kultur eine Einschränkung auf den reinen Bereich ,natürlicher' Bestimmtheit.

Frauen, die sich zu weitergehenden Tätigkeiten berufen fühlen, werden in der Argumentation Georg Simmels zu einem letztlich zwittrigen Wesen, denn sie vereinen in sich ,männliche' und ,weibliche' Tendenzen. Diese Argumentation kann Marianne Weber so nicht akzeptieren, weist sie doch darauf hin, daß eben geschlechtliche Differenz doch nicht so fundamental sein kann, wie Georg Simmel postuliert. Marianne Weber führt dazu aus:

»Es fragt sich ferner, ob eine solche Abweichung vom spezifisch Weiblichen als Entartung des Typus oder als wünschenswerte Bereicherung oder als was sonst sie zu bewerten ist.«[315]

Frauen leisten, wenn sie als Kulturschaffende in der Welt der objektiven Kultur auftreten, in sich die erstrebte Verbindung der allgemein-menschlichen Bestimmung und der Sonderbestimmung des Weiblichen.[316] Oder m.a.W., Frauen leisten durch ihre spezifische Qualität des Frauseins die Synthese zu höherer Einheitlichkeit, wenn sie zwar einerseits die Werte der Persönlichkeit kultivieren, andererseits aber auch nach Be(s)tätigung im Rahmen planvollen, systematischen Arbeitens suchen. Diese Synthese ist es auch, die zunächst von Georg Simmel als Ideal gesetzt wurde. Nur in der Annahme einer Tragödie der Kultur, die also keinen Ausweg mehr impliziert, wird dieses Ideal verlassen, und eine Vervollkommnung des Menschen wird nur noch über die Verbindung von Mann, als differenzierter Vielfalt, und Frau, als undifferenzierter Einheit, erreicht. So

---

[314] Weber, Marianne: Die Frau und die objektive Kultur, a.a.O., S. 104.
[315] ebd., S.105.
[316] vgl. ebd., S. 132.

führt Marianne Weber zu Georg Simmels Bild der einheitlichen und damit verbundenen absoluten Frau aus:

>»...trägt nicht dieses wiederum die sehr sublimierten Züge desjenigen Frauenvorbildes, das bei älteren und flacheren Denkern aus der Ergänzungsbedürftigkeit des männlichen Wesens entstanden ist?«[317]

Die Ergänzungsbedürftigkeit menschlicher Wesen lehnt sie, wie bereits oben betont wurde, nachdrücklich ab. Ein jeder Mensch ist aufgerufen und gefordert, selbst Träger seiner Handlungen zu sein, und ist damit auch gleichzeitig für sein eigenes seelisches Wohl verantwortlich.

Weibliche Vergesellschaftung

Dieses eigene Wohl der Frau siedelt Marianne Weber nun in einer deutlich anderen Position an, als Georg Simmel. Die ,neue Frau', so Marianne Weber, welche nach Individualität und Persönlichkeit strebt, erhebt sich über die reine Naturhaftigkeit und orientiert sich an geistiger Arbeit, jenseits körperlich-weiblicher Attribute, die, wie Georg Simmel so treffend feststellte, den durchschnittlichen Mann sowohl an der Schneiderin wie an der Prinzessin interessieren.[318] Denn wie Marianne Weber pointiert feststellte:

>»In ihrem spezifischen Weibsein als bloßem Geschlechtswesen sind und bleiben die Frauen Konkurrentinnen. Konkurrentinnen um das glückliche Gattungslos. Erst jenseits der geschlechtsbestimmten Sphäre entsteht ein Boden, auf dem sie sich zu gemeinsamen Bemühungen, als Gleichstrebende, zusammenfinden können.«[319]

Diesen Rahmen weiblicher Vergesellschaftung aus freiem Entschluß bildet die Frauenbewegung, in der Frauen Formen autonomer Verbindung jenseits männlicher Vorstellungen vom ,weiblichen Geschlechtscharakter' leben und erarbeiten können. Diese neue Vergesellschaftung von Frauen in der Frauen-bewegung bedingt nicht zuletzt – von dem Paradigma der Wechselwirkung ausgehend - eine Revision traditionaler weiblicher und männlicher Vergesellschaftung.

Georg Simmels Ideen hinsichtlich einer weiblichen Kultur, welche zumindest vom Titel ausgehend eine neue Form weiblicher Vergesellschaftung intendiert, entpuppt sich bei genauerer Betrachtung als neues Etikett für ein altes Lebensmuster.

---

[317] ebd., S. 105.
[318] vgl. Simmel, Georg: Die Rolle des Geldes in den Beziehungen der Geschlechter, a.a.O., S. 255.
[319] Weber, Marianne: Die neue Frau, a.a.O., S. 135.

Marianne Webers Ziel ist dagegen deutlich formuliert: Nicht mehr die Vereinzelung in unterschiedlichsten Haushaltungen, innerhalb derer sich ‚weibliche Individualiät' auf den Mann, sei es Ehemann oder Vater, orientiert und welche weibliches Gemeinschaftshandeln ausschließt, sondern der gezielte Aufbau eines Netzwerkes, innerhalb dessen Frauen eigene Vor-stellungen bezüglich ihrer Stärken, Vorlieben, Potentiale usw. entwickeln können, sind die Grundpfosten neuer weiblicher Vergesell-schaftung und damit auch neuer weiblicher und menschlicher Kultur. So führt Marianne Weber als Ziel der Frauenbewegung aus:

> »... die Erweckung von Willen und Fähigkeit der Frauen zur Mitgestaltung der Umwelt und zu sozialem Gemeinschaftshandeln.«[320]

Ohne Frauen ‚menschliche' Eigenschaften zu attestieren, diese gewisser-maßen dem ‚männlichen Prinzip' abzusprechen und sie der gemeinsamen Menschlichkeit zuzurechnen, gerät der Versuch, einen größeren Handlungs-spielraum für Frauen zu erkämpfen, in die gleiche Sackgasse wie Georg Simmels Ausführungen zur weiblichen Kultur. Fundamentale Geschlech-terdifferenz schließt Frauen notwendig von den Bereichen der objektiven Kultur und damit auch von jeglicher Form bekannter Individualisierung aus.

Georg Simmel erkannte durchaus, daß die objektive Kultur männlich dominiert und demzufolge nach ‚männlichen' Wertmustern organisiert ist. Indem Marianne Weber jedoch die Trennung von Männlich und Weiblich relativiert und das verbindende Element des ‚Allgemein-Menschlichen' einfügt, entkleidet sie die ‚objektive Kultur' ihres ausschließlich ‚männlichen' Habits. Objektive Kultur wird zur menschlichen Kultur und ist somit Frauen wie auch Männern zugänglich.

---

[320] ebd., S. 136.

4.5. Zwischen Differenz und Gleichheit

Doch wie bestimmt und definiert Marianne Weber nun geschlechtliche Differenz, welchen Stellenwert mißt sie ihr bei, wenn die Partizipation der Frau an objektiver Kultur das Leitziel sein soll? Grundlegend für ihre Überlegungen ist die ‚paradoxe Tatsache‘,

> »...daß die Frau zugleich das dem Manne gleiche und von ihm verschiedene Wesen ist, d.h. daß sie als Mensch eine Fülle von Anlagen und Fähigkeiten mit dem Manne teilt, die sie auf dieselben Aufgaben und Wirkungsformen wie ihn verweisen. Und daß ihr andererseits als Weib zufolge ihrer Geschlechtsbestimmtheit wichtige Sonderaufgaben zufallen.«[321]

Somit ist die Grundüberlegung zu geschlechtlicher Differenz von der Georg Simmels deutlich verschieden. Während Georg Simmel darauf insistiert, daß in Abstraktion von der Geschlechtlichkeit bei Männern immerhin noch ein Mensch übrig bleibe, bei Frauen hingegen diese Abstraktion nahezu unmöglich ist, da ihre Geschlechtlichkeit etwas Absolutes, ein ‚Sein‘ ist, verweist Marianne Weber auf die Gemeinsamkeiten zwischen Mann und Frau. Denn beide gehören zur Gattung der Menschen. Demzufolge gibt es auch verbindende Elemente auf geistiger Ebene, die nichts mit den verschiedenen Fortpflanzungsfunktionen gemein haben. Dennoch bleibt auch für sie die Vorstellung geschlechtlicher Differenz leitend.

Marianne Webers Überlegungen zur ‚weiblichen Individualisierung‘ stehen im Spannungsfeld zwischen gängigen Geschlechtertheorien der Epoche auf der einen Seite und dem Anspruch vollständiger menschlicher Autonomie auf der anderen Seite. Dieser im Rahmen der ‚älteren Denker‘ scheinbar unlösbare Widerspruch wird von ihr durch ein Modell der ‚überlappenden Kreise‘[322] gelöst, was gegenwärtig die der kritischen Männerforschung zuzurechnenden Autoren Böhnisch und Winter unter dem Namen ‚gemeinsam geteilte Menschlichkeit‘ fassen.[323] Dieses Modell der ‚überlappenden Kreise‘ intendiert eine deutlich geringere Bedeutung geschlechtlicher Differenz als bei Georg Simmel. Prinzipiell ist im Rahmen dieses mehrdimensionalen Modells jede Positionierung denkbar. Die ‚Entzauberung‘ der mythologischen Weiblichkeit, die Marianne Weber damit vornimmt, indem sie den Grad der geschlecht-lichen Differenz zu bestimmen sucht, steht in direktem Gegensatz zu Georg Simmels Hypothese der ‚einheitlicheren, dem Kosmischen näherstehenden Frau‘. Marianne Weber führt dazu kritisch aus:

---

[321] Weber, Marianne: Die besonderen Kulturaufgaben der Frau, a.a.O., S. 239.
[322] Weber, Marianne: Die Frau und die objektive Kultur, a.a.O., S. 96.
[323] vgl. Böhnisch, Lothar / Winter, Reinhard: Männliche Sozialisation. Weinheim, München, 1997, S. 20.

»Der Denker untersucht zunächst psychologisch die typischen Verschiedenheiten männlicher und weiblicher Art, gestaltet aus den gefundenen Besonderheiten ein Bild ihres empirischen Wesens, daß sich ihm nun unter der Hand zur Idee der metaphysischen Wesenheit, eines jenseits aller Erfahrungen liegenden, allgemeinen Seins und Sinnes von Mann und Weib gestaltet und damit zum Vorbild ihrer selbst steigert.«[324]

Wie van Vucht Tjissen ausführt, akzeptiert Marianne Weber die Existenz einer geschlechtlichen Differenz auf realer empirischer Basis. [325] Deutlich wird hier der Gedanke, daß Mann und Frau aufeinander verwiesene Varietäten der selben Gattung sind. Gemeinsam sind den Geschlechtern durchaus die vermeintlich ,männlichen Werte' wie Objektivität, Rationalität und Zielgerichtetheit. Die ,weibliche Fähigkeit' zur eilfertigen Dienstbereitschaft entlarvt Marianne Weber als kulturelles Produkt:

»Nicht umsonst ist aber der Imperativ ,Dienen lerne beizeiten das Weib' von jeher so nachdrücklich über das weibliche Geschlecht verhängt worden. Wäre das häusliche Dienen eine selbstverständliche Funktion der Weibnatur, so bedürfte es nicht erst seines Erlernens und der immer wiederholten Ermahnung dazu.«[326]

Das ,Spezifische des Frauentums' ist *ein* Faktor, der die ,weibliche' Menschlichkeit determiniert. So bleibt bei Marianne Weber, wenn man von der Geschlechtlichkeit abstrahiert, eben doch ein ,Mensch' übrig, ebenso wie beim Mann ein ,Mensch' übrig bleibt, wenn man das Spezifische des ,Mannseins' außer acht läßt.

Demgegenüber sieht Georg Simmel ,weibliche Kultur' – wie der Begriff auch bereits nahelegt – ausschließlich in dem Spezifikum des ,Weibseins' begründet und ,objektive Kultur', als ,männliche Kultur' in dem Spezifikum des ,Mannseins'. Doch es bleibt in der Theorie Georg Simmels der logische Bruch, daß – gemessen an seinen Ausführungen über Kultur – ,weibliche Kultur' eine nahezu unmögliche Angelegenheit darstellt. Beharrt man auf der Setzung, daß die ,weibliche Kultur' in sich selbst und durch sich selbst ihre Entwicklung nimmt, so ist sie faktisch keine Kultur in dem Sinne, daß der Weg zu Kultiviertheit notwendig über die Auseinandersetzung mit der dinglichen und sozialen Umwelt erfolgt – somit auch Frauen an den Werten der objektiven Kultur teilhaben müßten, wollten sie zu Kulturmenschen werden. Wobei noch anzufügen ist, daß selbstverständlich die Zurichtung der Frau auf das ,einheitliche Geschlechtswesen' eine kulturelle Entwicklung war bzw. ist, wie Georg Simmel zunächst auch differenzierungstheoretisch ausführt. Doch indem das ,Produkt' dieses Kulturprozesses als ,natürlicher Geschlechtscharakter'

---

[324] vgl. Weber, Marianne: Die Frau und die objektive Kultur, a.a.O., S. 98.
[325] vgl. Vucht Tijssen, Lieteke van, a.a.O., S. 210f.
[326] Weber, Marianne: Die Frau und die objektive Kultur, a.a.O., S. 112f.

ausgegeben wurde, sind Frauen einem erneuten Akkulturationsprozeß unterworfen. So bedeutet für Georg Simmel die Forderung nach Teilhabe von Frauen an der ‚objektiven Kultur‘ den kulturellen Wandel vom ‚Weib‘ zum weiblichen Wesen, das sich männlichen Prinzipien unterstellt.

Für Marianne Weber geht es jedoch nicht darum, wie sich die ‚Naturwesen‘ kultivieren können, sondern es geht für sie darum, wie Frauen der überzeichneten Geschlechterdifferenz die Gefolgschaft aufkündigen und gleichzeitig aus der dann noch verbleibenden Differenz ein kreatives Potential entwickeln können.

Die Partizipationsbestrebungen von Frauen werden von Georg Simmel nur unter dem Aspekt der Gleichheit diskutiert. Gleichheit nicht auf rechtlicher, sozialer und kultureller Ebene, sondern Gleichheit im Denken und Handeln. Diese Einschätzung, welche selbstredend die kulturelle Entwicklung des Mannes innerhalb der objektiven Kultur zum Maßstab kultureller Entwicklung überhaupt nimmt und deren Folgen sich Georg Simmel entwindet, indem er ‚weibliche Kultur‘ antithetisch ‚männlicher Kultur‘ gegenüberstellt, negiert die Möglichkeit eines ‚anderen Weges‘, den Marianne Weber anvisiert.

Durch die proklamierte ‚Andersartigkeit‘ der Frauen, durch die (zugeschriebene) Fähigkeit, sich um die Schwächeren und Hilfsbedürftigen zu kümmern – kurz: das ‚Menschliche‘ im Blick zu behalten -, sind Frauen aufgerufen, zum Wohle der Kultur zu partizipieren. Davon ausgehend, stellt sich zu Recht die Frage, ob diese letztlich doch an die weibliche Gebärfähigkeit geknüpften Erwartungen im Prozeß der Spezialisierung und Arbeitsteilung Bestand haben können. Marianne Weber fordert nicht die Aufgabe mit geschlechtlicher Differenz einhergehender weiblicher Sorge für das Persönliche, sondern sie fordert eine Vereinbarkeitsleistung.

Die Differenz zwischen den rein geschlechtlichen Anlagen von Männern und Frauen bedingt für letztere eine »Vertiefung ins Persönliche, die

»...Fähigkeit der Frau, sich in täglicher Überwindung ihres natürlichen, menschlichen Egoismus dem Einzelnen und Kleinen, dem Schwachen und Hilfsbedürftigen hinzugeben.«[327]

Dies ist ‚der besondere Genius der Frau‘, den auch Georg Simmel den Frauen als gegeben attestiert. Diese kulturell und sozial funktionale Errungenschaften sind es, die nun in ‚sittliche Impulse umgesetzt‘ und ‚in der Welt des Mannes und der Objekte‘ zu Einfluß gelangen sollen.[328] Mit der Forderung nach Vereinbarkeit, die nicht zuletzt aus dem von ihr diagnostizierten zweifachen Dualismus der Frauen resultiert, bewegt sie sich auch gegenwärtig noch auf aktuellen und kontroversem Terrain. Die zentrale Frage nach den besonderen kulturellen Fähigkeiten und Möglichkeiten der Frau unter der Bedingung der Vereinbarkeit stellt sich bei ihr wie folgt:

> »Vielmehr beschäftigt uns jetzt die Frage, ob sie [die Frau] durch die Befreiung von ihren Mutterpflichten in dem gedachten Umfang nicht an ihren höchsten sittlichen Qualitäten, nämlich an all denen, die wir in den Begriff der ‚Mütterlichkeit‘ *hineinzudenken pflegen*, mehr verliert, als sie auf der anderen Seite durch die Ausübung eines Durchschnittsberufs, namentlich eines mechanischen, an Tüchtigkeit und Intelligenz gewinnen würde.«[329]

Partizipation ist also auch für Marianne Weber nicht eine Beteiligung um *jeden* Preis, sondern sie ist erst in der Balance zwischen dem, was in Frauen an menschlichen Qualitäten vorhanden ist, und in ihrem spezifischen ‚Weibsein‘ die ‚andere Kostenrechnung‘ der Frau. Sie schlägt dabei jedoch einen anderen argumentativen Weg ein als Georg Simmel. Vor dem Ideal einer ‚besseren Menschheit‘, gespeist aus den Grundlagen des ethischen Individualismus, führt Marianne Weber aus:

> »Aber vor dem Ideal ihrer eigenen menschlichen Vollständigkeit ist dies eben nicht das einzige, kann es für sie nicht das einzig Wertvolle sein – ebensowenig wie der Mann, der den Anspruch erhebt, ‚voller Mensch‘ zu sein, davon dispensiert ist, außer nach Werkvollendung auch nach Seinsvollendung zu streben.«[330]

Hier deutet sich eine interessante Perspektive an. Strebt die ‚neue Frau‘ nach Werk- und Seinsvollendung – und vereinigt so in sich harmonisch die zentralen Bereiche des Lebens -, so ist auch der Mann aufgerufen, diese Bereiche in sich harmonisch zu verbinden. Der Wandel des Geschlechtermodells von *beiden* Seiten wird hiermit angestrebt. Marianne Weber differenziert zwischen Mann und Weib als geschlechtsbestimmte Sphären der Gattung Mensch. Menschliches Streben nach Vollkommenheit kann nur

---

[327] ebd.
[328] vgl. Weber, Marianne: Beruf und Ehe, a.a.O., S. 25f.
[329] ebd., S. 25 (Hervorhebung d. Verf.).
[330] Marianne Weber: Die neue Frau, a.a.O., S. 141.

in der Verbindung von persönlichen und überpersönlichen Faktoren liegen. So wird der Begriff von Kultur, den Georg Simmel so eindeutig herausgearbeitet hat, von Marianne Weber zum Inbegriff menschlicher Kultur und nicht allein männlicher Kultur genommen, was auch Männer auf die eigenständige, selbstverantwortliche Vervollkommnung ihrer subjektiven Kultur verweist.

Doch wie bereits betont, löst sich Marianne Weber nicht vollständig von den Idealen der Mütterlichkeit und den Nutzen von Geschlechterdifferenz. So führt sie einschränkend in ihrer Kritik an der reinen Ergänzungstheorie Georg Simmels aus:

> »Gewiß ist ein solches Postulat nach Ergänzung insofern berechtigt, als an erster Stelle die Frau für diejenigen Werte einzustehen hat, die sie ihrer spezifischen Beschaffenheit nach, ausschließlich oder müheloser verwirklichen kann, als er. Ebenso wie umgekehrt an erster Stelle der Mann gemäß seinen besonderen Anlagen zu wirken hat. [...] Ist deshalb die Schöpfung der objektiven Welt in erster Linie seines Amtes, so ist die Frau vor allem für die Vollendung des Seins verantwortlich. Aber nicht dafür allein.[...] Ganz offenbar hat die Natur beiden Geschlechtern, wenn auch in sehr verschiedener Mischung, die Anlage und Richtung auf Gestaltung des Persönlichen wie des Außerpersönlichen verliehen.«[331]

Die besonderen ‚weiblichen‘ Fähigkeiten, welche die ‚Vollendung des Seins‘ bedingen, die zumeist an Familienarbeit geknüpft sind bzw. dort ihre Entwicklung nehmen, sind es also zugleich, welche Frauen davon abhalten, sich in gleichem Maße wie Männer an Erwerbsarbeit, an ‚sachlicher Leistung‘ zu beteiligen. Notwendig ist hier, so Marianne Weber ganz analog zu Georg Simmel, eine Aufwertung des ‚weiblichen Arbeitsvermögens‘, verknüpft mit einem pluralistischeren Maßstab.[332] Anvisiert wird zum einen das bekannte Programm der ‚Gleichwertigkeit statt Gleichheit‘, jedoch erweitert um etliche Alternativen zur reinen Familienarbeit bzw. zur Kultivierung des Hauses. Denn jene Vollendung im Persönlichen, die nach Georg Simmel der zentrale und ideale Aspekt von Kultur ist, und für Frauen, so Georg Simmel, idealtypisch in der Kultivierung des Hauses zum Ausdruck kommt, ist für Marianne Weber, wie bereits betont, nur im Prozeß der Aneignung und Auseinandersetzung mit der objektiven Kultur zu erlangen. Die Kultur des Hauses kann somit nur Bestand haben, wenn für Frauen außerhalb dieses Hauses Bewegungs- und Handlungsfreiheit gewährleistet ist.

---

[331] Marianne Weber: Die Frau und die objektive Kultur, a.a.O., S. 132.
[332] Vgl. Weber, Marianne: Zur Frage der Bewertung der Hausfrauenarbeit. In: Frauenfragen und Frauengedanken. a.a.O. S. 80-94, S. 82, 88, 90.

Gleichzeitig mit dem Heraustreten der Frau aus dem kulturell notwendigen ‚Haus‘, ihrer Hinwendung zu den gleichfalls ‚menschlichen Bestrebungen‘ und deren Verwirklichung und Betätigung in sachlicher Arbeit, wird die Rückkehr des Mannes aus der ‚Welt‘ in das ‚Haus‘ möglich und die für ihn in der modernen Kultur so schwierig gewordene Verbindung von Persönlichem und Sachlichem. Die Trennung der Sphären, so Marianne Weber, kann durch die Partizipation der Frau überwunden werden. So fordert Marianne Weber, konsequent ihr Modell der ‚überlappenden Kreise‘ ausformulierend, eine Gegenleistung der Männer zur Emanzipation der Frau. Zwar sind die Hauptleistungen bezüglich Partizipation der Frauen von ihnen selbst zu erbringen, denn sie haben im besonderen die Last (aber auch gleichzeitig Lust) der Vereinbarung zu tragen, aber auch der Mann hat seinen Beitrag zu leisten (auch wenn dieser im Rahmen ihres Modells offensichtlich geringer ausfällt).

Somit bezieht sich Marianne Weber weitaus stärker auf das Konstrukt der Wechselwirkung, als dies bei Georg Simmel zum Ausdruck kam. Eine Veränderung der Verhaltensweisen nur eines der Geschlechter – wie Georg Simmel dies so negativ annahm – ist für Marianne Weber ausgeschlossen.

> »...nicht die Frau allein ist für die Vollkommenheit des Seins verantwortlich, auch der Mann ist bestimmt, außer seinen Werken dem Leben zu dienen, sich selbst zu vollenden. [...] Neben der Idee eines spezifisch Männlichen steht so gut die Idee eines allgemein-menschlichen Soll – des ‚Vollmenschentums‘ – das mit jener nicht ohne weiteres zusammenfällt, wie über dem von der Mannheit verschiedenen spezifisch Weiblichen.«[333]

Denn, so Marianne Weber, die jeweiligen ‚Sonderbestimmungen‘ sind nicht die »einzigen Apriori der Wirklichkeit«[334]. So gilt der ‚Imperativ der modernen Frau‘, der Versuch, die ‚Sonderbestimmung‘ mit der allgemein-menschlichen Bestimmung zu vereinbaren,[335] letztlich auch für den modernen Mann. Mit dieser Weiterentwicklung formuliert Marianne Weber die ‚Frauenfrage‘ neu, sie wird zur generellen Frage nach den Entwicklungschancen der Kultur, wobei Frauen zwar eine nicht unerhebliche Aufgabe zugedacht wird, Männer jedoch nicht ausgenommen sind.

Zu welchem Modell kultureller Vergesellschaftung – insbesondere derjenigen der Geschlechter – gelangt Marianne Weber nun auf diesem Wege? Offenkundig zu einem ‚gemischten‘ Modell. Die weibliche Sonderbestimmung verweist auf eine spezifisch weibliche Kultur, die der

---

[333] Weber, Marianne: Die Frau und die objektive Kultur, a.a.O., S. 132.
[334] ebd.
[335] vgl. ebd.

Georg Simmels durchaus ähnelt. Die menschliche Bestimmung verweist die Frau jedoch auf eine Partizipation an objektiver, an allgemein-menschlicher Kultur.

4.6. Weibliche Kultur und allgemein-menschliche Kultur

Marianne Weber und Georg Simmel gehen konform in der Forderung, daß eine Partizipation an den Bereichen der objektiven Kultur - letztlich im weitesten Sinne eine Berufstätigkeit - einen positiven Einfluß auf die persönliche, subjektive Kultur haben soll. Doch stellt sich auch für Marianne Weber die Frage, in welcher Weise das ‚Sondergut' der Frau, die empfindsamere Nuance im Bereich des Persönlichen, sinnvoll eingebracht werden kann und der zweifache Dualismus befriedigend gelöst bzw. ausbalanciert werden kann. Insofern sucht sie wie auch Georg Simmel nach Tätigkeitsfeldern, die jene als genuin weibliche Fähigkeiten bezeichneten Eigenschaften zur Geltung bringen können. Die Unterschiede zur Argumentation Georg Simmels liegen jedoch auch hier im Detail.

Da die ‚geschlechtlichen' und die ‚allgemein-menschlichen' Anlagen bei Frauen in einem ‚anderen Mischungsverhältnis' stehen als bei Männern, stellt sich die Frage nach Partizipation anders. Georg Simmel diskutiert Geschlechterdifferenz unter einem absoluten Blickwinkel, der individuelle Gestaltung weitgehend ausschließt. Marianne Weber hingegen präferiert ein wesentlich pluralistischeres, individualistischeres und damit letztlich ein demokratischeres Modell. Ihr Modell der einander überschneidenden Bereiche der ‚Sondergüter' und der ‚allgemein-menschlichen' Güter enthält für Frauen weder die unbedingte Verpflichtung, ‚mitzuschaffen am Objektiven' noch die Verpflichtung, sich auf die Kultivierung des Persönlichen aus sich selbst heraus zu beschränken.[336] Sie fordert das Recht der Frau auf Beteiligung, soweit ihr individueller Wunsch und ihre Fähigkeiten, die es zunächst via Frauenbildung zu fördern gilt, es verlangen.

Aus dem anderen Lebenszusammenhang von Frauen, welcher den zweifachen Dualismus bedingt, ergibt sich jedoch ein anderes, von männlichen Normen abweichendes Modell weiblicher Partizipation, welches die Forderung nach individuelleren und variableren Arbeitszeitmodellen, die insbesondere industrielle, monotone Arbeit betreffen, verdeutlicht.

»Aus diesen Tatsachen ergibt sich heute auch gegenüber den Frauen einzig die Aufgabe: das Maß und den Rhythmus der industriellen Arbeit ihren Kräften und ihren Gattungspflichten anzupassen; neben solcher unvermeidlichen Arbeit und vermittelst ihrer mehr Raum zu schaffen für ein menschenwürdiges persönliches

---

[336] vgl. ebd., S. 133

Dasein, außerhalb ihrer Kompensationen zu schaffen, die dem persönlichen Leben einen höheren Sinn verleihen.«[337]

Die Gestaltung des persönlichen Lebens, für die der bürgerlichen Frau weitaus mehr Ressourcen zur Verfügung standen, wird zum Ideal für die *gesamte Gesellschaft* transformiert, was den Anspruch der ‚Integration des Gemeinwesens' widerspiegelt. Ökonomische Aspekte von Berufstätigkeit werden zwar von Marianne Weber zur Kenntnis genommen (Stichwort: die unvermeidliche Arbeit), doch diese Motivation soll nicht die zentrale Antriebskraft weiblicher Berufstätigkeit darstellen.

Deutlich wird hier aber auch Marianne Webers eigene ‚ständische Gebundenheit'. Ihr ist die Grundlage der bevorzugten Stellung der bürgerlichen Schichten bewußt, aber eine Alternative, die z.B. neben anderen Arbeitszeitmodellen auch andere industrielle Fertigungsmethoden oder andere Einkommensverteilungen anvisiert, ist ihr nicht möglich. Auf diese Weise muß industrielle Arbeit den Anstrich des Unpersönlichen beibehalten und damit im Gegensatz zu den Werten des ‚weiblichen Sondergutes' stehen. So führt Marianne Weber aus:

> »Es ist ein sehr grausames, aber unvermeidliches Muß unserer Kulturentwicklung, daß sie bei den Massen das Arbeits- und persönliche Leben auseinanderreißt, daß sie einem immer wachsenden Bruchteil der Menschheit die Gestaltung des persönlichen Lebens nur noch durch die Ausübung unbefriedigender Arbeitsformen ermöglicht.«[338]

Auf diese Weise erteilt Marianne Weber den Konzepten der proletarischen Frauenbewegung um Clara Zetkin, welche in weiblicher Berufstätigkeit den zentralen Aspekt ökonomischer Unabhängigkeit von Ehemann und/oder Vater sahen, eine klare Absage[339]. Jedoch will auch sie ökonomische Unabhängigkeit als Garantin der ‚äußeren Freiheit' verwirklicht wissen[340]. Jedoch führt die einseitige Ausrichtung individueller Motivation auf Erwerb auch ihrer Meinung nach nicht zum Ideal persönlicher, harmonischer und allseitiger Entwicklung zur menschlichen Vollkommenheit. Die von Georg Simmel in der *Philosophie des Geldes* zum Ausdruck gebrachte Verzerrung von Zweck und Mittel der modernen Kultur betrachtet auch Marianne Weber skeptisch. So führt Gilcher-Holtey aus:

> »Berufliche Ausbildung und Berufstätigkeit der Frau werden nicht - oder nur am Rande - unter ökonomischen Aspekten diskutiert, der kulturelle Beitrag der

---

[337] ebd., S. 123.
[338] ebd.
[339] Besonders deutlich wird diese Auseinandersetzung der Frauenbewegungen, auf die der Modus der ‚ständischen Vergesellschaftung' nach Rainer M. Lepsius, a.a.O., par exellence zutrifft, in Marianne Webers Aufsatz ‚Beruf und Ehe' (s.o.), ferner auch in ‚Zur Frage und Bewertung der Hausfrauenarbeit', a.a.O., wo das Problem ökonomischer Abhängigkeit der Frau aus anderer Perspektive betrachtet wird.
[340] vgl. Weber, Marianne: Beruf und Ehe, a.a.O., S. 34ff.

Frauenarbeit zur Entwicklung der objektiven und subjektiven Kultur dominiert.«[341]

Arbeit, Dienst und Leistung

Dieser kulturelle Beitrag, die Verknüpfung sachlicher Anforderungen mit persönlicher Entwicklung, intendiert eine Rollenerweiterung für Frauen auf der Basis der ‚besonderen Eigenschaften der Frau'. Dabei kann das »...Verhältnis der Frau zu sachlichem Tun [...] unterschiedliche Formen annehmen.«[342] Diese unterschiedlichen Formen, die wiederum auf Marianne Webers pluralistische Grundhaltung verweisen, sind durch die Begriffe Arbeit (namentlich industrielle Arbeit), Dienst, Leistung, Werk und Schöpfung charakterisiert, welche auf die individuelle Motivation verweisen, die letztlich das entscheidende Kriterium ist.[343] Hinzu kommt die Differenzierung nach Erwerb und Beruf, wobei unter Beruf »...durch persönliche Neigung und individuelle Fähigkeiten mitbestimmtes, freigewähltes Tun, ein Schaffen, zu dem der Ruf der inneren Stimme treibt«[344], zu verstehen ist.

Erwerb stellt demgegenüber die vergleichsweise unedlere Motivation dar, da der Zweck nicht persönlich (im Sinne von individueller geistiger Entwicklung) noch gemeinnützig ist, sondern allein die materielle Komponente im Vordergrund steht. Aber, so führt sie nach der m.E. unbefriedigenden Analyse der Arbeits- und Lebensverhältnisse proletarischer Frauen aus:

> »Zum Glück gibt es neben jenen problematischen auch eine ganze Reihe von Arbeitsarten für Frauen, die, wennschon sie um des Erwerbs willen geübt werden, dennoch zugleich Spielraum gewähren für das Auswirken spezifisch weiblicher Qualitäten.«[345]

Diesen Spielraum sieht sie in all jenen Arbeitsarten, die

> »...sowohl auf den unteren, wie auf den höheren sozialen Stufen zu findenden Formen, in denen die sachliche Arbeitsordnung persönliche Elemente nicht nur aufnimmt, sondern direkt fordert, und die wir deshalb, zur Unterscheidung von aller ganz unpersönlichen Arbeit – am besten als Dienst bezeichnen.«[346]

---

[341] Gilcher-Holtey, Ingrid: Modelle ‚moderner' Weiblichkeit', a.a.O., S. 204.
[342] Wobbe, Theresa: Wahlverwandtschaften, a.a.O., S. 56.
[343] vgl. Weber, Marianne: Die Frau und die objektive Kultur, a.a.O., S. 120.
[344] ebd., S. 120.
[345] ebd.,, S. 123.
[346] ebd.

Dienst meint in diesem Zusammenhang nicht die vielfältigen Beschreibungen möglicher Tätigkeitsbereiche, die im wesentlichen durch autoritäre Strukturen gekennzeichnet sind, sondern der Begriff meint»... diejenige Tätigkeit, deren wesentlicher Inhalt nicht die Entstehung irgendeines Objekts ist, sondern das dem Lebendigen dient, am Lebendigen geschieht.«[347]

Die Nähe z.B. zu Helene Lange und anderen Vertreterinnen der ‚organisierten Mütterlichkeit', die Frauen v.a. dazu berufen sahen, ihre ‚weiblichen Fähigkeiten' vordringlich in sozialen Berufen einzubringen, ist offensichtlich.

> »Dieser charitative und erzieherische Dienst an der sozialen Gemeinschaft bietet den allermannigfaltigsten persönlichsten Fähigkeiten Spielraum, und für ihn ist offenbar die frauenhafte, dem Leben verpflichtete Art ganz unentbehrlich...«[348]

Doch damit wird auch gleichzeitig eine zweite Absicht verfolgt. Wie bereits ausgeführt, ist Marianne Weber sich der gesellschaftlichen Hierarchie und ihrer eigenen ‚bevorzugten' Stellung bewußt. Sie fordert deshalb als ‚bescheidene Gegenleistung' das Engagement der bürgerlichen Frau für politische, soziale und organisatorische Arbeit. Diese Bereiche gelten ihr als originäre Betätigungsfeder der Frau. Denn für sie bedeutet

> »...zweifellos [...] soziale und politische Arbeit als Leistungsform für die Frau selbst Entbindung brachliegender Kräfte, Zuwachs an Können, Ausweitung des geistigen Gesichtskreises, vertieftes Verstehen alles Menschlichen.«[349]

Dieser Dienst, der dem ‚Sondergut' der Frau entspricht, ist jedoch nicht die einzige Form der Partizipation an der ‚objektiven Kultur', auch wenn er »..immer mehr eine angemessene Form des Wirkens für Frauen [ist], die im Hauptamt Gattinnen und Mütter sind.«[350]

Dies wird deutlich in der Gegenüberstellung der Begriffe Dienst und Leistung. Während sich die Kategorie des Dienstes in seiner ausgeweiteten Form noch wesentlich auf den Bereich des ‚weiblichen Sondergutes' bezieht, betritt Marianne Weber mit der Definition von Leistung Neuland für Frauen. Indem sie Leistung als eine von Frauen zu erfüllende Aufgabe betrachtet, löst sie sich deutlich von der Beschreibung des weiblichen Wesens, wie Georg Simmel sie vornimmt. Der von ihm so tief im weiblichen Sein verwurzelte ‚Charakter des Fließenden', der nicht zu vereinbaren sei mit den Anforderungen sachlicher Leistung, die einen

---

[347] ebd., S. 124.
[348] ebd., S. 125.
[349] Weber, Marianne. Die besonderen Kulturaufgaben der Frau, a.a.O., S. 257.
[350] Weber, Marianne: Die Frau und die objektive Kultur, a.a.O., S. 125.

objektiven Gegenstand von Dauer hinterläßt, wird von Marianne Weber als Resultat reiner und fundamentaler Differenztheorie betrachtet. Leistung wird von Marianne Weber definiert als eine

>»...Art des Wirkens, die ein vom Subjekt losgelöstes Objekt, ein Ding, eine Sache hinterläßt, wie z.B. alle greifbaren Resultate geistige Wirkens: Schriftwerke, Kunstwerke, u. dgl. [...] Ein solches Wirken schafft [...] objektive Kultur.«[351]

Unter diese Definition fallen weiterhin alle handwerklichen und organisatorischen Leistungen, kurz: alle Bereiche, die bestimmt sind durch ihr»...entscheidendes, übergewichtiges Bestimmtsein durch die Forderung des Objektiven.«[352]

Zwar fügt Marianne Weber einschränkend ein, daß man die Größe ,weiblichen' Schaffens in diesen Bereichen noch nicht absehen kann, da zu wenige Frauen bislang die Möglichkeiten hatten, sich gleichberechtigt unter vergleichbaren Voraussetzungen an wissenschaftlicher, literarischer, künstlerischer Arbeit (und an so vielen Arbeiten mehr) zu beteiligen. Aber, und dies ist wieder ein deutlicher Verweis auf das ,Allgemein-Menschliche': Es gibt auch für Frauen die ,Werkseligkeit', die sich in der Erweiterung der persön-lichen Kultur durch Partizipation an der sachlichen Kultur manifestiert. Auch für Frauen gilt der beschriebene Prozeß der Kultivierung, wenngleich auch mit anderen Voraussetzungen, den Georg Simmel als den ,Weg der Seele zu sich selbst' beschreibt. Wobbe faßt dazu zusammen:

>»Weber beansprucht also für die ,moderne' Frau, der nach Simmel das eigene Werk durch die Auflösung des Hauses abhanden gekommen ist, eine Transzendenz im Objektiven.«[353]

Diese Erfahrung der ,Transzendenz im Objektiven', das Wissen, daß außerhalb der eingrenzenden, in ihrer Absolutheit lediglich hypothetischen Einheit noch andere Bereiche sind, die auf eine Verwirklichung des ,Menschseins' verweisen, beansprucht Marianne Weber unter der Prämisse eines anderen Individualisierungskonzepts.

An dieser Stelle greift sie das Argument Georg Simmels auf, wonach Frauen durch ihre Weiblichkeit geneigt sind, Bereiche der objektiven Kultur, die mit Marianne Webers Definition von Leistung konform gehen, dann aufzugeben, wenn ,das glückliche Gattungslos' in Aussicht steht. Diese Entwicklung, auf die bereits oben im Zusammenhang mit dem zweifachen Dualismus der Frau hingewiesen wurde, betrachtet Marianne

---

[351] ebd., S. 126f.
[352] ebd., S. 127.
[353] Wobbe, Theresa: Wahlverwandtschaften, a.a.O., S. 56.

Weber weitaus differenzierter als den ‚wunderbaren Tribut', den die Frau an ihre ‚Sonderbestimmung' zeitweilig entrichtet.[354]

Der entscheidende Unterschied liegt sowohl in der Betonung des Sondergutes als auch in der Einführung eines Zeitfaktors. So ist es nicht unbedingt zu erwarten, daß Frauen ihre beruflichen Neigungen vollständig aufgeben, sobald eine Familiengründung angestrebt wird bzw. vice versa. Die zeitlich geringere Partizipation von Frauen an der objektiven Kultur, bedingt durch ihre ‚Gattungsaufgaben', wird kompensiert durch die reichere Persönlichkeit von Frauen, die in beiden Sphären zu Hause sind, aber durch jene Gattungsaufgaben ein geringeres Zeit- und Kräftebudget für die Beteiligung an objektiver Kultur zur Verfügung haben.[355] Auch hier wird also wieder das Besondere der Frau betont, die Verbindung der Gattungspflicht mit dem Allgemein-Menschlichen.

Demzufolge sind insbesondere in den letztgenannten Bereichen der objektiven Kultur, die Marianne Weber mit den Begriffen ‚Schöpfung' und ‚Werk' bezeichnet, die Beteiligungschancen von Frauen geringer. Denn diese Bereiche fordern das ‚Opfer des gesamten Lebens', die vollständige Unterordnung unter den Anspruch der Sache. Für Frauen, so Marianne Weber, bedeutet dies einen größeren Antagonismus als für Männer. Denn Frauen werden »... immer über allem als ihre Bestimmung fühlen: Sein und Wirken in Einklang zu bringen«.[356] Diese Skepsis gegenüber außerordentlichen Werken von Frauen ist m.E. nicht zuletzt dem mangelnden Vorbild, bedingt durch eine patriarchalische Gesellschaftsordnung und androzentrische Geschichts-schreibung wie auch den Grenzen des Konzepts der Mütterlichkeit geschuldet.

---

[354] vgl. Weber, Marianne: Die Frau und die objektive Kultur, a.a.O., S. 128f.
[355] vgl. ebd., S. 128.
[356] ebd., S 129.

Der moderne zweifache Dualismus als Chance zur Synthese

Die Kulturaufgabe des Menschen ist nach Marianne Weber durch eine Verbindung der Bereiche der objektiven und subjektiven Kultur gekennzeichnet. Diese Synthese zur entfalteten Einheit hält sie prinzipiell für möglich, so daß sie, wie bereits betont, den tiefsten individuellen Antrieben eine weitaus höhere Autonomie attestiert als Georg Simmel, der die Unmöglichkeit der Synthese in *dieser* Kultur proklamierte.

Diese Sehnsucht nach Einheit und Harmonie, die bei Georg Simmel besonders in *Das Relative und das Absolute im Geschlechter-Problem* deutlich zum Ausdruck kommt, ist letztlich das Motiv seiner kulturkritischen Studien. Durch die Diskrepanz zwischen objektiver und subjektiver Kultur, bzw. durch die immer größer werdende Schwierigkeit des modernen Menschen, seine individuelle subjektive Kultur zu entwickeln, verflachen die Ansprüche, und die Ausschließlichkeit des zuvor intendierten Modells von Akkulturation wird in Frage gestellt. Der Versuch der Vereinbarung ist nach Georg Simmel letztlich nicht ausreichend und zudem fast unmöglich geworden.

Marianne Weber geht statt dessen behutsamer und gleichzeitig zuversichtlicher vor. Dem dualistischen Frauentypus ist es gerade gegeben, zwischen den Antrieben des Persönlichen und den Forderungen des Außerpersönlichen, sprich der objektiven Ebene, zu vermitteln. Die Partizipation an objektiver Kultur, die für Georg Simmel die Spaltung erzeugt, reduziert sie für Marianne Weber – sofern die Partizipation auf eigenen Wunsch und Antrieb erfolgte und das Maß individuell bestimmbar ist.

So sieht sie erste Schritte in Richtung der Verwirklichung diese Modells weiblicher Vergesellschaftung in den USA realisiert. Als empirisches Material dienen ihr dabei die Erfahrungen, die sie während der Amerikareise 1904 anläßlich der Weltausstellung in St. Louis sammeln konnte.[357] So führt sie resümierend aus:

> »Also nicht die Quantität, sondern die Qualität der weiblichen Berufsarbeit ist für Amerika charakteristisch. Und auch bei uns wird, glaube ich, die möglichst starke Einschiebung von Frauen - nicht in allen Erwerbsarten schlechthin, sondern in alle diejenigen Berufe, die ihr in irgendeiner Weise Gelegenheit geben zum persönlichen Wirken, zur Entwicklung individueller *und* typischer weiblicher Fähigkeiten bieten, einer der Hebel zur völligen Würdigung unseres Geschlechts sein.«[358]

---

[357] vgl. Weber, Marianne: Max Weber,... (1926), a.a.O., S. 292ff.
[358] Weber, Marianne: Beruf und Ehe, a.a.O., S. 31. (Hervorhebung d. Verf.).

4.6.1. Die Gestaltung des unmittelbaren Daseins: Vermittlung und Synthese

Aus der Verbindung von allgemein-menschlichen und weiblichen Fähigkeiten entwickelt sich für Marianne Weber ein vordringliches Arbeitsgebiet von Frauen, welches wiederum eng an das Konstrukt der ‚Mütterlichkeit‘ anknüpft, jedoch an entscheidenden Punkten darüber hinausgeht. Die Gestaltung des ‚unmittelbaren Daseins‘ wird zum genuinen kulturellen Beitrag der Frauen. Diese ‚Kulturebene‘ siedelt Marianne Weber in einer mittleren Position zwischen subjektiver, persönlicher Kultur und objektiver, sachlicher Kultur an.[359]

Deutlich wird dabei der Versuch, eine besondere Art der Kulturbeteiligung und einen eigenständigen ‚Individualisierungspfad‘[360] von Frauen zu beschreiben. Dabei wird die Bedeutung der menschlichen Eigenschaften, der Werte der modernen Kultur in Relation zu den Werten der von Georg Simmel so bezeichneten *weiblichen Kultur* gesetzt. Während sich in Georg Simmels Modell die Sphären unversöhnlich gegenüberstehen und die Möglichkeit der Synthese seiner Ansicht nach ausscheidet, wagt Marianne Weber die Verknüpfung.

In diesem ‚Botinnenmodell‘[361] beschreibt Marianne Weber zweierlei. Zum einen den genuin ‚weiblichen Beitrag‘ zur Kultur und damit gleichzeitig den neuen sozialen Ort von Frauen in der Vermittlungsposition, welche aber letztlich die Partizipation an prinzipiell allen kulturellen Bereichen voraussetzt. Zum anderen eröffnet sie auch damit wieder eine pluralistischere Perspektive als Georg Simmel. Je nach individueller Prämisse werden ‚moderne Frauen‘ dann entscheiden, welche Bereiche sie als ihr vordringliches Arbeitsfeld betrachten. Was jedoch auch diesem Modell als traditionales Relikt anhaftet, ist für Frauen die Zuschreibung primärer Zuständigkeit für den ‚emotionalen‘ Sektor. So führt Marianne Weber aus:

>»Denn wenn ich von Gestaltung des unmittelbaren Daseins spreche, so meine ich nicht nur die Entwicklung und Formung der Einzelseele durch Kultur, sondern mehr: nämlich einmal die Gestaltung der geistigen und seelischen Atmosphäre, die den Einzelnen umgibt, von ihm ausströmt, ihn mit anderen verbindet zu höchstpersönlichen Gemeinschaften ganz verschiedener Art; Kameradschaft, Freundschaft, Liebe, Ehe, Familie usw. Und ferner gehört dazu auch die unmittelbare Umwelt von Dingen und ihren Ordnungen, innerhalb deren sich unser tägliches Dasein vollzieht, die uns sozusagen als erweiterter Leib umgeben und unser Wesen ausdrücken. In diese nächste uns umgebende Umwelt von Dingen, Menschen und Beziehungen zwischen beiden strömt der Rhythmus

---

[359] vgl. Weber, Marianne: Die besonderen Kulturaufgaben der Frau, a.a.O., S. 240.
[360] vgl. Wobbe, Theresa: Marianne Weber. Ein anderes Labor der Moderne, a.a.O., S. 164.
[361] vgl. Wobbe, Theresa: Von Marianne Weber zu Edith Stein, a.a.O., S. 48.

unseres Wesens aus, durch den wir wiederum andere in Schwingung versetzen.«[362]

Die ‚Mission weiblicher Kulturbeteiligung' richtet sich somit zugleich gegen die – von Georg Simmel pointiert ausgeführten - Risiken der Moderne. Mit dem Konzept von ‚weiblicher Besonderheit', welches zur Zugangs-berechtigung ausgestaltet wird, werden diese Risiken gewissermaßen entschärft.[363] Marianne Weber geht davon aus, daß im Rahmen des von ihr konzipierten Modells weiblicher Berufstätigkeit, worin Mütterlichkeit als Oberbegriff den weiten Bereich emotionaler ‚Versorgungsarbeit' bezeichnet, sich der ‚andere Blick', nämlich der auf die Schwachen und Hilfsbedürftigen, zur Steigerung der Kultur nutzbar machen ließe. Gerade die ‚Vermittlung von Gesittung', also die Erziehung des ‚Menschengeschlechts' beschreibt eine der primären Aufgaben der ‚Kultur des unmittelbaren Daseins', die im häuslichen Rahmen eine hohe Stellung einnimmt.

Doch auch außerhalb des Hauses läßt sich diese Form der Kultur nutzbar machen. Menschen, die anderenfalls - ‚vom Erwerbskampf zerstückelt'[364] - ihre fragmentierte Seele im trauten Heim wieder aufrichten lassen, könnten bereits im Erwerbsleben selbst vor diesem Prozeß zu Teilen bewahrt werden.

Insofern teilt sie bis zu einem gewissen Grad die Kulturkritik Georg Simmels. Auch sie geht davon aus, daß die Kultur der Moderne einseitig geprägt ist, einseitig nach den Prämissen der Objektivität des ökonomischen Kalküls, und daß innerhalb dieser Kultur Werte der Mitmenschlichkeit, die sich über die ‚Kultur des unmittelbaren Daseins' hinaus entwickeln und direkte Wirkung auf die persönliche Kultur entfalten (sollten), zu wenig Beachtung finden.

Es zeigt sich jedoch eine andere Lösung. Die gleiche Argumentation bezüglich der Krise der modernen Kultur gerät bei Marianne Weber zu einer Begründung für die Partizipation von Frauen, bei Georg Simmel zur Begründung für ihren Ausschluß. Die theoretischen Wendepunkte liegen in der jeweiligen Setzung von Vernunft und Emotion begründet. Die ‚Gestaltung des unmittelbaren Daseins', die primär in den Bereich der Häuslichkeit verlagert werden kann, ist bei Georg Simmel geprägt durch weibliche ‚Ganzheit' und Emotion. Marianne Weber hingegen verweist statt dessen auf die diesem Bereich eigene Vernunft.

---

[362] Weber, Marianne: Die besonderen Kulturaufgaben der Frau, a.a.O., S. 240.
[363] Von Interesse sind dabei auch Marianne Webers ausführliche Beschreibungen in ‚Die Frauen und die Liebe', Leipzig, 1935.
[364] vgl. Weber, Marianne: Die besonderen Kulturaufgaben der Frau, a.a.O. S. 241.

Denn, so führt sie aus, das ganze Wesen der Kultur baut auf Vernunft auf.[365] Demzufolge ist auch hier das zweifelhafte Argument, daß Frauen wegen ihrer ‚geringeren Differenziertheit' der Zugang zu vernunftgemäßem Handeln fehlt, ad absurdum geführt. Denn es ist die Aufgaben der Frau,»...durch ihr eigenes Sein und Tun den sie umgebenden Menschenkreis mit Kultur zu durchdringen.«[366] Von persönlicher Kultur, die als eine Ausgangsbedingung dafür zu verstehen ist, ist aber - ganz analog zu Georg Simmel - nur dann zu sprechen, wenn zuvor eine Teilhabe an den Bereichen der objektiven Kultur erfolgen konnte. So führt Marianne Weber aus:

> »Wenn die bevorzugte Frau Mittlerin sein will zwischen der objektiven Kultur und dem unmittelbaren Dasein [was letztlich direkt auf die persönliche Kultur wirkt, d.Verf.], wenn sie den Alltag, dessen Herrin sie ist, nicht nur formal kultivieren, sondern auch gehaltvoll gestalten will, so muß sie in unablässigem Bemühen sich selbst mit tieferem Kulturgehalt durchdringen.«[367]

Sie entlarvt in diesem Zusammenhang das Modell der größeren ‚Einheitlichkeit der Frau' als eine doppelseitige Setzung. Schmeichelnd formuliert, dient es doch wiederum der Abwertung. In Marianne Webers Lesart beschreibt diese ‚Ganzheit' realiter:

> »...eine[r] Kleinkreisigkeit der Vorstellungen und Interessen, die dicht an Gehaltlosigkeit streift und die in konkreten Fällen von den durchgeistigten männlichen Vertretern jenes Ideals [der treuen, ‚unverbildeten' Gattin und Mutter, d. Verf.] nicht als Wert, sondern als Mangel empfunden werden.«[368]

Auch Georg Simmel weist ja in der *Psychologie der Frauen* auf die Enge der Vorstellungen hin, den Mangel an Wahrheitsliebe, usw., der den Frauen eigen sei, um in *Weibliche Kultur* und *Das Relative und das Absolute im Geschlechter-Problem* die Einheit der Frau mit just denselben Merkmalen zu beschreiben. Marianne Weber entkleidet diese beschworene Einheitlichkeit ihres mythologischen Gewandes und führt sie auf ihre Wurzeln, nämlich den Ausschluß von Frauen von der Welt des Geistes zurück, mit der nichts anderes als die Inferiorität von Frauen manifestiert und späterhin dokumen-tiert werden sollte.

Diese Sichtweise, wonach das Ideal von der Empirie abgeleitet wird und die bekannte Ordnung damit aufrechterhalten werden soll, widerspricht dem ethischen Ideal der Vervollkommnung des Menschen durch Kultur. Der Aufteilung der Welt in Männer, sprich Kultur, und Frauen, sprich

---

365 vgl. ebd., S. 243.
366 ebd., S. 252.
367 ebd., S. 255.
368 ebd., S. 254.

Natur, setzt Marianne Weber ein Modell ‚allgemein-menschlicher' Kultur entgegen. Frauen, die bisher ausgeschlossen waren, erhalten in diesem Modell eine besondere Rolle, die bereits der Begriff Frau im Gegensatz zum Begriff Weib ausdrückt.[369]

>>Vielleicht gelingt es der Frau besser, sowohl in der sie umgebenden Wirklichkeit als auch v.a. an sich selbst, die Dissonanzen zwischen Erkennen und Handeln, zwischen hoher intellektueller und geringer sittlicher Kultur zur Einheit zu bringen.<<[370]

So gesehen, können auch Männer, oder in diesem Falle doch besser ‚die Männer' von der Partizipation ‚der Frauen' nur profitieren. Letztlich ist dies die Antwort Marianne Webers auf die Frage, wie die Partizipation und Emanzipation von Frauen vorangetrieben werden kann, ohne daß die traditionalen Werte der Einheit und Harmonie der Seele, des persönlichen Elements inmitten steigender Vergesellschaftung verloren gehen. Die hohen Werte der Häuslichkeit, die von Frauen des bürgerlichen Zeitalters getragen und kultiviert werden und immer mehr zu ihrem ureigenen Bereich geworden sind, sollen auch weiterhin erhalten bleiben. Nämlich als der Bereich, in dem Frauen nicht konkurrieren müssen, in dem sie nicht einen unglaublichen Nachholbedarf haben sowohl an faktischem Wissen als auch an Strategien zur Durchsetzung der eigenen Interessen und der eigenen Persönlichkeit. Corsten führt dazu passend aus:

>>Während das selbständige Agieren in der sozialen Umwelt allgemein als riskant empfunden wird, wird die Einbindung in die besondere intime Umwelt von der Person als geborgen empfunden. Diese Empfindung der Geborgenheit kann nun wiederum das Eingreifen in die sonstige Umwelt abstützen bzw. kompensieren. Dadurch können nun die Frauen auf verschiedene Weise individuell auf gesellschaftliche Semantik Bezug nehmen: Zum einen können sie an eine Semantik der Individualisierung anschließen, indem sie über die Kodierung der Partnerschaften als konsens- bzw. toleranzorientiert die Relevanz ihrer Individualität einbauen können, andererseits können sie aber auch an typische romantische Figuren anknüpfen, die die Aufwertung von Elementen wie Geborgenheit und intimer Nähe beinhalten.<<[371]

Marianne Weber knüpft an beide ‚Figuren' an, indem sie die Werte der Intimität, symbolisiert durch das Haus und die darin agierende Hausfrau, Gattin und Mutter aufwertet und sie, ähnlich wie Georg Simmel, als notwendiges Pendant zur äußeren, nach rationalen und objektiven Werten differenzierten Welt begreift. Andererseits betrachtet sie diese ‚Empfindung der Geborgenheit' jedoch lediglich als ‚abstützendes Moment', welches den

---

[369] vgl. Weber, Marianne: Die Frau und die objektive Kultur, a.a.O., S. 133.
[370] Weber, Marianne Die Beteiligung der Frau an der Wissenschaft, a.a.O., S. 3.
[371] Corsten, Michael: Das Ich und die Liebe. Subjektivität, Intimität, Vergesellschaftung. Opladen, 1993, S. 206.

Auf- und Ausbruch aus dem Haus für Frauen ermöglicht und Männern im Gegenzug den Eintritt in das Haus – als Code für die Welt des Persönlichen – wieder ermöglicht. Denn ob die bewußte Entscheidung gegen die Normen der spezialisierten Arbeitsteilung, gegen das reine ,Fachmenschentum' gelingt, hängt wesentlich davon ab, ob Frauen Zugang zu den Bereichen der objektiv-sachlichen Kultur erhalten und von diesen neuen sozialen Orten aus das ,kreative Potential geschlechtlicher Differenz' entfalten können.

4.6.2. Jane Addams zum Beispiel

Die besondere Kulturbedeutung der Frau als Vermittlerin der Werte der Mitmenschlichkeit, die Aufgabe der Gestaltung des ,unmittelbaren Daseins', die m.a.W. die persönlichen Bedürfnisse der Menschen gegenüber einer nach sachlich-objektiven Gesichtspunkten funktionierenden Kultur (wieder) zur Geltung bringt, sieht Marianne Weber, wie bereits oben kurz angeführt, in den USA nachhaltiger verwirklicht als in Deutschland. Hier, so Marianne Weber, galt vielmehr das Ideal, welches dem »...spezifischen Geschlechtsinteresse der Durchschnittsmänner an selbstlosen, tüchtigen, anspruchslosen und fügsamen Gattinnen am besten«[372] entsprach.

Es ist zu vermuten, daß Marianne Weber v.a. durch ihre Amerikareise stark vom amerikanischen Feminismus dieser Epoche beeinflußt war (ihre Artikel, die direkt 1904 verfaßt wurden, nehmen häufig Bezug auf die soziale Situation von Mittelschichtsfrauen in den USA, um diese mit den Verhältnissen in Deutschland zu kontrastieren).

Die Verbindungen zwischen praktischer Sozialarbeit und theoretischer Soziologie ist es, die für Marianne Weber mit dem Motto des LOGOS beschrieben werden kann. Auch Wobbe weist auf die engen Verbindungen zwischen der Soziologie und der Frauenbewegung hin, die nicht nur durch ihre soziale Randposition begründet ist, sondern auch durch die gemeinsame Überzeugung, daß soziale Ungleichheit keine auf unergründlichem göttlichem Ratschluß beruhende Gegebenheit ist, sondern ein durch Menschen und ihre Interaktionen und die sich daraus ergebenden Formen der Vergesellschaftung entstandenes und damit soziales Faktum ist. Auf der Basis soziologischer Erkenntnisse oder, wie

---

[372] Weber, Marianne: Die besonderen Kulturaufgaben der Frau, a.a.O., S. 257.

Jane Addams es formulierte, ‚sozialen Wissens' besteht die Chance zur Veränderung von Gesellschaft.

Für Jane Addams, ebenso wie für Georg Simmel und Marianne Weber, ist die Vorstellung leitend, daß Geschlecht als sozialem Differenzierungsmerkmal und damit auch gesellschaftlichem Ordnungsfaktor eine Schlüsselposition innerhalb persönlicher Erfahrungen und wissenschaftlicher Soziologie zukommt.[373] Wie sich im Vergleich Georg Simmels und Marianne Webers Schriften zeigt, bedingt das ‚soziale Wissen der Frau' zwar in der Tat einen anderen Blick auf Gesellschaft, jedoch ist dieser ‚andere Blick' mit den Kriterien Georg Simmels nicht ausreichend beschrieben.

Georg Simmel tendiert letztlich zu einem Modell, welches Frauen den Ort der Praxis und Männern den der Theorie anweist. Marianne Weber hingegen reklamiert beide Bereiche zu menschlichen Bereichen und kann so den Ansatz der Vermittlung und Synthese entwickeln. Dieser Ansatz der Vermittlung (in seiner methodischen Ausrichtung eng an die Beschreibung der verstehenden Soziologie nach Georg Simmel anknüpfend), der in Marianne Webers soziologischen und philosophischen Arbeiten zum Ausdruck kommt, findet sein praktisches Beispiel in den von Jane Addams in den USA gegründeten Settlements.[374]

Diese Verbindung zwischen theoretischem Wissen einerseits und praktischer Anwendung andererseits verweist sowohl auf die Überzeugung der Herausgeberschaft des LOGOS als auch auf die in den USA vor allem durch John Dewey bekannt gewordene »...pragmatistische Philosophie der Praxis, für die Wissenschaft im Dienste der Sozialreform«.[375] Pragmatische Philosophie, so wie sie von John Dewey weiterentwickelt, gelehrt und in die Tat umgesetzt wurde, muß ihren Niederschlag in sozial wirksamen Handlungen finden, namentlich in der Pädagogik, also im weitesten Sinne in Erziehung und Bildung.[376] Somit kann sie – übertragen auf deutsche kulturwissenschaftliche Traditionen – durchaus als ‚Praktische Philosophie' im Sinne des LOGOS bezeichnet werden.

Die Argumentationslinie von John Dewey zu Jane Addams und Marianne Weber offenbart sich in der Kritik an der z.B. von Georg Simmel (und auch

---

[373] Vgl. Ross, Dorothy: Jane Addams (1860-1935): Häuslicher Feminismus und die Möglichkeiten der Sozialwissenschaften. In: Honegger, Claudia / Wobbe, Theresa, a.a.O., S. 130-152, S. 130.
[374] Die Settlements erstellten ein Programm zur Sozialfürsorge; in Hull House wurden v.a. Frauen und Kinder betreut. Vgl. Ross, Dorothy, Jane Addams..., a.a.O., S. 130.
[374] Ross, Dorothy: Jane Addams..., a.a.O., S. 132.
[375] Suhr, Martin: John Dewey zur Einführung. Hamburg, 1994, S. 13.
[376] vgl. ebd., S. 45.

vielen anderen Kulturwissenschaftlern, insbesondere jedoch Philosophen) auf die Spitze getriebenen Trennung zwischen Individuum und Welt, Arbeit und Muße, Körper und Geist usw.[377] Dieses dualistische, zum Antagonismus gesteigerte System offenbart bei Georg Simmel seine logische Widersprüchlichkeit in der fundamentalen Trennung ‚weiblicher‘ und ‚männlicher‘ Kultur und der damit zum Ausdruck gebrachten radikalen Geschlechter-differenz.

Die Synthese dieser lediglich analytisch zu trennenden Sphären, die sich in einer scheinbar unüberbrückbaren Differenz, gleichzeitig jedoch auch in Abhängigkeit befinden, wird zur Aufgabe der pragmatischen Philosophie und damit zum Ansatzpunkt des politischen, sozialen und wissenschaftlichen Engagements von Jane Addams, auf dem ‚alten Kontinent‘ von Marianne Weber. Wobbe und Honegger führen dazu aus:

> »Zwischen Jane Addams und Marianne Weber lasen sich trotz verschiedener nationaler Traditionen Parallelen hinsichtlich ihres soziologischen Denkens entdecken. Vor dem Hintergrund eines Diskurses der Frauenbewegung, der am häuslichen Bereich ansetzte, beschäftigen sich beide mit der kulturellen Bedeutung des sozialstrukturellen Wandels.«[378]

Oder m.a.W.: Sie beschäftigen sich mit der Frage, welche Bedeutung geschlechtliche Differenz und die sich an ihr manifestierende Arbeitsteilung in der Kultur der Moderne haben könnten. Wie Marianne Weber propagiert auch Jane Adams das Haus als einen besonderen sozialen Ort, »...als Raum einer weiblichen Natur und Ort der Kinderaufzucht und Erziehung.«[379] (Wobei Marianne Weber auch in diesem Bereich bereits von kultivierter Natur ausgeht, was in dem Begriff des ‚weiblichen Sondergutes‘ und dem zweifachen Dualismus deutlich wird.)

Die entscheidende Differenz zu Georg Simmel wird in dem Wort ‚Natur‘ deutlich. Im Haus als einem geschützten Ort kann die Frau Kinder gebären, sie umsorgen, sie großziehen. Jedoch erhebt sie das zunächst keinen Millimeter über die Fähigkeiten anderer weiblicher Tiere. Erst die von Marianne Weber intendierte Vermittlung kultivierter Gesittung, die sich aus einer hoch entwickelten persönlichen Kultur speist (und so notwendig die Auseinandersetzung mit objektiver Kultur einschließt), erhebt das Haus in einen Kulturzustand. Das ‚tiefe Verstehen all dessen, was menschlich ist‘ legitimiert weibliche Partizipation, und sichert sich in der Verbindung zwischen Tradition (‚weiblicher Geschlechtscharakter‘) und Moderne (Partizipation, außerhäusliches Engagement) normativen Einfluß.

---

[377] vgl. ebd., S. 86/87.
[378] Honegger, Claudia / Wobbe, Theresa (Hg.), a.a.O., S. 20.
[379] Ross, Dorothy: Jane Addams..., a.a.O., S. 133.

Weibliche Intuition, von der auch Georg Simmel spricht und die Marianne Weber als den ‚Genius des Weiblichen' bezeichnet, ist für Jane Addams eine ‚wirksame Erkenntnisform der Wahrheit', die sich insbesondere auf die Begriffe ‚Moral und Gerechtigkeit' bezieht.[380] Die vehemente Artikulation dieser ‚weiblichen Werte' verdeutlicht das starke Bedürfnis – nicht nur von Frauen - ‚sich an dem neu aufbrechenden Diskurs über die Grundlagen der Kultur, die Suche nach neuen verbindlichen Werten und Normen, zu beteiligen. Damit ist gleichzeitig untrennbar - als Wahrnehmung einer historischen Chance - die Frage nach den Normen des Geschlechter-verhältnisses verbunden.

Das Erkenntnisinteresse der feministisch-soziologischen Theorie nach Jane Addams richtet sich auf das Leben selbst, die Anwendungsbezogenheit des Wissens steht im Vordergrund. Ross bezeichnet dies als »... die Methode von Interpretation und Synthese«[381]. Diese soziologische Methode findet sich letztlich auch in Marianne Webers Schriften. Die ‚Interpretation der besonderen weiblichen Wirklichkeit' vor dem Hintergrund jener Ideale der Aufklärung wie Gerechtigkeit und Moral führt sie zu ihrer Schlußfolgerung des besonderen ‚weiblichen Beitrags' an der Kultur der Moderne. Gleich Jane Addams ist Marianne Weber von einem dem weiblichen Geschlecht gegebenen sozialen Wissen überzeugt. Darüber hinaus kann es für die Gesellschaft nur förderlich sein, wenn die vermittelnde ‚weibliche Art' in allen Bereichen zur Geltung kommt. Die Analogien in der theoretischen Ausrichtung Marianne Webers und Jane Addams' sind äußerst aufschlußreich für die Einordnung Marianne Webers in das Spektrum feministischer Soziologinnen. Auch wird durch diese Verbindung Marianne Webers Position zur Methode der verstehenden und interpretierenden Soziologie deutlich, die sich sowohl an den Ausführungen Georg Simmels als auch denen Max Webers orientiert, jedoch den ‚weiblichen Genius' einfließen läßt, ihn aber keineswegs zur *einzigen* Frauen möglichen Orientierung deklariert.

---

[380] vgl. ebd., S 136/137.
[381] vgl. ebd., S. 141.

4.7. Dritte Zwischenbetrachtung

Wie Wobbe in Bezug auf Georg Simmel ausführt, siedelt er das ‚kreative Potential der Frau‘ in der Existenz einer ‚anderen Perspektive‘ an.[382] Während jedoch Georg Simmel davon ausgeht, daß Geschlechtlichkeit für die Frau ein ‚Sein‘ ist und demzufolge alle Bereiche jeglicher Aktivität umfaßt, relativiert Marianne Weber das Maß geschlechtlicher Differenz, indem sie Männern und Frauen jeweils ‚Sondergüter‘ zuweist und gleichzeitig ihre gemeinsame Menschlichkeit betont.

Ausgehend von diesem weiblichen Sondergut, postuliert auch Marianne Weber eine besondere Perspektive von Frauen. Die Verbindung des ‚weiblichen Sondergutes‘ mit dem menschlichen Allgemeingut bedingt die Forderung nach Partizipation und die damit verbundene Hoffnung, daß durch den ‚anderen‘, d.h. den weiblich-verstehenderen Blick auf Gesellschaft, die Kluft zwischen objektiver und subjektiver, zwischen sachlicher und persönlicher Kultur zu überwinden ist. Wichtig ist dabei, daß die Partizipation an der objektiven Kultur, die Mitgestaltung der Umwelt letztlich

> »...doch nur notwendige Stationen sind, von denen aus der Weg der Frau wieder zu ihrer Innenwelt, zu ihrer eigenen Persönlichkeitsgestaltung zurückführt.«[383]

Betrachtet man diesen Gedanken genauer, so wird darin mehrfaches deutlich. Zum einen beinhaltet dieser Abschnitt die notwendige Verbindung von sachlicher und persönlicher Kultur (ganz im Sinne des Kulturprozesses nach Georg Simmel) und zum anderen die fortschreitende, von Frauen in besonderer Weise zu beeinflussende Entwicklung der Kultur. Denn die Hypothese, oder besser: die Hoffnung und Erwartung, daß für Frauen diese Synthese zu erreichen ist, ist m.E. nichts geringeres als die Projektion einer ‚besseren Welt‘. Letztlich ist es auch die Projektion einer demokratischeren Welt, die jedem Menschen eine Partizipation gemäß den eigenen, individuell vorhandenen und zu entwickelnden Kräften ermöglichen soll. Es ist eine hohe Erwartung, die Marianne Weber an die ‚privilegierten Frauen‘ richtet.

Wie bereits einführend erwähnt, deutet Marianne Weber die Zuschreibungen an die ‚bürgerliche Frau‘ um und nutzt in dem Balanceakt zwischen traditionalen und modernen Elementen, der sich in der dualistischen, modernen Frau abzeichnet, das »normative Vakuum« der Jahrhundertwende.

---

382 vgl. Wobbe, Theresa: Wahlverwandtschaften, a.a.O., S. 61.
383 Weber, Marianne: Die neue Frau, a.a.O., S. 137.

Der zweifach dualistischen Frau, die ihre Vervollkommnung im Über-persönlichen erstrebt, welche sie dann zur Synthese der Sphären und zu einer besseren ‚Erfüllung der Gattungspflichten' bringt, stellt Marianne Weber, konform mit Georg Simmel, den einfach dualistischen Mann zur Seite. Mann und Mensch fallen ihr nicht zusammen, auch der Mann ist gehalten neben der ‚Werkvollendung nach der Seinsvollendung' zu streben.

Eine Ergänzung der differenzierten männlichen Lebensweise der Moderne durch eine per definitionem einheitliche Frau ist bei Marianne Weber so nicht intendiert. Der Frau mag die Vermittlung leichter fallen, da sie, wiederum in Nähe zu Georg Simmel, dem Lebendigen, den Bedürfnissen der Persönlichkeit näher steht. Das dispensiert den Mann jedoch nicht von einer als menschliches Ideal formulierten Idee kultureller Vervollkommnung. Frauen in abhängiger und rein auf biologische Funktionen reduzierter Stellung zu halten (und daraus *weibliche Kultur* abzuleiten) bedeutet eine Herabwürdigung der Menschlichkeit der Frau zu einem reinen Mittel.

Die Auseinandersetzung von Männern mit den Implikationen der Emanzipation der Frau erfolgte seinerzeit weitestgehend abwehrend und negativ. Das Modell Marianne Webers vermittelt demgegenüber zwischen den Werten traditionaler Weiblichkeit einerseits und modernem Rationalismus andererseits. Indem sie beiden Geschlechtern ‚Sondergüter' zuweist und jedem der Geschlechter auch allgemein-menschliche Eigen-schaften attestiert, welche zusammengenommen erst den vollständigen Menschen auszeichnen, ermöglicht sie die Zusammenfügung der von Georg Simmel getrennten Bereiche subjektiver und objektiver Kultur.

Die Seele des Menschen kann auch in der Moderne, so Marianne Weber, eine Balance zwischen individuellen, persönlichen und sozialen, überpersönlichen Antrieben und Anforderungen herstellen. Insbesondere der modernen Frau kommt dabei eine Schlüsselposition zu.

Georg Simmel hingegen sieht die Welt in zwei Hälften gespalten, die einander antithetisch gegenüberstehen. Die Synthese, also die Lösung des Konflikts, steht für ihn jenseits des Möglichen. Diese Haltung findet sowohl in den Grundlagen der Soziologie, die sich auf dichotomen Begriffen aufbauen, als auch in den Ausführungen zur Tragödie der Kultur ihren Ausdruck. Zwar existieren Wechselwirkungen, und sie sind der eigentliche Faktor, welcher das komplexe Gebilde Gesellschaft über die verschiedenen Formen der Vergesell-schaftung zusammenfügt; doch der Gedanke, daß durch kleine Veränder-ungen, die sich logischerweise im menschlichen

Handeln ergeben, große Wirkungen erzielt werden können, erscheint ihm gerade in Anwendung auf die ‚Frauenfrage' als zu riskant.

Individualisierung deutete er aus nur einer Perspektive heraus. Die dagegen von Marianne Weber entworfene Variante sieht in der Chance der Verbindung zweier Wertsphären die andere, gleichsam ‚weibliche' Möglichkeit.

Doch auch dieses Modell zeichnet bei allem ihm zu attestierenden pluralistischen Charakter auch ein ‚Bild in den Rahmen der Freiheit'. Es ist vor dem Hintergrund der bürgerlichen Vorstellungen bezüglich der Differenz der Geschlechter - und insbesondere vor dem Hintergrund der durchaus positiven Werte wie Harmoniestreben, Mitmenschlichkeit, Sorge für das Lebendige und Hilfsbedürftige - verständlich, daß Marianne Weber versucht, in ihrem Modell der Partizipation von Frauen an objektiver Kultur diese Eigenschaften gewissermaßen ‚hinüber' zu retten.

Indem Frauen als Botinnen zwischen der objektiven Kultur und der subjektiven Kultur fungieren, erhalten sie einen sozialen Ort, der die positiven Möglichkeiten der Moderne beinhaltet, nämlich Individualisierung und Differenzierung ermöglicht, gleichzeitig aber auch vor deren Risiken bewahrt, vor Vereinzelung und Fragmentierung.

Es bleibt jedoch die Frage, wieso Marianne Weber zwar das Modell der ‚allgemein-menschlichen' Idee derjenigen der ‚Mannheit' und ‚Weiblichkeit' einerseits überordnet (aus feministischer Sicht durchaus verständlich), aber andererseits das ‚männliche Sondergut' weitaus mehr in der ‚sachlichen Sphäre' ansiedelt und Frauen somit wiederum auf eine ergänzende Funktion verweist.

Handelt es sich dabei um Strategie? Um den Versuch, geschlechtliche Differenz – diesmal positiv gewertet - weiterhin zu einem Kriterium für die ‚Vergabe' sozialer Orte, Aufgaben und Partizipationschancen zu stilisieren?

Marianne Weber ist mit der Minderung geschlechtlicher Differenz ein beachtliches Stück über die Thesen Georg Simmels hinausgegangen, dabei jedoch – aus heutiger Sicht – vor dem eigentlichen Ziel stehengeblieben. Es muß zu ihren Gunsten angeführt werden, daß die Lebenswelten von Mann und Frau sich zu ihrer Zeit in einem wichtigen Punkt unterschieden. Der Faktor häufiger, und vielleicht ebenso häufig ungewollter Schwangerschaften, die Unmöglichkeit, Kinder außerfamiliärer, d.h. öffentlicher Sorge anzuvertrauen, ist für die Beteiligung von Frauen an Arbeit, Beruf und Leistung nicht zu unterschätzen. Hinzu kommt die nicht unerhebliche Identifikation der bürgerlichen Frau über ihre Mutterrolle.

Diese Koordinaten sind bezüglich der Einschätzung Marianne Webers zu berücksichtigen. Es bleiben jedoch noch einige Fragen offen, z.B. welche Bedeutung dieses Modell weiblicher Partizipation für die damalige Zeit gehabt hat, inwiefern es sich in die Brüchigkeit des ‚Projekts Moderne' einordnen läßt. Auch für die Gegenwart wirft die unterschiedliche Beurteilung des Geschlechterverhältnisses und der damit immer einhergehenden Bewertung geschlechtlicher Differenz Fragen auf.

Welches ist der erstrebenswerte ‚weibliche Individualisierungspfad'? Welche Möglichkeiten bieten sich in einer Epoche, die nach Effizienz und voller Einsatzbereitschaft der Menschen für ihre Arbeit (Leistung, Dienst, Werk und Schöpfung sind hier inbegriffen) strebt, diese Werte mit dem Anspruch eines erfüllten, in Harmonie mit der dinglichen und sozialen Umwelt stehenden Lebens zu vereinbaren? Ist es nicht vielmehr ein ‚menschlicher' Indivi-dualisierungspfad, der beschritten werden sollte?

Diesen essentiellen Fragen, die m.E. auch heute noch eine Vielzahl von Menschen, insbesondere Frauen beschäftigt, wird im letzten Teil nachgespürt werden.

V. Resümee und Ausblick

Marianne Weber und Georg Simmel führten ihre ‚Auseinandersetzung' vor nunmehr fast 90 Jahren. Marianne Weber reagierte mit *Die Frau und die objektive Kultur* auf Georg Simmels verschiedene Artikel zum ‚GeschlechterProblem', die 1911 in *Philosophische Kultur* erstmals publiziert worden waren.[384]

‚Frauenfrage', oder ‚Geschlechter-Problem', diese Frage ist von entscheidender Bedeutung. Was bedeutet der Begriff der ‚Frauenfrage' denn genau genommen? Sicherlich, daß Frauen ihre Bedürfnisse artikulieren und Männer als diejenigen, welche die entscheidenden Positionen bekleiden und den Ausschluß von Frauen per Gesetz und Alltagspraxis manifestieren, in ihrer Herrschaftsposition und ihrem Selbstbild bedroht sind.[385] Damit erweitert sich jedoch die ‚Frauenfrage' zu einer Frage nach neuen allgemeinen Mustern geschlechtlicher Vergesellschaftung. Wollen Frauen partizipieren, Recht und Einfluß erlangen, dann müssen Männer ihrerseits ihre Positionen teilen, sie müssen von ihrer Macht, die zwar einerseits recht komfortabel, andererseits aber auch bedrohlich ist, abgeben.

Die ‚Frauenfrage' wird, konsequent artikuliert, zu einer die gesamte Gesellschaftsstruktur in Frage stellenden Angelegenheit. Nicht nur das Machtverhältnis zwischen den Geschlechtern steht zur Disposition, sondern auch die Frage nach einer Neudefinition von Öffentlichkeit und Privatheit, nach den Grundwerten der Kultur, nach dem Verhältnis von Lebenszeit und Arbeitszeit, nach der Bewertung von Arbeit schlechthin usw. Diese Aufzählung könnte noch lange fortgeführt werden. Fest steht jedoch, daß in dem Moment, in dem Frauen aus einer anderen Position im sozialen Raum, die ihnen gleichsam andere Wertmuster sozialisiert hat, Einfuß und Macht fordern, die Grundfesten der modernen Vergesellschaftung der Geschlechter in Frage gestellt werden.

---

[384] vgl. Habermas, Jürgen: Georg Simmel als Zeitdiagnostiker. In: Georg Simmel: Philosophische Kultur, a.a.O., S. 243-253, S. 243 (Nachwort).
[385] vgl. z.B. die Selbstmordraten um 1900; Männer begingen ca. 6mal häufiger Selbstmord als Frauen. Gnauck-Kühne, Elisabeth: Die deutsche Frau um die Jahrhundertwende. Statistische Studien zur Frauenfrage, Berlin, 1914, S. 49. Nach: Pohle, Bettina: Kunstwerk Frau, a.a.O., S. 21.

5.1. Zusammenfassung der Ergebnisse

5.1.1. Erkenntnistheoretische Grundlagen, die ‚Apriori' der Wirklichkeit

Georg Simmels Studien zur sozialen Differenzierung – letztere verstanden als das Signum der Moderne – lassen sich als theoretische Grundannahmen sowohl zur *Tragödie der modernen Kultur* als auch zum *Geschlechter-Problem* auffassen. Seiner faustische Ausgangsfrage, nämlich ‚was die Welt im innersten zusammenhält', entspricht die Erklärung: Gesellschaft, als Oberbegriff für die unzähligen Formen der Vergesellschaftung, findet auf der Mikroebene, im Bewußtsein der interagierenden Individuen statt. Die Grundannahmen, die gleichzeitig sowohl die Apriori alltäglicher sozialer Praxis als auch die Methode der Soziologie nach Georg Simmel darstellen, rekurrieren auf die Interdependenz von individueller Autonomie und sozialen Rollenerwartungen.

Arbeitsteilung, soziale Differenzierung, Individualisierung und Vergesellschaftung sind die logischen Folgen der Apriori der Wirklichkeit.

Den entscheidenden Ausgangspunkt, der Georg Simmel späterhin zur *Tragödie der modernen Kultur* führt, markiert das von Ebers so genannte Individualitätsapriori (siehe Teil II). Es ist dem Menschen nicht möglich, die vollständige Individualität eines beliebigen anderen zu erfassen. Demzufolge entstehen in Interaktionen immer nur der Wirklichkeit des anderen ange-näherte Abbilder, die jedoch wiederum als Realität, als Wahrheit aufgefaßt werden. Darauf gründet sich das zweite Apriori Georg Simmels, wonach der Mensch sowohl außerhalb von Gesellschaft als auch innerhalb von Gesellschaft existiert. Dies findet sich ausgedrückt in den Begriffen des ‚Sein für sie' und ‚Sein für sich'.

Aus dem individuellen Bedürfnis nach Anerkennung der jeweiligen Individualität ergibt sich zwischen diesen beiden Polen ein Spannungsverhältnis. Bei steigender Vergesellschaftung (also einem erhöhten Maß an Interaktionen, durch Arbeitsteilung und soziale Differenzierung vorangetrieben) entwickelt sich notwendig ein erhöhtes Maß an Individualisierung bei dem einzelnen Menschen, das gewissermaßen als Gegen- oder Ausgleichsreaktion zu begreifen ist.

5.1.2. Die Krise - oder die Tragödie - der modernen Kultur?

Die Annahme, daß steigende Individualisierung also notwendig zur Auflösung des sozialen Zusammenhalts führe, wie es die Wortwahl von Atomisierung anstelle von Individualisierung andeutet, ist somit nach Georg Simmel nicht zutreffend. Dennoch hat diese Entwicklung mehrere Konsequenzen für das derart vergesellschaftete Individuum. Indem die Summe der Interaktionen steigt, wird es mit verschiedenen Rollenerwartungen konfrontiert, die ihrerseits aus der nur rudimentären Wahrnehmung der Individualität des Interaktionspartners resultieren. Diesen pluralistischen Rollenanforderungen steht nach wie vor der Wunsch nach Anerkennung der vollständigen Individualität und damit auch nach Anerkennung der individuellen Wünsche und Motivationen gegenüber.

Der einzelne Mensch ist gehalten, diese verschiedenen Erwartungen, die jeweils nur einen kleinen Ausschnitt seines Selbst betreffen, in Einklang zu bringen. Dies bezeichnet Georg Simmel als die Entwicklung von Kultur. Der Mensch tritt aus seiner autonomen Einheit in Auseinandersetzung mit seiner dinglichen und sozialen Umwelt. Diese Erweiterung seines individuellen Horizonts führt ihn – im Idealfall – zu einer entsprechend erweiterten Einheit.

Der letzte Schritt, den Georg Simmel mit ,entfalteter Einheit', bzw. als ,Weg der Seele zu sich selbst' beschreibt, wird jedoch in der modernen Kultur immer schwieriger. Georg Simmel begründet dies mit dem Verweis auf die Bedeutung des Geldes. Geldverkehr, als Tauschaktion, führt zu Interaktionen, führt zu Arbeitsteilung, und der Kreis zu Vergesellschaftung und Individualisierung schließt sich.

Geld als solches hat jedoch mehrere Implikationen. Indem Waren für Geld getauscht werden können, wird ihnen ein objektiver, quantifizierbarer Wert zugemessen. Der einzelne Mensch eignet sich via Geld Güter an, um sein individuelles Sein damit zu bereichern. In dieser Kette ereignet sich - ganz logisch - eine Wertverschiebung. Güter, die vormals nicht zu objektivieren waren, also mit einem einheitlichen Wert versehen werden konnten, und in diesem Sinne keine Güter waren, werden käuflich. Georg Simmel bezeichnet dies als Tendenz der modernen Kultur zu Objektivierung. Neben der einheitlichen Welt des Subjekts, des Individuums, entsteht somit eine Welt von Objekten, die sich im Zuge der Industrialisierung, des modernen Kapitalismus ausweitet.

Der einzelne Mensch steht in der modernen Kultur also vor mehreren Aufgaben, die allerdings aus denselben Prozessen hervorgegangen sind.

Nicht nur daß seine Individualität, sein ‚Sein für sich', durch die gestiegenen Rollenerwartungen bedroht ist, auch die dingliche Umwelt fordert bestimmte Verhaltensweisen. Die Aneignung bestimmter Güter erfordert allein durch die exorbitante Ausweitung der Güterpalette rationale und objektive, also effiziente Kriterien. Ebenso erfordert das Rollenmanagement ein gewisses Maß an Effizienz: Welche Rolle, welche Eigenschaften des Selbst werden gefragt, welche nicht? Wieviel Individualität kann eingebracht werden usw. Die äußeren Anforderungen steigen derart, daß keine Rückbindung zu den eignen individuellen Motivationen, zu Intuition und Harmonie mehr möglich erscheint. So verharrt der moderne Mensch im Stadium der ‚entfalteten Vielheit', die sich in seinem Selbst lediglich unverbunden als Fragmente abbildet. Habermas faßt diesen Zusammenhang wie folgt:

> »Das Geld hat exemplarischen Charakter; es stellt die Objektivität der Tauschhandlung in reiner Abstraktion dar und ist doch zugleich die Basis für die Ausbildung einer Subjektivität, die sich ebenso in ihren kalkulierenden Verstandeskräften wie in ihren vagierenden Antrieben ausdifferenziert.«[386]

Die Prozesse der Moderne, die Tendenz zur Objektivität und Objektivierung von - in idealistischer Tradition - nicht Objektivierbarem, weisen dem Individuum eine Richtung, in der es sich notwendig von seinem seelischen Einheitszustand entfernt (Teil III). An diesem Punkt beginnt bereits die Auseinandersetzung mit Marianne Weber.

Georg Simmel faßt Rationalität und Objektivität als Entwicklungen auf, die zur Moderne, zu hoher Arbeitsteilung und sozialer Differenzierung führen und den Menschen von sich selbst entfremden. Die äußere Welt, ob dinglich oder sozial, erhält das Übergewicht über die innere Welt. Marianne Weber sieht hingegen äußere und innere Welt in einem geringeren Antagonismus.

Menschliche Vernunft beinhaltet die Fähigkeit zu rationalem und sachlichem Handeln. Dieses ist für sie ein dem Menschen inhärenter Wesenszug. Zwar kritisiert auch sie die gestiegenen Anforderungen der Arbeitswelt, die mehr und mehr auch auf persönliche Bereiche übergreifen, jedoch wird der Seele des Menschen bei ihr eine Position zugesprochen, von der aus der einzelne Mensch *entscheiden* kann, ob oder wie sehr er sich diesen Normen beugt und die dahinterstehenden Werte internalisiert. Das individuelle Sein des Menschen erhält bei Marianne Weber also eine weitaus größere Autonomie als bei Georg Simmel. Die Prozesse der modernen Kultur, die letztlich von Menschen in alltäglichen Interaktionen

---

[386] vgl. Habermas, Jürgen: Simmel als Zeitdiagnostiker, a.a.O., S. 249.

hergestellt sind, werden demzufolge auch durch menschliche Interaktionen Veränderungen zugänglich. Die Eigen-gesetzlichkeit moderner Kulturentwicklung, der Automatismus, den Georg Simmel ihr unterstellt, wird von Marianne Weber relativiert. Menschen als Schöpfer und auch Geschöpfe diese Kultur verfügen über die Potentiale, Entwicklungen zu beeinflussen. Innen und Außen sind demzufolge nicht strikt getrennt, wie es die Wahrnehmung dichotomer Muster nahelegt, sondern sie befinden sich in Wechselwirkung, welche die Selbstreflexion des Individuums über erstrebenswerte Ideale zwar tangieren, aber nicht negieren.

Somit laufen die Entwicklungen der modernen Kultur nicht unbedingt auf eine Tragödie hinaus, sondern stellen eine Krise dar; aber diese Krise eröffnet die Chance, die Grundwerte der Kultur neu zu verhandeln (Teil IV). Dies geschieht, wie im ersten, historisch einleitenden Teil dargestellt wurde, insbesondere durch die Frauenbewegung, aus deren Kontext heraus Marianne Weber ihre wissenschaftliche Arbeit aktuell politisch begründet.

5.1.3. Weibliche Kultur oder weiblicher Beitrag an menschlicher Kultur

In den Bemühungen der Frauenbewegung um Partizipation an den Bereichen der Öffentlichkeit zeichnen sich mehrere Intentionen ab. Die Ideale der Aufklärung, denen sich die bürgerlichen Frauenbewegung anschließt, stellen den Menschen auf eine autonome, individuelle Grundlage. Um mit Georg Büchner zu sprechen: Der Mensch ist frei geboren. Er ist per definitionem vernünftig. Er ist, um mit Marianne Weber zu sprechen, ein Selbstzweck (siehe Teil IV).

Durch die Geschichte hindurch sind jedoch Frauen von dieser Beschreibung der Menschlichkeit ausgeschlossen gewesen. Dennoch haben es einzelne »Ausnahmeweiber«[387] immer wieder vermocht, sich gegen die rechtlich fixierte Subordination durchzusetzen und ihre Menschlichkeit, ihre Kultiviertheit zu demonstrieren. Diese Vorbilder, die sich insbesondere in der reichen Salonkultur des 18. Jahrhunderts finden lassen, veranlassen gebildete Frauen des Bürgertums, in konsequenter Ausdeutung der Ideale der Aufklärung, ihre Forderungen und ihr Recht auf Gleichberechtigung zu artikulieren. Flankiert wird diese Entwicklung durch einen stetig voranschreitenden Funktionsverlust der Hauswirtschaft. Geschlechtliche Arbeitsteilung verliert damit ihre real nachvollziehbare Grundlage, die

---

[387] vgl. Honegger, Claudia / Wobbe, Theresa, a.a.O., S. 8.

Ideologie der einheitlichen, der Natur näherstehenden Frau steht damit auf tönernen Füßen.

Marianne Weber formuliert vor diesem theoretischen und praktischen Hintergrund ein Modell weiblicher Emanzipation, welches die Bereiche des Privaten als genuines Betätigungsfeld der Frau zu erhalten sucht, gleichzeitig aber auch die Öffentlichkeit tangiert, indem Frauen ihre spezifischen Qualitäten einbringen. Das Verhältnis von Privatheit und Öffentlichkeit wird bei ihr somit neu verhandelt, die Interdependenzen werden herausgestrichen.

Georg Simmel hypostasiert unter dem Eindruck der strikten geschlechtlichen Trennung in Privatheit und Öffentlichkeit der Moderne[388], die er direkt auf die jeweiligen ProtagonistInnen Mann und Frau überträgt, eine höhere Einheitlichkeit der Frau und eine höhere Absolutheit, die sie stärker an ihr individuelles Sein bindet. Er begründet dies zum einen differen-zierungstheoretisch, zu anderen evolutionstheoretisch (Teil III). Aus den Folgerungen, die er für den Bereich der Öffentlichkeit zieht, nämlich daß der moderne Mensch - gemeint ist hier der in der Öffentlichkeit agierende und interagierende Mann - von seinem Innersten entfremdet wird, ergibt sich für ihn eine abwehrende Haltung gegenüber den Partizipationsansprüchen der Frauenbewegung.

Setzen sich Frauen in dem gleichen risikobehafteten Maße mit objektiver Kultur auseinander, agieren sie also in der Öffentlichkeit, kann der moderne Mann in der harmonischen, dem Leben näherstehenden Frau seine notwendige Ergänzung nicht mehr finden. Harmonie und Ausgleich sind gefährdet und damit die gesamte seelische Reproduktion der Gesellschaft. Statt dessen schlägt er eine Modell weiblicher Kultur vor, das seiner Meinung nach dem einheitlicheren Wesen der Frau entspricht, das also jenseits der Öffentlichkeit und ihrer Werte von Rationalität und Objektivität angesiedelt ist. Das Haus erscheint ihm als der tradierte Ort der Frauen, der ihre Einheitlichkeit einerseits bewahrt und andererseits durch die Einheitlichkeit der Frau diese Atmosphäre der Privatheit erst hervorbringt. Demnach bleibt das Haus und die ihm eigene Kultur der Intimität, der Einheit und Harmonie auch der Ort der modernen weiblichen Kultur.

Dabei hat die vorangegangene Definition von Kultur im allgemeinen nur eine untergeordnete Position. Was zu Beginn der Beschäftigung Georg

---

[388] Diese strikte Trennung der Bereiche hat erstens so allgemein verbindlich niemals existiert und ergibt sich zweitens direkt aus Georg Simmels Auffassung von der Sehnsucht des Menschen nach innerer Harmonie und Anerkennung seiner Individualität, die ihm (ob nun Mann oder Mensch) der einheitliche Bereich des Hauses gewähren könnte.

Simmels mit der ‚Frauenfrage' das Stadium vordifferentieller Einheit darstellte, wird gegen Ende zu einer Form höchster Einheit verklärt. Das Absolute und Einheitliche der Frau ist letztlich bedingt durch eine geringere Auseinandersetzung mit objektiver Kultur. Die Weiterentwicklung von undifferenzierter Einheit über entfaltete Vielheit zu einer entfalteten Einheit wird im Modell Georg Simmels von weiblicher Kultur und der damit notwendig antithetisch gegenübergestellten männlichen Kultur erst in der Verbindung von Mann und Frau zu einer entfalteten Zweiheit möglich. Der Mann ist auf die Frau verwiesen, daß sie ihm Einheitlichkeit und Harmonie stifte. Die Frau ist auf den Mann verwiesen, daß er ihr die Vielfalt zeige.

Dieses dem bürgerlichen dichotomen Familien- und Geschlechtermodell direkt entlehnte Ideal weiblicher und menschlicher Kultur wird notwendig in Frage gestellt, sobald Frauen den Weg der entfalteten Vielheit selbst beschreiten wollen. Dem Mann stünde keine ihm angehörende Einheit mehr zur Verfügung, er wäre selbst genötigt, die Synthese, den Ausgleich in sich selbst herzustellen, was ihm jedoch in der modernen Kultur nicht mehr vergönnt ist. Georg Simmels negative Einstellung gegenüber der modernen Kultur wurzelt m.E. in der geringen Wertung der seelischen Autonomie des Menschen überhaupt und in dem Versuch, die Welt weiterhin als dichotom geordnet zu begreifen. Marianne Weber hingegen, die von einer weitaus existentialistischeren Annahme bezüglich der seelischen Autonomie des Menschen ausgeht, kann jener zum einen negativen Einschätzung, zum anderen fundamental differenztheoretischen Argumentation nicht folgen.

Da Frauen ebenfalls zur Gattung der Menschen gehören, sind sie in sich keineswegs so geschlossen und einheitlich, wie Georg Simmels Ausführungen dies implizieren. Indem Frauen im Haus agieren und dort eine Kultur schaffen, sind sie gleichermaßen von objektiven Anforderungen umgeben, die ihre individuelle seelische Autonomie ebenso einschränken, wie die des Mannes außerhalb des Hauses eingeschränkt wird. Mann und Frau, so Marianne Weber, sind in vielen Aspekten gleich, da sie Menschen sind, in einigen verschieden, da sie anderen Geschlechtern angehören (Teil IV).

Marianne Weber relativiert somit deutlich die fundamentale Geschlechter-differenz Georg Simmels. Indem sie dem absoluten Sein der Frau und dem gleichsam absoluten Sein des Mann-Menschen ihre Idee der einander überschneidenden Kreise von geschlechtlicher und menschlicher Bedingtheit gegenüberstellt, eröffnet sie gleichzeitig den Weg zu einem anderen Individualisierungspfad von Frauen. Marianne Weber intendiert kein Modell, das Frauen von ihrem Wesen her auf ausschließlich die gleichen Werte festlegt, die Georg Simmel der objektiven Kultur und damit den Männern zuordnet. Die Werte der bürgerlichen Frau, unter denen sie ihr Leben als Hausfrau, Gattin und Mutter lebt, möchte auch Marianne Weber erhalten. So spricht sie dem weiblichen Sondergut die gleichen Eigenschaften zu, wie Georg Simmel sie für Frauen zum obersten Leitziel erklärt. Das weibliche Sondergut, so Marianne Weber, verweist die Frau in der Tat auf alle Bereiche, die dem Leben näherstehen, die auf die Bedürfnisse des Individuums in seiner Totalität verweisen.

Doch ist ihrer Ansicht nach Geschlechtlichkeit, auch wenn sie das Augenfälligste ist, was dem Menschen am Gegenüber sofort auffällt, nicht das einzige Apriori der Wirklichkeit. Frauen und Männer sind eben nicht nur Frauen und Männer, sondern sie sind Menschen. Dies bedeutet für die Frau ebene keine per se höhere Einheit, sondern eine andere Form der Auseinandersetzung mit Kultur. Die Frau muß nach Marianne Weber einen zweifachen Dualismus bewältigen: zwischen ihrer eigenen subjektiven Kultur und der Auseinandersetzung mit objektiver Kultur sowie den Anforderungen ihre geschlechtlichen Natur. Weibliche Kultur, und damit führt Marianne Weber die These der Einheitlichkeit der Frau ad absurdum, kann sich, wenn sie Kultur sein soll, nur in der Auseinandersetzung mit objektiver Kultur entfalten. Erst dann gelangt das ‚vertiefte Verstehen dessen, was menschlich ist‘, das gleichzeitig das Ideal der dem weiblichen Sondergut inhärenten Mütterlichkeit abbildet, zu seiner vollen Entfaltung.

Georg Simmel propagiert eine weibliche Kultur, die sich letztlich jenseits individueller Autonomie entwickeln muß, da auch sie wiederum die Rollen festschreibt und sie kurzerhand zum Sein erklärt. Marianne Weber formuliert hingegen ein Ideal weiblicher Kultur, das auch heute noch unter dem Aspekt der Vereinbarkeitsleistung / doppelter Vergesellschaftung bekannt ist.

Frauen sind aufgrund ihres Geschlechts - auch ihrer Ansicht nach - die Hauptzuständigen für das Haus, beschrieben als Ort der Privatheit und der Kultur des unmittelbaren Daseins (Teil IV). Doch um diese wichtige Position ausfüllen zu können, bedarf es der Partizipation an den Gütern der objektiven Kultur. Denn wie soll sich eine persönliche Kultur, die Grundlage der Kultur des unmittelbaren Daseins entwickeln, wenn nicht über die Ausein-andersetzung mit den Gütern der objektiven Kultur?

Die Folgen dieser Auseinandersetzung sind dabei von jedem einzelnen Menschen selbst zu steuern. Welche Werte sind dem Individuum wichtig, und welche Konsequenzen ist es für diese Werte zu tragen bereit? Dies sind die entscheidenden Anforderungen, die Marianne Weber an den kritisch denkenden Menschen, an Mann und Frau stellt. Demnach ist auch der Mann nicht seiner Verpflichtung zur vollen Menschlichkeit enthoben. Die alte Gleichung Mann gleich Mensch gleich Öffentlichkeit, welche die Aufteilung menschlicher Eigenschaften in weibliche (Emotion, Intuition, Harmonie) und männliche (Rationalität, Objektivität, Differenzierung) Charakteristika vorantrieb, wird von Marianne Weber in Frage gestellt, ihrer Absurdität überführt und damit im Ansatz kritischer Reflexion zugänglich gemacht.

5.2. Implikationen für die Gegenwart

Welche Schlußfolgerungen ergeben sich nun aus einer Debatte, die vor fast 90 Jahren geführt wurde? Zum einen wird daran deutlich, wie sehr Marianne Weber – ohne formalen Bildungsabschluß – Kulturwissenschaftlerin und Zeitdiagnostikerin[389] war. Eine Positionierung, die für eine Frau ihrer Epoche nicht üblich war und auch heute noch häufig genug in Frage gestellt wird. Gerade am Beispiel Marianne Webers werden die Ambivalenzen gegenüber Wissenschaftler*innen* besonders deutlich: Keine formalen Bildungsabschlüsse, keine methodischen Ausführungen, keine Grundbegriffe ihrer Theorien, keine Regale füllenden ausführlichen Veröffentlichungslisten, noch dazu die Ehefrau eines berühmten Wissenschaftlers – welcher Wert kann ihren Arbeiten somit zugemessen werden, wenn doch alle ,objektiven' Kriterien, nach denen sich Wissenschaftlichkeit bemißt, ausgeschlossen sind?

Die Geschichtsschreibung der Soziologie hat Marianne Weber lange Zeit und zu großem Unrecht vernachlässigt. Als Ehefrau Max Webers mag sie von Interesse sein, zumal wenn die psychische Krise Max Webers zur Disposition steht und der Versuch unternommen wird, ihre Entstehung in dem mit Mythen umgebenen Modell der Weberschen Gefährtenehe zu verorten.[390]

Erst seit einigen Jahren wird die eigenständige wissenschaftliche Leistung von Frauen in der Gründerzeit - und, wie man feststellt: auch Gründerinnenzeit - der Soziologie beachtet. Daß auch an dieser Stelle die Forschung von Frauen auf der Suche nach Traditionen und Vorbildern initiiert wurde, ist im Rahmen einer männlich geprägten Wissenschaftstradition nicht unüblich. Insbesondere Theresa Wobbe hat sich in diesem Zusammenhang mit den Arbeiten Marianne Webers beschäftigt und begonnen, sie erstmals systematisch zu ordnen.

In der Auseinandersetzung mit Georg Simmel, dessen differenzierungstheoretische Ausführungen ebenso wie die Grundannahmen soziologischer Handlungstheorie (Verstehende Soziologie) heute zum

---

[389] Der Begriff ist dem Aufsatz von Jürgen Habermas: Simmel als Zeitdiagnostiker, a.a.O., entlehnt

[390] Die ,Gefährtenehe' der Webers gründete sich auf den Idealen der ethischen Autonomie, wie bereits in Teil III dargestellt wurde. Häufig wird darauf verwiesen, daß Max und Marianne Weber eine asexuelle Ehe führten Vgl. z.B. Käsler, Dirk: Max Weber. Eine Einführung in Leben, Werk und Wirkung. Frankfurt a. M. / New York, 1995, S. 24. Die damit verfolgte Intention ist m.E. die, eine Erklärung für die Depression Max Webers und seine Beziehung zu Else von Richthofen zu finden. Was sich im übrigen m.E. als äußerst schwierig (wenn nicht illusorisch) erweist. Deutlich wird dies daran, daß weder Käsler noch Roth, a.a.O., der gleichfalls von der ,jungfräulichen Gemahlin' spricht und an anderer Stelle die Depression Max Webers erwähnt, eine Quelle anführen können oder wollen. In der vorliegenden Arbeit wurde diese Frage - aus gutem Grund - gänzlich weggelassen.

Grundbestand der Soziologie gehören (man denke an die interpretativen Programme des symbolischen Interaktionismus oder der Ethnomethodologie), kann Marianne Webers eigener Standpunkt deutlich gemacht werden.[391]

So stimmt sie mit Georg Simmel überein in der Interdependenz von Individualisierung und Vergesellschaftung, von Arbeitsteilung, sozialer Differenzierung und einem damit einhergehenden Wertewandel. Sie arbeitet letztlich mit der gleichen hermeneutischen Methode, wie in ihren Aufsätzen, besonders jedoch in *Ehefrau und Mutter in der Rechtsentwicklung* nachzuvollziehen ist. Ihr vitales Interesse an praktischer Philosophie, d.h. ein tatkräftiges Mitschaffen an einer neuen Kultur, demonstriert sie in ihren Aufsätzen und ihrer praktischen Arbeit. Sie lebt vor, wofür sie arbeitet.

Diese Verbindung zwischen Biographie und Werk läßt sich auch für Georg Simmel herstellen. Seine bereits in Teil II dargestellte Vita verweist auf hohe persönliche Schwierigkeiten im Umgang mit festgefügten Strukturen. So bleibt Georg Simmel die längste Zeit seines Lebens, trotz eifriger und untertäniger Bemühungen, die Anerkennung seiner Arbeit versagt. Und dies nicht, weil sie offenkundig schlecht gewesen wäre; Georg Simmels Großeltern waren jüdischen Glaubens, er arbeitete unorthodox, er hinterfragte scheinbare Kausalitäten und relativierte die alte Gleichung von Wahrheit und Wirklichkeit. Dies war völlig ausreichend, um seine Bemühungen zu torpedieren. Vielleicht mußte er auf diese Weise zu einer negativen Einschätzung bezüglich der Autonomie des Selbst gelangen. Es bleibt letztlich gegenüber der geballten Macht sozialer Strukturen ohne Einfluß, wie er in seinem Werk dargestellt hat.

Marianne Weber dagegen erlebt, daß Individualität und eigene Anstrengung die Fesseln sozialer Zuschreibungen abstreifen können. Sie engagiert sich, wird dafür bitter angefeindet, gibt aber nicht auf und setzt sich letztlich auch auf der weitläufigeren politischen Bühne durch.[392] Sie erkämpft sich die Bereiche, innerhalb derer sie partizipieren, arbeiten, reformieren will.

Dies sind und bleiben letztlich Mutmaßungen. Deutlich wird jedoch dabei die unterschiedliche Position, die Georg Simmel und Marianne Weber nicht

---

[391] Weiterhin ist es m.E. für die Zukunft eine interessante Aufgabe zu erforschen, in welchem Maße Marianne Webers theoretischer Standpunkt vom Pragmatismus Jane Addams' geprägt wurde, der sie nachweislich während der Amerikareise 1904 begegnete. Ein weiterer interessanter Anhaltspunkt zum genaueren Verständnis der Werke Marianne Webers wäre ein ausführliches und genaues Studium sämtlicher noch zur Verfügung stehender Originalquellen, die ihre Arbeit im BDF, in der DDP und die Zusammenarbeit mit den Köngenern betreffen.
[392] vgl. Wobbe, Theresa: Marianne Weber. Ein anderes Labor der Moderne, a.a.O., S. 162.

nur theoretisch vertreten, sondern auch im realen praktischen Leben einnehmen.

5.2.1. Dichotomes Denken: das eigentliche Risiko der Moderne

Rührt die differente Betrachtung der epochalen Veränderungen also doch aus unterschiedlichen Perspektiven bzw. Distanzen her, wie Georg Simmel mutmaßte?[393] Lassen sich die verschiedenen Positionen nicht im Kern auf die gleiche Intention reduzieren? Eine Aufwertung des reproduktiven häuslichen Bereichs als Refugium des Privaten gegenüber dem differenzierten Bereich der Öffentlichkeit? Ja und nein: In der Aufwertung des Reproduktionsbereichs stimmen Marianne Weber und Georg Simmel sicherlich überein. Während jedoch Marianne Weber versucht, aus dem Antagonismus der Geschlechter eine Differenz in einigen Bereichen zu gestalten, formuliert Georg Simmel den Antagonismus noch weiter aus.

Er betont gemäß den Strukturen dichotomen Denkens mehr die Differenz der Bereiche als ihre Reziprozität. Privatheit und Öffentlichkeit, Frau und Mann, Subjekt und Objekt, Lebenswelt und Arbeitswelt usw. stehen sich als Kennzeichnungen antagonistischer Sphären gegenüber. Reinliche Scheidung symbolisiert die einzige Hoffnung. Zwar verweist er zunächst durch den Begriff der Wechselwirkung auf die Interdependenzen der Bereiche, doch letztlich bietet lediglich die Abschottung des privaten – weiblichen – Bereichs eine ausreichende Sicherheit vor den Risiken der Moderne, die Georg Simmel als Übermacht der Objektivationen, des Geldes usw. beschreibt.

In diesem antagonistischen Modell ist kein Platz für Vermittlung, für reformierendes, eingreifendes Handeln. Der Mensch, zumal der Mann, wird zum reinen Geschöpf von Kultur, welches nicht mehr kreativ denkend Veränderungen initiiert, sondern zum reinen Erfüllungsgehilfen der Geister wird, die es rief, nun aber nicht wieder los wird. Gewissermaßen als pièce de résistance bewahrt sich der Mensch einen letzten Rest an Autonomie, er gestaltet eine unverwechselbare Individualität, die jedoch auch im wesentlichen sozial vermittelt ist. Individualisierung über den Arbeitsmarkt, wie Diezinger sie beschreibt[394], ist das Signum der Epoche, die beginnt, sich über Arbeit - vornehmlich über Erwerbsarbeit - zu definieren.

---

[393] vgl. Weber, Marianne: Lebenserinnerungen, a.a.O., S. 383.
[394] vgl. Diezinger, Angelika: Frauen: Arbeit und Individualisierung. Opladen., 1991, S. 24.

Die Strukturen dichotomen Denkens und deren Übertragung auf das Geschlechterverhältnis haben weitreichende Folgen für den Begriff von Individualisierung. So zeichnet sich in den Bemühungen der bürgerlichen Frauenbewegung der Jahrhundertwende die übergroße Bedeutung des Bereichs der Öffentlichkeit, der Erwerbsarbeit ab, jedoch auch gleichzeitig die Intention, das Getrennte wieder zusammenzuführen. So insistiert Marianne Weber auf einem Modell der Vermittlung zwischen jenen Bereichen, die einerseits funktional geschieden sind, andererseits aber unmittelbar aufeinander verweisen.

Ihre Kritik richtet sich gegen dichotomes Denken, welches statt der Gemeinsamkeiten lediglich die Gegensätze betont und diese zu Antagonismen übersteigert. Sie betont statt dessen beides, sowohl Gemeinsamkeiten als auch Differenzen. Marianne Weber wertet Differenz positiv, indem sie auf deren Funktionalität verweist. Die Abwertung von Frauen, so ihre Hypothese, muß sich nicht zwingend aus geschlechtlicher Differenz ergeben. Sie ist vielmehr Produkt der Übersteigerung von Differenzen zu Antagonismen.[395] Dabei sind jene Antagonismen Produkte der Wahrnehmung, ein Resultat dichotomen Denkens und Identitätsstiftung via Abgrenzung. Somit beinhaltet auch ihre Argumentation im Kern Relikte dieses Denkmusters. Die Identifikation über Geschlechtlichkeit, die sie zwar einerseits kritisiert, der sie andererseits aber in dem Begriff der Mütterlichkeit selbst wieder unterliegt, wird zum Dreh- und Angelpunkt der Ausein-andersetzung um Differenzen und Gemeinsamkeiten.

Es stellt sich die Frage, wieso zum einen der Bereich der tätigen Sorge, der Reproduktion, welcher unbestreitbar wichtig ist für menschliches Mitein-ander, Sache der Frauen bleiben soll und zum anderen, wie eine Aufwertung innerhalb eines Systems geschehen soll, das sich über Effizienz, Rationalität, Leistung und monetäre Anerkennung definiert. Ein einheitlicher Lohn für Hausfrauenarbeit schwebt Marianne Weber nicht vor, eine Verfügung über einen bestimmten Teil des männlichen Einkommens jedoch schon.[396]

Was Marianne Weber in ihrem Modell nicht gelöst hat, ist neben dem Umgang mit Differenz das Problem der Abhängigkeit und der doppelten Vergesellschaftung (im Gegenteil: sie kann als Wegbereiterin doppelter Vergesellschaftung verstanden werden). Indem Frauen zugleich für

---

[395] vgl. Becker-Schmidt, Regina: Zum feministischen Umgang mit Dichotomien. In: Knapp, Gudrun Axeli (Hg.): Kurskorrekturen. Frankfurt am Main / New York, 1998, S. 84-125, S. 98f.
[396] vgl. Weber, Marianne: Zur Frage der Bewertung..., a.a.O., passim.

Erwerbsarbeit und Familie zuständig sind, erhöhen sich selbstredend die individuellen Lasten. Das gängige Modell ist deshalb Halbtagsarbeit für die Frau plus Familienarbeit und Vollzeitarbeit für den Mann.[397]

Das Ernährermodell hat immer noch Konjunktur, ebenso wie eine Hausfrauenkultur.[398] Frauen engagieren sich auf dem Arbeitsmarkt, wenn die Familienorientierung und die Familienaufgaben es zulassen. Daß demzufolge eben diese Familienorientierung von Frauen selbst mehr und mehr in Frage gestellt wird, ist naheliegend, ebenso naheliegend ist auch die Umkehr zu traditionalen (oder besser ‚modernen‘) Formen, indem sich Frauen auf den Bereich der Familie beziehen.

Sollte Georg Simmel also prophetische Gaben gehabt haben, wenn er vor den Folgen weiblicher Individualisierung warnte und den drohenden Verlust von Intimität, Reproduktion und Harmonie beklagte? Ist es tatsächlich nur ‚genialen Frauen‘ vergönnt, widerstrebenden sozialen Anforderungen zu genügen und Doppelbelastung zu managen?

5.2.2. Vermittlung zwischen den Bereichen – eine Aufgabe für Menschen

Welche Lösungswege bieten sich aus dem Dilemma, das sich für Frauen zwischen zwei Modellen der Lebensführung auftut? Frauen werden in der Regel auf das von Marianne Weber intendierte Botinnenmodell verwiesen, das sich letztlich als funktional herausgestellt hat.[399] Die Vermittlung zwischen öffentlichem und privatem Sektor durch eine Kultur des unmittelbaren Daseins wird zur Sache der Frauen deklariert. Daß dabei selbstredend die Hauptverantwortlichkeit für die häuslichen Arbeiten an Frauen hängenbleibt, belegen Studien zum Zeitmanagement und zur

---

[397] vgl. Schaeffer-Hegel, Barbara / Leist, Andrea: Sozialer Wandel und Geschlecht: Für eine Neubestimmung des Privaten. In: POLIS. Schriftenreihe der Hessischen Landeszentrale für Politische Bildung, Heft 21: Backlash? Antworten aus der Praxis. Herausgegeben von Mechthild Jansen / Regine Walch. Wiesbaden, 1997, S. 17-32, S. 26

[398] vgl. Jaeckel, Monika: An der geschlechtsspezifischen Arbeitsteilung rüttelt niemand. In: POLIS. a.a.O., S. 10-16, S. 11. Dabei ist ergänzend anzufügen, daß sich im Rahmen von Befragungen gerade in diesem Punkt eine Differenzierung in West und Ost für die Bundesrepublik lohnt. Hausfrauenkultur und Ernährermodell sind im Westen noch stärker verwurzelt als im Osten, wobei die politischen Veränderungen eine Transformation des Geschlechterverhältnisses in diesem Punkt auch für den Osten mit sich gebracht haben. Mit anderen Worten: Nicht die ‚Westfrauen‘ haben von der Erwerbsarbeitsorientierung der ‚Ostfrauen‘ profitieren und in gemeinsamen Anstrengungen das Pro und Kontra erörtern können, sondern ‚Ostfrauen‘ wurden überproportional im Zuge von Entlassungswellen an den heimischen Herd zurückverbannt.

[399] Wobei ich an dieser Stelle ausdrücklich betonen möchte, daß mit dem Begriff der Funktionalität von mir keine Wertung vorgenommen wird

häuslichen Aufgabenteilung von Männern und Frauen.[400] Daß damit allerdings wiederum Wertungen einhergehen, und zwar nicht derart, daß die Doppelbelastung von Frauen honoriert würde, sondern als Maßstab das ‚Normale', also das männliche Lebensmuster gilt, verweist auf die dichotomen Modellen inhärente Herrschaftsstruktur.[401]

Die Auflösung von Dichotomien, also von Strukturen, die auf Segregation verweisen, wäre also die Aufgabe kritischer Sozialwissenschaft, der sie sich insbesondere im Rahmen der Diskussion um die Implikationen postmoderner Lebensweisen und Lebenswelten stellen muß. Postmoderne hat wenig mit dem Verschwinden bekannter Lebensmuster zu tun als vielmehr mit einer Transformation dieser Lebensmuster. Vester verweist dazu auf den Begriff des Pastiche.[402] Pastiche als die begriffliche Beschreibung postmoderner Prozesse meint nicht einfache Umkehrung der Differenzierungsprozesse, wie sie als klassische Merkmale der Moderne beschrieben sind. Pastiche, so Vester, setzt Differenzierung voraus, fügt jedoch dieses differente und funktional Geschiedene unter neuen, weniger hierarchisch wertenden Gesichtspunkten neu zusammen. Ist Marianne Weber also als Wegbereiterin postmodernen Denkens zu verstehen, ähnlich wie dies Georg Simmel attestiert wird?[403] Differenz nun einmal vertikal und nicht horizontal? Vielfalt und Demokratie, Pluralismus und Anerkennung verschiedener Lebenswelten, Auflösung von Dichotomien zu Polyvalenzen?

Für die Betrachtung des Geschlechterverhältnisses bieten sich damit neue und gleichzeitig interessante Möglichkeiten, aber auch Risiken. Die Anerkennung von Differenz, die ja bereits Marianne Weber fordert, hat gegenwärtig immer noch den unangenehmen Beigeschmack funktionaler und damit für das Geschlechterverhältnis auch hierarchisch geordneter Trennung in ver-schiedene Sphären. Georg Simmel zeigt z.B. auf eindrucksvolle Weise, wie in der Idealisierung des Weiblichen (als Konglomerat sozialer Zuschreibungen und männlicher Phantasien) Differenz zum Ausschluß führt.

Kann es also, wenn man das Ideal gleichberechtigter Menschen setzt, im Rahmen des bekannten Geschlechterverhältnisses zur Anerkennung von

---

[400] vgl. Kurz-Scherf, Ingrid: Backlash? Oder: feministische Perspektiven jenseits der Arbeitsgesellschaft. In: Jansen, Mechthild / Baringhorst, Sigrid / Ritter, Martina (Hg.): Frauen in der Defensive? Perspektiven aktueller Frauenforschung, Bd. 3. Münster, 1995, S. 130-156, pas. Siehe auch dies.: Nur noch Utopien sind realistisch. Bonn, 1992, passim.
[401] vgl. Becker-Schmidt, Regina: Zum feministischen Umgang mit Dichotomien. a.a.O., S. 99ff.
[402] vgl. Vester, Heinz-Günter: Soziologie der Postmoderne. München, 1993, S. 29f.
[403] vgl. Dörr-Backes, Felicitas / Nieder, Ludwig (Hg.): Georg Simmel zwischen Moderne und Postmoderne. Würzburg, 1995.

Differenz als Bereicherung der menschlichen Lebenswelt kommen, oder ist dies nur ein weiterer Versuch, Abwertung und Ausschluß zu verschleiern? Sind nicht die Konnotationen, die mit den Begriffen Mann und Frau verbunden sind nicht bereits der berühmte ‚Stein des Anstoßes' und ist es daher nicht sinnvoll diese Begriffe inklusive ihrer inhärenten Zuschreibungen kritisch zu hinterfragen - und u.U. abzulehnen?[404] Sollte man pragmatisch vorgehen und sondieren, welche Möglichkeiten gegenwärtig Erfolg versprechen, oder eine Utopie, ein mögliches Ziel entwerfen?

Die Lösung scheint mir in einer Kombination der verschiedenen Ansätze zu liegen. Grundsätzlich bestehen wohl keine Schwierigkeiten in der Anerkennung menschlicher Vielfalt, zumindest nicht von einer hohen Warte theoretischer Reflexion aus. Gelangt man in die Bereiche der alltäglichen Lebenswelt, alltäglicher Handlungspraxis und Motivationen, so sind pluralistische Modelle immer seltener anzutreffen. Wie kann nun Pluralismus, der menschliche Vielfalt und nicht nur zweigeschlechtlichen Dualismus betont, real verwirklicht werden?

Marianne Webers Modell weiblicher Partizipation bei gleichzeitiger Rückbesinnung auf traditionale Werte leistet sicher einen Schritt in diese Richtung. Sie bleibt jedoch gewissermaßen auf halbem Wege stehen. Sie anerkennt die soziale Konstruktion eines weiblichen Geschlechtscharakters und transformiert ihn in ein Modell, welches die Elemente der Fürsorge, des Lebens für andere integriert hält, gleichzeitig aber auch auf das Leben für sich selbst verweist. Denkt man das Modell der sozialen Konstruktion lediglich etwas weiter, so folgt, daß auch der männliche Geschlechtscharakter sozial konstruiert ist, ganz nach den Normen und Mustern dichotomen Denkens. Auf das Leiden von Männern an diesen Normen haben neben Böhnisch und Winter auch Schnack und Neutzling[405] verwiesen.

Das soziale Muster eines allzeit aktiven, harten, leistungsorientierten Mannes stößt gegenwärtig, wenn auch erst in bescheidenen Ansätzen, ebenso auf Widerspruch wie das komplementäre Muster einer passiven, weichen, an Harmonie und Ausgleich orientierten Frau. Die Ausschließlichkeit dieser Muster ist es, die zur Zurichtung eines Geschlechtscharakters führt, welcher die Vermittlung zwischen den

---

[404] Dies wird z.B. von Judith Butler intendiert. Vgl. Butler, Judith: Variationen zum Thema Sex und Geschlecht. Beauvoir, Wittig und Foucault. In: Nunner-Winkler, Gertrud (Hg.): Weibliche Moral: Die Kontroverse um eine geschlechtsspezifische Ethik. Frankfurt a. M. / New York, 1991, S. 56-76.
[405] vgl. Böhnisch, Lothar / Winter, Reinhard, a.a.O. und Schnack, Dieter / Neutzling, Rainer: Kleine Helden in Not. Hamburg, 1990.

Sphären und ihren divergenten Ansprüchen so schwierig macht. Bündnisse sind also gefragt. Wenn Männer offenkundig zu Teilen an ihrer halbierten Menschlichkeit leiden, so sollte dieses Leiden auch von den Frauenbewegungen ernst genommen werden. Es impliziert einen Wandel des Denkens, den Marianne Weber in ihrem Modell der allgemeinen Menschlichkeit bereits angedeutet hat.

Stellt man sich ein soziales Leben vor, in dem es irrelevant ist, welche Arbeit von wem ausgeführt wird, in der sowohl Orientierung auf Erwerbsarbeit als auch auf zwischenmenschliches Miteinander, Reproduktion und Gestaltung des persönlichen Lebens gleichmäßig ausbalanciert sind, so tangiert dies notwendig den Bereich der Erwerbsarbeit und der Einkommensverteilung, kurz gesagt: eine Neubestimmung des Verhältnisses von Privatheit und Öffentlichkeit.

Kurz-Scherf weist z.B. auf die Möglichkeiten zur Umgestaltung von Arbeitsverhältnissen und geschlechtlicher Rollenverteilung hin.[406] Sicherlich kann kritisch angeführt werden, daß diese Projekte letztlich erst in weiter Ferne ihrer Einlösung harren und vordringlich Hierarchien im Wege stehen. Deshalb sei hier nochmals auf die Notwendigkeit von Bündnissen aller Art verwiesen. Was spricht denn dagegen, mit Gewerkschaften zusammenzuarbeiten, wenn sie eine Verkürzung der Arbeitszeit fordern? Was spricht dagegen, mit Unternehmen zusammenzuarbeiten, wenn sie auf flexiblere Arbeitszeiten drängen? In pauschalen dichotomen Denkmustern, welche die einen wegen der Forderungen nach Familienlohn, die anderen wegen ihrer kapitalistischen Grundstruktur und ihres vornehmlich kapazitätsorientierten Denkens (der Begriff ist Kurz-Scherf entlehnt) verdammen, kommt man nicht weiter. *Einflußnahme* lautet das Zauberwort, sowohl im privaten wie auch im öffentlichen Leben. Damit geht gleichzeitig auch eine Abkehr von u.U. liebgewordenen Gewohnheiten einher. Indem Männern die Möglichkeit gegeben -, und auch die Verpflichtung auferlegt - wird, sich im Bereich des Privaten zu engagieren, d.h. Verantwortlichkeit für Hausarbeit und Kinderbetreuung, Reproduktion im weiteren Sinne, muß gleichzeitig anerkannt werden, daß Frauen nicht per se die ,besseren Menschen' sind. Den ,neuen Vätern' (um es auf den Bereich der Familie zu transferieren) fehlen die äquivalenten ,neuen Mütter'.[407]

Eine Neuverhandlung geschlechtlicher Differenz, wie sie Marianne Weber intendierte, ist noch nicht überflüssig geworden. Erst wenn die

---

[406] vgl. Kurz-Scherf, Ingrid: a.a.O.
[407] vgl. Nave-Herz, Rosemarie: Frauen zwischen Tradition und Moderne, a.a.O., S. 111.

Doppelbelastung durch Teilhabe von Männern an privaten Aufgaben gerecht verteilt wird und Frauen sich in ihrem Selbst nicht getroffen fühlen, wenn sie über einschlägige, mit ‚Weiblichkeit‘ konnotierte ‚Qualifikationen‘ wie z.B. Kinder(kranken)pflege nicht verfügen (wobei auch ebenso konnotierte Charaktereigenschaften wie Geduld und Sanftmut usw. eine wichtige Rolle spielen), sondern jegliche Form der Arbeitsteilung prinzipiell individuell aushandelbar wird, dann besteht die Möglichkeit, daß die Begriffe ‚männlich‘ und ‚weiblich‘ als Kennzeichnungen verschiedener Wesenheiten und Arbeitsvermögen überflüssig geworden sind. Dazu bedarf es der Reflexion und der Kenntnis über die Geschichte der Zurichtungen auf bestimmte Geschlechtscharaktere, der Kenntnis über die Prozesse der Moderne.

Literaturverzeichnis

Aldenhoff, Rita: *Nationalökonomie und Kulturwerte um 1900.* In: Bruch, Rüdiger vom / Graf, Friedrich, Wilhelm / Hübinger, Gangolf (Hg.): *Kultur und Kulturwissenschaften um 1900.* Wiesbaden, 1989, S. 45-62.

Allert, Tillmann: *Max und Marianne Weber. Die Gefährtenehe.* In: Treiber, Hubert / Sauerland, Carol (Hg.): *Heidelberg im Schnittpunkt intellektueller Kreise.* Opladen, 1995, S. 210-241.

Badinter, Elisabeth: *XY Die Identität des Mannes.* München, 1993.

Badinter, Elisabeth: *Die Mutterliebe. Geschichte eines Gefühls vom 17. Jahrhundert bis heute.* München, 1981.

Beauvoir, Simone de: *Das andere Geschlecht. Sitte und Sexus der Frau.* Stuttgart / Hamburg / München, 1951.

Becker-Schmidt, Regina: *Trennung, Verknüpfung, Vermittlung: Zum feministischen Umgang mit Dichotomien.* In: Knapp, Gudrun Axeli (Hg.): *Kurskorrekturen. Feminismus zwischen kritischer Theorie und Postmoderne.* Frankfurt a. M. / New York, 1998, S. 84-125.

Beckmann, Emma / Stoß, Irma: *Quellenhefte zum Frauenleben in der Geschichte. Die organisierte Frauenbewegung 2. Teil: Von der Gründung des Bundes deutscher Frauenvereine bis 1927.* (Heft 19b) Berlin,1927.

Bevers, Antonius M.: *Die Dynamik der Formen bei Georg Simmel.* Berlin, 1988.

Bleckwenn, Ruth (Hg.): *Quellen und Schriften zur Geschichte der Frauenbildung. Bd.1: Karl von Rauner: Die Erziehung der Mädchen.* Stuttgart, 1853. Reprint: Paderborn, 1988.

Böhnisch, Lothar / Winter, Reinhard: *Männliche Sozialisation. Bewältigungsprobleme männlicher Geschlechtsidentität im Lebenslauf.* Weinheim / München, 1997

Bovenschen, Silvia: *Die Imaginierte Weiblichkeit.* Frankfurt a. M., 1979.

Brehmer, Ilse (Hg.): *Mütterlichkeit als Profession?* Pfaffenweiler, 1990.

Brehmer, Ilse / Jacobi-Dittrich, Juliane / Kleinau, Elke / Kuhn, Annette (Hg.): *Frauen in der Geschichte, Bd. 4: Wissen heißt Leben.* Düsseldorf, 1983

Brick, Barbara: *Die Mütter der Nation – Zu Helene Langes Begründung einer ,weiblichen Kultur'.* In: Brehmer, Ilse / Jacobi-Dittrich, Juliane / Kleinau, Elke / Kuhn, Annette (Hg.): *Frauen in der Geschichte, Bd. 4: Wissen heißt Leben.* Düsseldorf, 1983, S. 99-132.

Bruch, Rüdiger vom / Graf, Friedrich, Wilhelm / Hübinger, Gangolf (Hg.): *Kultur und Kulturwissenschaften um 1900.* Wiesbaden, 1989.

Bruch, Rüdiger vom / Graf, Friedrich, Wilhelm / Hübinger, Gangolf: *Kulturbegriff, Kulturkritik und Kulturwissenschaften um 1900.* In: Bruch, Rüdiger vom / Graf, Friedrich, Wilhelm / Hübinger, Gangolf (Hg.): *Kultur und Kulturwissenschaften um 1900.* Wiesbaden, 1989, S. 9-24.

Butler, Judith: *Variationen zum Thema Sex und Geschlecht. Beauvoir, Wittig und Foucault.* In: Nunner-Winkler, Gertrud (Hg.): *Weibliche Moral: Die Kontroverse um eine geschlechtsspezifische Ethik.* Frankfurt a. M. / New York, 1991, S. 56-76.

Clausen, Lars / Schlüter, Carsten (Hg.): *Hundert Jahre Gemeinschaft und Gesellschaft. Ferdinand Tönnies in der internationalen Diskussion.* Opladen, 1991.

Cordes, Mechthild: *Die ungelöste Frauenfrage.* Frankfurt a. M., 1995.

Corsten, Michael: *Das Ich und die Liebe. Subjektivität, Intimität, Vergesellschaftung.* Opladen, 1993

Coser, Lewis A.: *Georg Simmels vernachlässigter Beitrag zur Soziologie der Frau.* In: Rammstedt, Otthein / Dahme, Heinz-Jürgen (Hg.): *Georg Simmel und die Moderne.* Frankfurt a. M., 1984, S. 80-90.

Dahrendorf, Ralf: *Der moderne soziale Konflikt.* Stuttgart, 1992.

Dahme, Heinz-Jürgen: *Georg Simmels Weg zur Soziologie.* In: Dörr-Backes, Felicitas / Nieder, Ludwig (Hg.):*Georg Simmel zwischen Moderne und Postmoderne.* Würzburg, 1995, S. 23-47.

Dahme, Heinz-Jürgen: *Frauen- und Geschlechterfrage bei Herbert Spencer und Georg Simmel.* In: KZfSS, 1986, S. 490-509.

Dahme, Heinz-Jürgen / Rammstedt, Otthein: *Die zeitlose Modernnität der soziologischen Klassiker. Überlegungen zur Theoriekonstruktion von Emile Durkheim, Ferdinand Tönnies, Max Weber und Georg Simmel.* In: Rammstedt, Otthein/ Dahme, Heinz - Jürgen (Hg.): *Georg Simmel und die Moderne.* Frankfurt a. M., 1984, S. 449-479.

Diezinger, Angelika: *Frauen: Arbeit und Individualisierung. Chancen und Risiken.* Opladen, 1991.

Doerry, Martin: *Übergangsmenschen: Die Mentalität der Wilhelminer und die Krise des Kaiserreichs.* Weinheim / München, 1986.

Dörr-Backes, Felicitas: *The Study of Culture in Georg Simmels Writings in Art.* In: Dörr-Backes, Felicitas / Nieder, Ludwig (Hg.):*Georg Simmel zwischen Moderne und Postmoderne.* Würzburg, 1995, S.119-128.

Dörr-Backes, Felicitas / Nieder, Ludwig (Hg.): *Georg Simmel zwischen Moderne und Postmoderne.* Würzburg, 1995.

Dreyer, Wilfried: *Gesellschaft, Kultur und Individuum. Zur Grundlegung der Soziologie bei Georg Simmel.* In: Dörr-Backes, Felicitas / Nieder, Ludwig (Hg.): *Georg Simmel zwischen Moderne und Postmoderne.* Würzburg, 1995. S.59-103.

Durkheim, Emile: *Die Regeln der soziologischen Methode.* Berlin, 1961.

Ebers, Nicola: *,Individualisierung'. Georg Simmel, Norbert Elias, Ulrich Beck.* Würzburg, 1995.

Engel, Mechthild: *Helene Lange: gegen Gemütsmastkur – für geistige Kost.* In: Brehmer, Ilse (Hg.): *Mütterlichkeit als Profession.* Pfaffenweiler, 1990, S. 13-36.

Engel, Mechthild: *Gertrud Bäumer: Hindurch, hinauf, verloren.* In: Brehmer, Ilse (Hg.): *Mütterlichkeit als Profession.* Pfaffenweiler, 1990, S. 55-78.

Engelhardt, Ulrich: *»...geistig in Fesseln«?* In: Lepsius, M. Rainer (Hg.): *Bildungsbürgertum im 19. Jahrhundert, Teil III: Lebensführung und ständische Vergesellschaftung.* Stuttgart, 1992, S. 113-174.

Essen, Gesa von: *Max Weber und die Kunst der Geselligkeit.* In: Treiber, Hubert / Sauerland, Karol (Hg.) *Heidelberg im Schnittpunkt intellektueller Kreise.* Opladen, 1995, S. 462-484.

Felski, Rita: *The gender of modernity.* Cambrige / Massachusetts / London, 1995.

Frevert, Ute: *Soldaten, Staatsbürger: Überlegungen zur historischen Konstruktion von Männlichkeit.* In: Kühne, Thomas (Hg.): *Männergeschichte Geschlechtergeschichte. Männlichkeit im Wandel der Moderne.* Frankfurt a. M. / New York, 1996, S. 69-87.

Frevert, Ute: *,Mann und Weib und Weib und Mann'. Geschlechterdifferenzen in der Moderne.* München, 1995.

Frisby, David P.: *Soziologie und Moderne: Ferdinand Tönnies, Max Weber und Georg Simmel.* In: Rammstedt, Otthein (Hg.): *Simmel und die frühen Soziologen.* Frankfurt a. M. , 1988. S.196-221.

Frisby, David P.: *Die Ambiguität der Moderne: Max Weber und Georg Simmel.* In: Mommsen, Wolfgang J. / Schwentker, Wolfgang (Hg.): *Max Weber und seine Zeitgenossen.* Göttingen / Zürich, 1988, S. 580-594.

Frisby, David P.: *Georg Simmels Theorie der Moderne.* In: Rammstedt, Otthein/ Dahme, Heinz - Jürgen (Hg.): *Georg Simmel und die Moderne.* Frankfurt a. M. , 1984. S.9-79.

Fromm, Erich: *Die Furcht vor der Freiheit.* München, 1991.

Fromm, Erich: *Haben oder Sein.* Stuttgart, 1976.

Fügen, Norbert: *Max Weber.* 5. Aufl. Hamburg, 1997.

Gassen, Kurt / Landmann, Michael: *Buch des Dankes an Georg Simmel.* Berlin, 1958.

Gerhard, Ute: Unerhört. *Die Geschichte der deutschen Frauenbewegung.* Hamburg, 1992.

Gerhard, Ute: *Gleichheit ohne Angleichung. Frauen im Recht.* München, 1990.

Gerhard, Ute: *Verhältnisse und Verhinderungen. Frauenarbeit, Familie und Rechte der Frau im 19. Jahrhundert.* Frankfurt a. M., 1978.

Gilcher-Holtey, Ingrid: *Modelle ,moderner' Weiblichkeit. Diskussionen im akademischen Milieu Heidelbergs um 1900.* In: Lepsius, M. Rainer (Hg.): *Bildungsbürgertum im 19. Jahrhundert, Teil III: Lebensführung und ständische Vergesellschaftung.* Stuttgart, 1992, S. 176-205

Gilcher-Holtey, Ingrid: *Max Weber und die Frauen.* In: Gneuss, Christian / Kocka, Jürgen (Hg.): *Max Weber. Ein Symposion.* München, 1988, S. 142-154.

Gneuss, Christian / Kocka, Jürgen (Hg.): *Max Weber. Ein Symposion.* München, 1988

Greven-Aschhoff, Barbara: *Die bürgerliche Frauenbewegung in Deutschland 1894-1933.* Göttingen,1981

Habermas, Jürgen: *Strukturwandel der Öffentlichkeit.* Frankfurt a. M., 1990.

Habermas, Jürgen: *Simmel als Zeitdiagnostiker* (Nachwort). In: *Georg Simmel: Philosophische Kultur. Über das Abenteuer, die Geschlechter und die Krise der Moderne.* Berlin, 1983. Originalausgabe erschienen in Potsdam, 1923.

Hardtwig, Wolfgang / Brandt, Harm-Hinrich (Hg.): *Deutschlands Weg in die Moderne. Politik, Gesellschaft und Kultur im 19. Jahrhundert.* München,1993.

Heins, Volker: *Max Weber.* Hamburg, 1997.

Helle, Horst Jürgen: *Soziologie und Erkenntnistheorie bei Georg Simmel.* Darmstadt, 1988.

Helle, Horst-Jürgen: *Verstehende Soziologie und Theorie des Symbolischen Interaktionismus.* Stuttgart, 1977.

Hervé, Florence: *Die Geschichte der deutschen Frauenbewegung.* 5., vollständig überarbeitete Aufl. Köln, 1995.

Honegger, Claudia / Wobbe, Theresa (Hg.): *Frauen in der Soziologie.* München, 1998.

Honegger, Claudia / Wobbe, Theresa: *Frauen in der kognitiven und institutionellen Tradition der Soziologie.* In:, Honegger, Claudia / Wobbe, Theresa (Hg.): *Frauen in der Soziologie.* München, 1998, S. 7-27.

Honegger, Claudia: *Die bittersüße Freiheit der Halbdistanz. Die ersten Soziologinnen im deutschen Sprachraum.* In: Wobbe, Theresa / Lindemann, Gesa (Hg.): *Denkachsen. Zur theoretischen und institutionellen Rede vom Geschlecht.* Frankfurt a. M., 1994, S. 69-85.

Honegger, Claudia: *Die Ordnung der Geschlechter. Die Wissenschaft vom Menschen und das Weib 1750-1850.* Frankfurt a. M. / New York, 1991.

Hübinger, Gangolf: *Kapitalismus und Kulturgeschichte.* In: Bruch, Rüdiger vom / Graf, Friedrich Wilhelm / Hübinger, Gangolf (Hg.): *Kultur und Kulturwissenschaften um 1900.* Wiesbaden, 1989, S. 25-43.

Jaeckel, Monnika: *An der geschlechtsspezifischen Arbeitsteilung rüttelt niemand.* In: Jansen, Mechthild / Walch, Regine (Hg.): *Backlash? Antworten aus der Praxis.* POLIS, Schriftenreihe der Hessischen Landeszentrale für politische Bildung, Heft 21. Wiesbaden, 1997, S. 10-16.

Jansen, Mechthild / Walch, Regine (Hg.): *Backlash? Antworten aus der Praxis.* POLIS, Schriftenreihe der Hessischen Landeszentrale für politische Bildung, Heft 21. Wiesbaden, 1997.

Jansen, Mechthild M. / Baringhorst, Sigrid / Ritter, Martina (Hg*.): Frauen in der Defensive?: Zur backlash – Debatte in Deutschland.* Münster, 1995

Jay, Nancy: *Geschlechterdifferenzierung und dichotomes Denken.* In: Schaeffer-Hegel, Barbara / Watson-Franke, Barbara (Hg.): *Männer Mythos Wissenschaft.* Pfaffenweiler, 1989, S. 245-262.

Jung, Werner: *Georg Simmel zur Einführung.* Hamburg, 1990.

Kandal, Terry: *The Women Question in classical sociological theory.* Miami, 1988.

Käsler, Dirk: *Max Weber. Eine Einführung in Leben, Werk und Wirkung.* Frankfurt a. M. / New York, 1995.

Käsler, Dirk (Hg.): *Klassiker des soziologischen Denkens, Bd.1: Von Comte bis Durkheim.* München, 1976.

Kelly-Gadol, Joan: *Soziale Beziehungen der Geschlechter.* In: Schaeffer-Hegel, Barbara / Watson-Franke, Barbara (Hg.): *Männer Mythos Wissenschaft.* Pfaffenweiler, 1989, S. 17-32.

Kiss, Gabor: *Einführung in die soziologischen Theorien II.* Opladen, 1973.

Knapp, Gudrun Axeli (Hg*.): Kurskorrekturen: Feminismus zwischen kritischer Theorie und Postmoderne.* Frankfurt a. M. / New York, 1998.

Knapp, Gudrun Axeli: *Postmoderne Theorie oder Theorie der Postmoderne? Anmerkungen aus feministischer Sicht.* In: Knapp, Gudrun Axeli (Hg.): *Kurskorrekturen: Feminismus zwischen kritischer Theorie und Postmoderne.* Frankfurt a. M. / New York, 1998, S. 25-83.

Kocka, Jürgen: *Obrigkeitsstaat und Bürgerlichkeit.* In: Hardtwig, Wolfgang / Brandt, Harm-Hinrich (Hg.): *Deutschlands Weg in die Moderne.* Opladen, 1993, S. 107-121.

Korte, Hermann: *Einführung in die Geschichte der Soziologie.* Opladen, 1993.

Koselleck, Reinhard (Hg.): *Bildungsbürgertum im 19. Jahrhundert. Teil II: Bildungsgüter und Bildungswissen.* Stuttgart, 1990.

Kramme, Rüdiger: *Philosophische Kultur als Programm. Die Konstituierungsphase des Logos.* In: Treiber, Hubert / Sauerland, Karol (Hg.): *Heidelberg im Schnittpunkt intellektueller Kreise.* Opladen, 1995, S. 119-149.

Kühne, Thomas (Hg.) *Männergeschichte Geschlechtergeschichte. Männlichkeit im Wandel der Moderne.* Frankfurt a. M. / New York, 1996.

Kurz-Scherf, Ingrid: *Backlash? Oder: Feministische Perspektiven jenseits der Arbeitsgesellschaft*. In: Jansen, Mechthild M. / Baringhosrt, Sigrid / Ritter, Martina (Hg.): *Frauen in der Defensive?: Zur backlash – Debatte in Deutschland*. Münster, 1995, S. 130-156.

Kurz-Scherf, Ingrid: *Nur noch Utopien sind realistisch*. Bonn, 1992.

Lange, Helene: *Lebenserinnerungen*. Berlin, 1925.

Latour, Anny: *Kulturgeschichte der Dame*. Hamburg, 1963.

Lepsius, M. Rainer (Hg.): *Bildungsbürgertum im 19. Jahrhundert, Teil III: Lebensführung und ständische Vergesellschaftung*. Stuttgart, 1992.

Lepsius, M. Rainer: *Das Bildungsbürgertum als ständische Vergesellschaftung*. In: Lepsius, M. Rainer (Hg.): *Bildungsbürgertum im 19. Jahrhundert, Teil III: Lebensführung und ständische Vergesellschaftung*. Stuttgart, 1992, S. 9-18.

Lichtblau, Klaus: *Georg Simmel*. Frankfurt a. M. / New York, 1997.

Lichtblau, Klaus: *Kulturkrise und Soziologie um die Jahrhundertwende*. Frankfurt a. M., 1996.

Mead, George Herbert: *Geist, Identität und Gesellschaft aus der Sicht des Sozialbehaviorismus*. Hg. von Charles W. Morris, übersetzt von Ulf Pacher. Frankfurt a. M., 1978.

Menzer, Ursula: *Subjektive und objektive Kultur. Georg Simmels Philosophie der Geschlechter vor dem Hintergrund seines Kulturbegriffs*. Pfaffenweiler, 1992.

Metzmacher, Ulrich: *Das Geschlechterverhältnis in der Kultur des Bürgertums der Jahrhundertwende*. Berlin, 1990.

Meurer, Bärbel: *Die Frau in Gemeinschaft und Gesellschaft*. In: Clausen, Lars / Schlüter, Christian (Hg.): *Hundert Jahre Gemeinschaft und Gesellschaft. Ferdinand Tönnies in der internationalen Diskussion*. Opladen, 1991, S. 375-391.

Meurer, Bärbel: *Gleichheit der Geschlechter oder Männerstaat - Frau und Familie im gesellschaftstheoretischen Denken der Jahrhundertwende*. (Manuskript)

Meurer, Bärbel: *Die Bedeutung der Kategorien Krieg-Nation-Geschlecht in den Theorien von Tönnies, Simmel und Weber*. (Manuskript)

Meurer, Bärbel: *Geschlecht als soziologische Kategorie*. (Manuskript)

Mommsen, Wolfgang / Schwentker, Wolfgang (Hg.): *Max Weber und seine Zeitgenossen*. Göttingen / Zürich, 1988.

Mosse, George, L: *Das deutsch-jüdische Bildungsbürgertum*. In: Koselleck, Reinhard (Hg.): *Bildungsbürgertum im 19. Jahrhundert. Teil II: Bildungsgüter und Bildungswissen*. Stuttgart, 1990, S. 168-180

Nave-Herz, Rosemarie: *Die Geschichte der Frauenbewegung in Deutschland*. Bonn, 1997.

Nave-Herz, Rosemarie: *Frauen zwischen Tradition und Moderne*. Bielefeld, 1992.

Nedelmann, Birgitta: *Georg Simmel als Klassiker soziologischer Prozeßanalysen*. In: Rammstedt, Otthein/ Dahme, Heinz - Jürgen (Hg.): *Georg Simmel und die Moderne*. Frankfurt a. M., 1984, 91-115.

Nunner-Winkler, Gertrud (Hg.): *Weibliche Moral: Die Kontroverse um eine geschlechtsspezifische Ethik*. Frankfurt a. M. / New York, 1991.

Planert, Ute: *Antifeminismus im Kaiserreich*. Göttingen, 1998.

Pohle, Bettina: *Kunstwerk Frau. Inszenierungen von Weiblichkeit in der Moderne*. Frankfurt a. M., 1998.

Pohlmann, Friedrich: *Individualität, Geld und Rationalität. Georg Simmel zwischen Karl Marx und Max Weber.* Stuttgart, 1987.

Rammstedt, Otthein (Hg.): *Simmel und die frühen Soziologen.* Frankfurt a. M., 1988.

Rammstedt, Otthein: *Die Attitüden der Klassiker als unsere soziologischen Selbstverständlichkeiten. Durkheim, Simmel, Weber und die Konstitution der modernen Soziologie.* In: Rammstedt, Otthein (Hg.): *Simmel und die frühen Soziologen.* Frankfurt a. M., 1988, S.275-307.

Rammstedt, Otthein/ Dahme, Heinz-Jürgen (Hg.): *Georg Simmel und die Moderne.* Frankfurt a. M., 1984.

Rath, Norbert: *Jenseits der ersten Natur. Kulturtheorie nach Nietzsche und Freud.* Heidelberg, 1994.

Rosenbaum, Heidi: *Formen der Familie.* Frankfurt a. M., 6. Aufl., 1993.

Ross, Dorothy: Jane Addams (1860-1953). *Häuslicher Feminismus und die Möglichkeiten der Sozialwissenschaften.* In: Honegger, Claudia / Wobbe, Theresa: *Frauen in der Soziologie.* München, 1998, S. 130-152.

Roth, Günther: *Marianne Weber und ihr Kreis* (Vorwort). In: Marianne Weber. *Max Weber. Ein Lebensbild.* München, 1989, S. IX-LVIII.

Sauerland, Karol: *Heidelberg als intellektuelles Zentrum.* In: Treiber, Hubert / Sauerland, Karol (Hg.): *Heidelberg im Schnittpunkt intellektueller Kreise.* Opladen, 1995, S. 12-30.

Scaff, Lawrence A.: Weber, *Simmel und die Kultursoziologie.* In: KZfSS, Jg. 39, 1987, S. 255-277.

Schaeffer-Hegel, Barbara / Leist, Andrea: *Sozialer Wandel und Geschlecht. Für eine Neubestimmung des Privaten.* In: Jansen, Mechthild / Walch, Regine (Hg.): *Backlash? Antworten aus der Praxis.* POLIS, Schriftenreihe der Hessischen Landeszentrale für politische Bildung, Heft 21. Wiesbaden, 1997, S. 17-32.

Schaeffer-Hegel, Barbara / Watson-Franke, Barbara (Hg.): *Männer Mythos Wissenschaft.* Pfaffenweiler, 1989

Schaeffer-Hegel, Barbara: *Männer Mythos Wissenschaft. Zur Psychologie patriarchalen Denkens.* In: Schaeffer-Hegel, Barbara / Watson-Franke, Barbara (Hg.): *Männer Mythos Wissenschaft.* Pfaffenweiler, 1989. S. 1-16.

Schnabel, Peter-Ernst: *Georg Simmel.* In: Käsler, Dirk (Hg.): *Klassiker des soziologischen Denkens, Bd.1: Von Comte bis Durkheim.* München, 1976. S. 267-311.

Schnabel, Peter-Ernst: *Die soziologische Gesamtkonzeption Georg Simmels.* Stuttgart, 1974.

Schmidbauer, Marianne: *Hedwig Kettler und der Verein Frauenbildung Reform.* In: Brehmer, Ilse (Hg.): *Mütterlichkeit als Beruf?* Pfaffenweiler, 1990, S. 37-48.

Simmel, Georg: *Vom Wesen der Moderne. Essays zur Philosophie und Ästhetik.* Hg. von Werner Jung. Hamburg, 1990.

Simmel, Georg: *Schriften zur Philosophie und Soziologie der Geschlechter.* Hg: Heinz-Jürgen Dahme / Christian Köhnke. Frankfurt a. M. , 1985.
Darin:
»Zur Psychologie der Frauen»(1890), S. 27-59.
»Weibliche Kultur»(1902), S. 159-176.
»Bruchstücke aus einer Psychologie der Frauen» (1904), S. 177-182.
»Das Relative und das Absolute im Geschlechter-Problem» (1911), S. 200-223.

Simmel, Georg: *Philosophische Kultur. Über das Abenteuer, die Geschlechter und die Krise der Moderne*. Mit einem Nachwort von Jürgen Habermas. Berlin, 1983. (Originalausgabe erschienen in Potsdam, 1923).
Darin:
»*Der Begriff und die Tragödie der Kultur*« S. 183-207.
Jürgen Habermas: »*Simmel als Zeitdiagnostiker*« S. 243-253.

Simmel, Georg: *Brücke und Tür. Essays des Philosophen zur Geschichte, Kunst, Religion und Gesellschaft.* Hg.: Michael Landmann / Margarete Susmann. Stuttgart, 1957.
Darin:
»*Die Zukunft unserer Kultur*«, S. 95-97.
»*Wandel der Kulturformen*«, S. 98-104.
»*Das Gebiet der Soziologie*«, S. 208-226.
»*Die Großstädte und das Geistesleben*«, S. 227-242.
»*Individualismus*«, S. 251-259.

Simmel, Georg: *Der Konflikt der modernen Kultur. Ein Vortrag.* München / Leipzig, 1926.

Simmel, Georg: *Fragmente und Aufsätze.* Hg. und mit einem Vorwort von Dr. Gertrud Kantorowicz. München, 1923.

Simmel, Georg: *Lebensanschauungen. Vier metaphysische Kapitel.* München / Leipzig, 1918.

Simmel, Georg: *Gesamtausgabe (GSGA).* Hg.: Otthein Rammstedt.
Darin:
Bd.2: *Aufsätze 1887-1900.* Hg.: Heinz-Jürgen Dahme. Frankfurt a. M. , 1989.
»*Über sociale Differenzierung*« S. 109-295.
»*Zur Psychologie des Geldes*« S. 49-65.

Bd.5. *Aufsätze und Abhandlungen von 1894-1900.* Hg.: Heinz-Jürgen Dahme / David P. Frisby. Frankfurt a. M. , 1992.
Darin:
»*Der Militarismus und die Stellung der Frau*«, S. 37-51.
»*Das Problem der Soziologie*«, S. 52-61.
»*Friedrich Nietzsche. Eine moralphilosophische Silhouette*«, S.115-129.
»*Was ist uns Kant?*«, S.145-177.
»*Das Geld in der modernen Cultur*«, S.178-196.
»*Die Rolle des Geldes in den Beziehungen der Geschlechter. Fragment aus einer ‚Philosophie des Geldes‘*«, S.246-265.
»*Persönliche und sachliche Kultur*«, S.50-582.

Bd.7. *Aufsätze und Abhandlungen 1901-1908 (Teil I).* Hg.: Rüdiger Kramme / Angelika Rammstedt / Otthein Rammstedt. Frankfurt a. M., 1995
Darin:
»*Die beiden Formen des Indiviualismus*«, S. 49-56.

Bd. 8. *Aufsätze und Abhandlungen 1901-1908 (Teil II).* Hg.: Alessandro Cavalli / Volkhard Krech. Frankfurt a. M. , 1993.
Darin:
»*Philosophie der Geschlechter. Fragmente*«, S. 74-81.
»*Die Frau und die Mode*«, S. 344-347.
»*Vom Wesen der Kultur*«, S. 363-373

Bd. 11: *Soziologie. Untersuchung über die Formen der Vergesellschaftung.* Hg.: Otthein Rammstedt, Frankfurt a. M. , 1992

Steinbrügge, Lieselotte: *Die Aufteilung des Menschen. Zu anthropolgischen Bestimmung der Frau in Diderots Encyclopedie.* In: Brehmer, Ilse / Jacobi-Dittrich, Juliane / Kleinau, Elke / Kuhn, Annette (Hg.): *Frauen in der Geschichte Bd. 4: Wissen heißt Leben.* Düsseldorf, 1983, S. 51-64.

Stritt, Marie / Freudenberg, Ika: *Der Bund deutscher Frauenvereine.* Frankenberg (Sachsen), 1900. In: Beckmann, Emma / Stoß, Irma: *Quellenhefte zum Frauenleben in der Geschichte. Heft 19b: Die organisierte Frauenbewegung.* Berlin, 1927, S. 5-9.

Suhr, Martin: *John Dewey zur Einführung.* Hamburg, 1994.

Thomas, J.J.R.: *Rationalization and the Status of Gender Divisons.* In: Sociology, 1985, Vol. 19, Nr. 3, S. 409-420.

Tönnies, Ferdinand: *Gemeinschaft und Gesellschaft.* Darmstadt, 1963.

Tönnies, Ferdinand: *Die Entwicklung der sozialen Frage bis zum Weltkriege.* Berlin / Leipzig, 1919.

Treiber, Hubert / Sauerland, Karol (Hg.) *Heidelberg im Schnittpunkt intellektueller Kreise.* Opladen, 1995.

Ulmi, Marianne: *Frauenfragen und Männergedanken. Zu Georg Simmels Philosophie und Soziologie der Geschlechter.* Zürich, 1989.

Vester, Heinz-Günter: *Soziologie der Postmoderne.* München, 1993.

Vucht Tijssen, Lieteke van: *Woman and objective culture.* In: Theory, culture and society. Jg. 8, 1991, Nr.3:. S.203-218.

Wagner, Gerhard: *Philosophische und weibliche Kultur. Zur Topographie der Heidelberger geistigen Geselligkeit.* In: Soziologische Revue: 1995, Jg. 18, Heft 4, S. 491-495.

Weber, Marianne: *Max Weber: Ein Lebensbild.* München / Zürich, 1989. Mit einem Vorwort von Günther Roth.

Weber, Marianne: *Lebenserinnerungen.* Bremen, 1948.

Weber, Marianne: *Erfülltes Leben.* Heidelberg, 1946.

Weber, Marianne: *Die Frauen und die Liebe.* Leipzig, 1935.

Weber, Marianne: *Die Ideale der Geschlechtergemeinschaft.* Berlin, 1929.

Weber, Marianne: *Max Weber: Ein Lebensbild.* Tübingen, 1926.

Weber, Marianne: *Ehefrau und Mutter in der Rechtsentwicklung.* Tübingen, 1907.

Weber, Marianne: *Frauenfragen und Frauengedanken. Gesammelte Aufsätze.* Tübingen, 1919. darin:
»Die Beteiligung der Frau an der Wissenschaft» (1904), S. 1-9.
»Beruf und Ehe» (1905), S.20-37.
»Autorität und Autonomie in der Ehe» (1912), S. 67-79.
»Zur Frage der Bewertung der Hausfrauenarbeit» (1912), S. 80-94.
»Die Frau und die objektive Kultur» (1913), S. 95-133.
»Die neue Frau» (1914), S. 134-142.
»Eheideal und Eherecht» (1914), S. 143-156.
»Vom Typenwandel der studierenden Frau» (1917), S. 179-201.
»Die Formkräfte des Geschlechtslebens» (1918), S. 202-237.
»Die besonderen Kulturaufgaben der Frau» (1918), S. 238-261.

Weiland, Daniela: *Geschichte der Frauenemanzipation. Hermes Handlexikon.* Düsseldorf, 1983.

Weiß, Johannes: *Georg Simmel, Max Weber und die Soziologie.* In: Rammstedt, Otthein (Hg.): *Simmel und die frühen Soziologen.* Frankfurt a. M., 1988, S. 36-63.

Wenzel, Harald: *Georg Herbert Mead zur Einführung.* Hamburg, 1990.

Weymann, Ansgar (Hg.): *Handlungsspielräuume. Untersuchungen zur Individualisierung und Institutionalisierung von Lebensläufen in der Moderne.* Stuttgart, 1989.

Weymann, Ansgar: *Handlungsspielräume. Ein Essay zur Einführung. In: Weymann, Ansgar (Hg.): Handlungsspielräuume. Untersuchungen zur Individualisierung und Institutionalisierung von Lebensläufen in der Moderne.* Stuttgart, 1989, S. 1-39.

Wobbe, Theresa: Marianne Weber. *Ein anderes Labor der Moderne.* In: Honegger, Claudia / Wobbe, Theresa (Hg.): *Frauen in der Soziologie.* München, 1998, S. 153-176.

Wobbe, Theresa / Lindemann, Gesa (Hg.): *Zur theoretischen und institutionellen Rede vom Geschlecht.* Frankfurt a. M. , 1994.

Wobbe, Theresa: *Von Marianne Weber zu Edith Stein: Historische Koordinaten des Zugangs zur Wissenschaft.* In: Wobbe, Theresa / Lindemann, Gesa (Hg.): *Zur theoretischen und institutionellen Rede vom Geschlecht.* Frankfurt a. M. , 1994, S. 15-68.

Wobbe, Theresa: *Wahlverwandtschaften: Die Soziologie und die Frauen auf dem Weg zur Wissenschaft.* Frankfurt / New York, 1992.

Wobbe, Theresa: *Gleichheit und Differenz: Politische Strategien von Frauenrechtlerinnen um die Jahrhundertwende.* Frankfurt a. M. / New York, 1989.

Wolfer-Melior, Annemarie: *Weiblichkeit als Kritik. Über die Konzeption des Gegensatzes der Geschlechter bei Georg Simmel.* In: Feministische Studien 4 / 2 / 1985, S. 62-78.

Wollstonecraft, Mary: *Verteidigung der Rechte der Frau I.* Mit einem Vorwort von Berta Rahm. Zürich, 1975. Original: A Vindication of the Rights of Women. London, 1792.

Zarncke, Lili: *Marianne Weber zu ihrem 60. Geburtstag.* In: *Nachrichtenblatt des Bundes deutscher Frauenvereine,* Nr.7, 1930.

www.ingramcontent.com/pod-product-compliance
Lightning Source LLC
Chambersburg PA
CBHW050518280326
41932CB00014B/2372